늘 펼쳐지는 지금

THE UNFOLDING NOW

늘 펼쳐지는 지금

1판 1쇄 발행 2015. 10. 18.
1판 3쇄 발행 2021. 8. 10.

지은이 알마스
옮긴이 박인수

발행인 고세규
책임 편집 김동현 | 책임 디자인 안희정
발행처 김영사
등록 1979년 5월 17일(제406-2003-036호)
주소 경기도 파주시 문발로 197(문발동) 우편번호 10881
전화 마케팅부 031)955-3100, 편집부 031)955-3200 | 팩스 031)955-3111

값은 뒤표지에 있습니다. ISBN 978-89-349-7227-3 03180

홈페이지 www.gimmyoung.com   블로그 blog.naver.com/gybook
인스타그램 instagram.com/gimmyoung   이메일 bestbook@gimmyoung.com

좋은 독자가 좋은 책을 만듭니다.
김영사는 독자 여러분의 의견에 항상 귀 기울이고 있습니다.

진짜 나 자신으로 살아가는 자유에 대하여

늘 펼쳐지는 지금

THE UNFOLDING NOW

알마스
A. H. ALMAAS

박인수 옮김

김영사

1만 년의 전통이 부활하다
알마스의 삶과 다이아몬드 어프로치의 탄생

A. H. 알마스는 쿠웨이트 출신으로, 18세에 미국으로 건너가 버클리의 캘리포니아 대학교the University of California, Berkeley에서 물리학을 전공했다. 물리학을 통해 우주의 진리를 알 수 있을 것이라 생각했던 것이다. 하지만 박사과정 도중에 과학도로서의 학업을 중단하고 심리학을 향해 삶의 여정을 바꾼 계기가 된 사건이 발생한다.

알마스는 교통사고로 임사체험을 하게 된다. 실제로 죽었는지 아니면 임사체험이었는지는 알 수 없지만 사고 당시 잠시 몸 밖으로 나와 있었다고 한다. 자신의 몸을 위에서 바라보고 있었던 것이다. 그리고 자신이 밝게 빛나는 순수한 빛의 몸이라는 것을 자각했다. 그 몸은 물질적인 육체 안에 있을 때와는 다른 지성을 가지고 있었다. 그때 알마스는 몸이 있는 물질세계로 돌아갈 수도 있고 다른 방향으로 갈 수도 있다는 사실을 알았다. 그 다른 방향은 완전히 자유롭고 평화로우며 절대적인 지복bliss의 상태였다.

빛의 몸은 사랑과 빛을 방사하면서, 육체로, 세상으로 곧장 돌아가라는 메시지를 보냈다. 힘들긴 하겠지만 세상에서 하고 싶었던 일이 남아 있기 때문이었다. 세상으로 돌아오는 선택은 의식적인 것이 아니라, 저절로 일어난 움직임이었다고 그는 이야기한다.

임사체험을 계기로 알마스는 자신의 가슴이 진정 추구하는 방향으로 나아가게 된다. 임사체험 이후에 그때의 순수한 의식을 다시 회복하기까지는 여러 해에 걸친 많은 수행과 영적인 작업들이 필요했다. 이러한 작업의 과정을 통해 '다이아몬드 어프로치the Diamond Approach®'의 기초를 이루는 많은 가르침들이 탄생할 수 있었다. 그 과정에서 알마스는 심리학으로 전공을 바꾸고 심리학 박사학위를 받는다.

초기에 알마스에게는 많은 스승들이 있었다. 클라우디오 나란호 Claudio Naranjo의 심리치유 그룹을 시작으로, 타르탕 툴쿠 린포체에게서 티베트 불교 수행법을, 또 수피즘, 구르지예프의 '제4의 길'과 위빠사나 명상 등을 배운다.

그러던 중, 16대 까르마파의 전수식에서 그는 **에센스**Essence[1]†의 **현존**과 함께 자신이 인류 모두와 연결되어 있음을 체험한다. **현존**presence†은 참나이자 스스로 자각하는 존재감이었고 생명의 근원이었으며 또 모든 것의 근원이었다. 이 **에센스** 체험을 계기로 그에게는 새로운 여정이 시작된다. 바로 새로운 영적체계인 다이아몬드 어프로치의 열림이 시작된 것이다.

에센스의 현존은 점차 스스로를 드러내어 사랑과 평화, 기쁨과 명

---

1 '†'표시가 붙은 용어들은 옮긴이의 글 바로 뒤 〈주요 등장 용어〉 참고.

료함, 비어 있음, 진리 등의 측면으로 현현되었고, 마침내 그 현존은 온 우주 만물의 본질인 것으로 밝혀졌다. 그중 가장 특별한 깨달음은 진정한 개인성인 '**개인 에센스**the Personal Essence†'**의 자각**이라 할 수 있다.

'현존'은 다른 여러 특질로도 발현되지만 또한 개인성으로도 현현한다. 개인 에센스는 전체성인 현존이 한 사람으로 개인화된 것인데, 이를 '**참사람**true person†'이라 말할 수 있다. 수피즘에서는 개인 에센스를 '고귀한 진주, 무한한 가치의 진주the pearl beyond price'라고 부르며 이는 완벽한 인간을 의미한다. 도교 전통에서는 빛나는 진주 형상의 도태道胎를 잉태하는 내용으로, 그리고 티베트 불교 전통에서는 둥근 진주 모양의 상징들로 나타난다. 알마스의 다이아몬드 어프로치에서 강조하는 것이 바로 이 개인 에센스이다. 하지만 특이하게도 현대의 다른 영적 가르침에서는 개인 에센스를 거의 발견할 수 없다.

알마스는 에센스의 여러 특질 중에서 '개인성'이 강조되는 이유를 개인의 자유와 권리가 중시되는 현대의 시대적 요구 때문이라 말한다. 물론 서양 문화는 지금까지 개인의 자유와 권리를 발달시켜왔지만, 영적인 수준에서는 아직 개인을 중요시하지 않았다. 이제 영적인 수준에서도 개인성이 깨어날 차례인 것이다. 지금은 에고에서 참사람으로 나아갈 때이다.

심리학은 지난 100년간 자아를 연구해왔다. 알마스의 길은 심리학의 발견들을 적극 활용해서 에센스를 깨우려 한다. 우리들 각자는 자신의 삶에서 일어난 모든 내용들을 소화하고 통합하여 마침내 '개인 에센스'에 도달하게 되는데, 이때 심리학에서 해결해야 할 골칫거리로 여기는 '삶의 이슈issue'들이 곧바로 우리의 본성인 에센스에 도달하는 문으로 사용된다. 그러므로 다이아몬드 어프로치는 심리학과 영성의 결합인 것이다.

'깨달음'이라는 개념은 영적인 전통마다 의미하는 바가 다르다. 심지어는 같은 전통 안에서도 분파나 학파에 따라 서로 다른 것을 의미하기도 한다. 하지만 알마스의 길에서 깨달음enlightenment이란 말은 '특별한 상태'를 가리키지 않는다. 순수의식으로 존재한다든가, 늘 순수한 지복의 상태에 있다든가, 베단타에서 말하는 것처럼 모든 것 너머에서 지켜보는 브라만으로 있다든가 하는 특별한 상태를 가리키지 않는다.

다이아몬드 어프로치의 깨달음은, 자발적이고 자연스럽게 펼쳐지면서 비밀을 드러내는 의식의 자유로움이라고 말할 수 있다. 그리고 그것과 더불어 그 진리를 삶 속에서 실천할 수 있는 능력을 말한다. 이러한 깨달음은 여러 상태들로 현현될 수 있다. 니르바나涅槃로도 나타날 수 있고, 브라만으로도 나타날 수 있으며, 신을 자각하거나 또는 이 모든 상태가 그 안에서 일어날 수 있다.

알마스가 말하는 깨달음은 그 어떤 것도 아니다. 그가 말하는 깨달음은 의식이 자신의 제한으로부터 풀려나는 자유이다. 그러므로 어떠한 것으로도 현현할 수 있다. 알마스는 거기에 뚜껑을 덮거나 마지막 지점을 정하지 않는다. 거기에는 흘러나오고 열려 가는 자유가 있다. 다음에 어떤 것이 펼쳐질지 알지 못하며, 여전히 새로운 것이 펼쳐지고 있다. 그는 결코 어떤 상태가 마지막이라고 생각하지 않는다.

알마스는 '이것이 마지막이다!'라는 느낌을 가진 적도 여러 번 있었지만, 계속해서 차례차례 여러 가르침의 궁극을 발견했다고 말한다. 그때마다 그 깨달음은 아름답고 놀라웠으며 한동안 지속되었지만, 얼마 지나지 않아 뭔가 다른 것으로 바뀌었다. 시간이 흐르면서 그는 알게 되었다. 자유라는 것은 어떤 상태가 되는 것에는 관심이 없다는 사실을. 뭔가 특별한 상태를 지속적으로 유지하는 것이 아니라, 역동과 지성에 참여하여 우리 각자의 삶 속에서 드러낼 수 있는 것들을 자연스럽게 펼칠 수 있는 의식의 자유가 중요하다는 것을.

알마스의 내적 탐험은 '에센스'의 이해로 그를 이끌었다. 그는 선천적인 본성의 핵심을 우리가 생후에 얻은 특성들과 구별하기 위해 '에센스'라는 용어를 사용한다. 인간발달에 대한 그의 모델에 따르면, 우리의 에센스는 점차적으로 퍼스낼리티personality 혹은 에고라고 부르는 구조물에 의해 덮여버린다. 우리의 본성인 에센스를 지지하지 않고 심지어 인식조차 하지 않는 세상에서, 에센스를 보호하기 위해 에고가 발달하는 것이다.

에고의 층들이 하나하나 발달하면서 에센스의 본성은 더욱더 감추어진다. 참 자기를 자각하는 깨달음, 해방의 과정을 위해서는 에고를 흔들어 무너뜨리는 것이 필요하다. 한 번에 하나씩 그 구조물의 층을 무너뜨려 에센스의 핵심에 다시 연결되어야 한다.

다이아몬드 어프로치에서는 이 전통적이고 신비적인 목표를 현대 심리학의 많은 이론과 도구를 사용함으로써 성취한다. 어느 시점에서 심리학적 작업을 끝내고 영적인 이슈들로 옮겨간다고 하면서 개인

과정과 초개인transpersonal과정을 연속적인 것으로 보는 켄 윌버Ken Wilber와는 달리, 알마스는 의식의 가장 높은 상태들에 이르기까지 개인과정과 초개인과정이 계속해서 서로 엮여 있다고 본다. 심리적-영적 탐구를 시작할 때에는 현재 맞부딪치고 있는 문제들부터 다루게 되지만, 영적으로 성숙할수록 우리가 발달 초기에 얻게 된 습관들과 신념들까지도 파헤치고 탐구해야 하는 것이다.

> "처음에는 나는 나의 탐구를 심리학적인 것이라 생각했습니다. 그러나 심리학적으로 깊이 탐구해갈수록 영적인 본질, 에센스의 특성이 더 많이 드러나기 시작했습니다. 심리학적 내용물이 아주 깊어지면 영적인 것이 될 수밖에 없습니다. 가장 깊은 곳에 영적인 것이 있기 때문입니다. 그래서 탐구는 자신을 알려고 하는 아주 개인적인, 진심 어린 시도가 됩니다. 자신이 누구인지 그리고 실재의 본성은 무엇인지 알고자 하는 것입니다."
>
> 알마스

영적인 전통들 가운데에는 다양한 전통들에게서 영향을 받거나 혹은 그들 사이의 통합을 통해 일어나는 가르침이 존재한다. 그중의 한 예가 바로 다이아몬드 어프로치이다. 다이아몬드 어프로치는 포스트모더니즘의 맥락 속에서, 대부분의 전통에서 온 많은 영성의 흐름을 가까이 접촉하면서 나타난 가르침이다. 다이아몬드 어프로치는 잘 확립된 고대 가르침들의 영향을 받고 있으며, 적어도 그 가르침들로부터 정보를 얻고 있다. 알마스는 "만 년 전의 고대 전통이 부활하는 것"이라고도 표현한다.

　이 가르침이 태어나는 과정에서 알마스는 자신의 자각이 인류의 중요한 영적 전통들의 깨달음과 하나하나 일치한다는 것을 알게 되었다. 각각의 깨달음은 그 이전의 자각을 하나의 부분집합으로 포함시키면서 매번 궁극의 것이 되었다. 각 단계마다 영적인 추구가 멈추면서, 그 깨달음 혹은 깨어남은 더욱더 깊고 완벽한 추구의 끝에 도달했다. 이런 여정에서 분명해진 것은, '**실재**reality†'는 모두가 동의할 수 있는 특정한 하나의 궁극으로서 자신을 상정하지 않는다는 점이다. 실재는 이런 혹은 저런 궁극으로 자신을 드러낸다. 그 각각은 절대적인 진리이며 해방이지만, 실재는 하나의 궁극으로 자신을 계속해서 드러낼 필요가 없다. 누구나 이 궁극들 중 하나에 정착하여 자신의 성취로 삼을 수 있고, 또 자유롭고 행복하게 다른 사람들을 위해서 봉사할 수 있다.

　그의 여정에서는 많은 깨달음이 일어났으며 또한 이 모두를 통합하는 일이 일어났다.°《The Inner Journey Home》이라는 책에서 이런 일을 '동시발생적 **비이원성**'이라고 불렀다. 그가 몇 번이나 궁극에 도달했다고 생각했음에도 불구하고, 여정은 거기에서 멈추지 않고 비이원성을 넘어 계속되었다. 그 모든 깨달음들은 실재의 비이원적 경험의 다양한 변형이었기 때문이다.

　그런 다음 그가 '**한곳**uni-local **깨달음**†'이라고 이름 붙인 자각이 일어났다. 때때로 알마스가 '급진적 비국소성'이라 부르는 것이다. 실재는 하나의 통일성이지만, '비이원성의 깨달음과는 다른 방식으로 하나라는 것'을 자각하는 깨달음이다. 실재는 단일성이다. 실재 안에서 각각의 형태는 '모든 형태'와 '형상의 본질을 형성하는 궁극'을 품고 있다.

그러한 깨달음은 '궁극을 바탕으로 보는' 방식을 무효화시킨다. '바탕' 이란 결국 인간이 만든 하나의 개념인 것이다. 형상들 사이에 어떠한 시간적·공간적 거리도 없기 때문에 절대적인 친밀함이 되는 이 통일성은 그에게 더욱 새롭고 놀라운 차원들을 향해 사랑을 열어주었다.

이 혁신적인 도약은 더 깊이, 더 높게, 혹은 더 미묘하게 들어가는 것이 아니었다는 의미에서 나머지 것들과 달랐다. 이는 '실재가 궁극의 바탕을 갖고 있다'는 관점 모두에서 벗어나고, 그 모든 관점 상호간의 관계를 조망하는 것이다. 그래서 '비이원성'이 각 형태들을 '동일한 실재를 표현하는 동등한 형태들'로 보는 반면, 이 깨달음은 각 형태들의 독특한 특수성을 부각시켰다. 특히 깨달음을 위해서는 개별영혼이 반드시 필요하다는 것과, 개별영혼이 없이는 어떠한 경험이나 의식도 존재할 수 없다는 것을 밝혀주었다.

여정은 거기서 멈추지 않았다. 깨달음은 계속되었다. 이원성과 비이원성이 개념적 이분법의 양극이라는 것을 아는 깨달음이 하나의 예이다. '이원성'과 '비이원성'은 둘 다 실재의 표현이지만, 이원성은 '분리'의 개념을 갖고 있고 비이원성은 '하나'라는 개념을 가지고 있다. 이것을 통해 분리도 하나됨도 없는 실재를 자각하는 단순한 깨달음이 일어났다. 실재reality는 아무런 말도 붙일 수 없는 있는 그대로의 것이다. 실재는 물질적인 것도 영적인 것도 아니다. 그 둘은 개념의 범주일 뿐이다. 실재는 단순하며, 모든 개념을 수용하면서도 거기에 전혀 물들지 않는다.

이러한 깨달음의 흐름 안에서, 이 궁극적인 것들 중 어떠한 것에도 속할 필요는 없으나, 그들 중 어떠한 것으로도 스스로를 표현할 수 있는 관점이 생겨났다. 알마스는 그것을 '총체관(전체성의 관점)'이라고 부른다. 어떠한 깨달음의 관점도 수용할 수 있고, 그중 어떠한 것에도 결정적으로 고착되지 않고서 그 모든 관점을 수용할 수 있거나 동시에 여러 개를 수용할 수 있는 깨달음이라는 의미이다. 이것은 실재에 관한 가능한 모든 참 관점들을 수용하면서 그것을 판단하거나 등급을 매겨 평가하지 않는 관점이다.

이 깨달음은 궁극의 관점 혹은 인간의 완벽함이라는 관점에 의존하지 않으면서도, 그 모두를 '실재를 경험하는 참되고 유용한 방식'으로 수용한다. 총체관은 새로운 자유를 표현한다. 그 자유는 자아로부터의 자유가 아니고, 순수의식 또는 순수자각으로 존재하는 자유도 아니며, 성숙과 완벽함의 자유도 아니다. 그것은 '어떤 것으로도 존재할 필요가 없는' 자유이다. 그것은 어떠한 것으로도 존재하지 않는 깨달음이다. 여기서 '어떠한 것'이라는 말은 형태 없음과 모든 가능한 형태를 포함한다.

삶은 매 순간을 가장 적절한 것으로 표현할 수 있는, 궁극이든 완벽함이든 그 어떠한 깨달음이라도 현현할 수 있는, 참존재의 자유가 된다. 삶은 실재와 실재의 비밀들을 끊임없이 발견해나가는 것이다. 삶은 뭔가를 추구하거나 찾아 헤매는 것이 아니다. 그것은 존재의 창조적인 역동이 온전히 해방되어, 참존재가 무한한 방식으로 자신의 진리를 자유롭게 현현하는 것과 같다. 그것은 절대적으로 무종파적이며 또한 모든 것을 완전히 포용한다. 이 깨달음은 각 전통과 가르침들 사이의 차이들을 축복한다. 그 모두가 순수하게 그리고 진짜로 삶을 표현하고 있기 때문에.

역자 또한 1988년에 임사체험을 하게 되었다. 그 후 시작된 나의 여정이 결코 평탄하지 않았던 이유는 방향을 정확히 찾지 못해서였다. 내가 만났던 수많은 영적 전통이 서로 다른 길을 제시하는 것처럼 보였고, 그 혼란 가운데서 길을 잃고 어쩔 줄 몰라 할 때가 많았다. 가야 할 길을 모른 채 어쨌든 삶을 살아가야 한다는 것은 커다란 고통이었다. 몇 년 전 알마스를 만나면서 나는 풍랑 가운데 등대와도 같은 한 줄기 빛을 찾았다. 그는 모든 옛 가르침들을 용해시켜 하나로 녹여낸 다음, 그마저도 넘어 더 멀리까지 새 길을 열어주고 있었다. 알마스는 농담처럼 '이것은 아직 지구인들에게는 낯선 은하계의 깨달음'이라고 말한다. 나는 알마스의 《늘 펼쳐지는 지금》이 새 시대를 위해 내려온 우주의 선물이라고 여기고 있다. 국내에서는 처음으로 소개되는 알마스의 접근법이 많은 독자들에게 밝게 빛나는 새벽별이 되어주기를 기원하며, 이 책이 나올 수 있도록 도움을 주신 많은 분들께 깊이 감사하는 마음으로 글을 맺는다.

참으로 감사함이 충만한 날에
박인수

에센스 Essence

이 책에서 말하는 '에센스'는 거짓 자아인 '퍼스낼리티'와 구별되는 우리의 참본성true nature이다. 에센스라는 용어는 수피즘sufism에서 차용해온 것이라고 한다. 에센스는 살아 있는 순수현존이며, 스스로를 자각하는 생생한 감각을 지닌다. 에센스는 실제적이고 매일의 일상에서 경험되는 것이며 뭔가 추상적인 것도, 다른 세계에 있는 것도 아니다. 궁극적으로 에센스는 모든 것의 본성으로서 자신을 드러낸다. 에센스는 단 하나의 유일한 현존이며, 이 단일성은 그 자체로 완벽함과 아름다움을 지니고 있다.

에센스는 실체다. 직접적으로 경험될 때 에센스는 물이나 황금과 같이 일종의 물질인 것처럼 보인다. 그러나 에센스는 물이나 금과 같은 물질적인 질료는 아니다. 이 점이 참으로 설명하기 어려운 부분이다. 에센스는 물질처럼 경험되면 밀도, 점성, 질감, 맛 등과 같은 특성을 지니면서도 그와 동시에 물질적인 질료가 아닌 것이다.

가장 직접적인 지각과 경험은 우리 자신이 바로 우리가 경험하는 대상일 때이다. 그때는 지각이 너무나 '곧바로'여서 지각하는 자와 지각되는 것이 동일한 하나다. 이것이 바로 에센스의 경험이다. 여기에는 다른 것이 끼어들지 않는다. 주체와 객체 사이에 분리가 없다. 주체와 대상 모두 동일한 에센스이다.

눈이 대상을 볼 때는 빛이 매개체이다. 그러나 에센스가 스스로 자신을 인식할 때 거기에는 매개물이 없다. 주체, 대상 그리고 지각의 매개물 모두가 동일한 에센스다. 또한 지각하는 감각기관도 에센스 그 자체다. 그 경험에는 오직 에센스만 존재한다. 그 경험이 바로 에센스다.

에센스는 살아 있는 게 아니라 살아 있음 그 자체다. 에센스는 자각하는 게 아니라 자각 그 자체다. 에센스는 존재의 특질을 갖고 있는 게 아니라 존재 그 자체다. 에센스는 사랑하지 않는다. 에센스가 사랑 그 자체다. 에센스는 기뻐하지 않는다. 에센스가 기쁨 그 자체다. 에센스는 진실하지 않다. 에센스가 진리 그 자체다.

개인 에센스Personal Essence(개체의식Personal Consciousness)

현재는 거의 다이아몬드 어프로치만의 독특한 개념이지만, 과거의 영적 전통들에서는 분명히 드러나 있었던 것이다. 알마스는 현대의 네오-아드바이타Neo-Advaita 교사들이 개인 에센스를 '에고ego'와 혼동하며 무시한다는 점에서 특히 이 지식을 차별화하여 강조하고 있다. 그는 이렇게 말한다.

"불교에서 무아無我라고 말하는 것은, 석가모니 붓다께서 이상이 소멸되는 깨달음을 얻었기 때문이고, 그 깨달음을 얻은 석가모니는 개체의식이었기 때문에 그런 각성이 가능했던 것이다."

알마스는 개체의식이 깨달음을 얻을 수 있는 그릇이자, 인식이 일어나는 '장소'라고 말한다. 무한한 의식의 바다에 떠 있는 한 점 파도인 셈이다. 만일 개체의식, 개인 에센스가 없다면 세계에 대한 인식은 일어나지 않는다. 알마스는 모든 인식이 합쳐져버리면 '노이즈'가 될 것이라고 표현한다. 만일 개체성이 없다면 모든 인식이 동시에 일어나서 그렇게 된다는 것이다. 모든 소리가 합쳐지면 무슨 소리가 들릴까?

알마스에 따르면, '참사람true person'이라고도 표현되는 개인 에센스는 에센스의 한 측면일 뿐이다. 그렇지만 이 가르침이 현대에 와서 잊혀져버렸기 때문에 강조하는 것이다. 요즘 미국과 유럽에서 아드바이타의 가르침을 펴는 이들이 개체의식을 에고와 구별하지 못하기 때문에, 개체의식의 성장과 완성을 말하는 영적 전통의 가장 깊은 수준을 이해하지 못한다. 만일 개별영혼이 없다면 누가 성장하고 완성되는가?

에센스를 자각한 사람의 입장에서는 개체성의 환상이 사라져서, 더 이상 개체성에 대한 집착이 없지만, 그 개인 영혼은 삶의 경험과 이해를 통해 성숙하고 발달한다. 영혼의 성숙 과정을 통해, 수피즘에서 '무한 가치의 진주'라 부르는 개인 에센스가 깨어나는 것이다. 에고 대신 참사람이 현현하는 것이다.

참사람이 있다. 참사람은 현존의 개체적 현현이며 현존의 사람이다. 그러나 참사람은 우리가 아는 것보다 훨씬 더 거대한 신비다.

참사람 True Person

'참사람'은 에센스의 여러 측면(특질)들 중 하나인데, 가장 이해하기 어려운 부분이다. 보통 사람들은 참사람의 모방이라고 할 수 있는 거짓사람으로 살아간다. 그것이 '퍼스낼리티personality'라 부르는 것이다. 참사람의 다른 이름은 '개인 에센스the Personal Essence'이다. 개인 에센스는 참본성의 현현이자 표현이다. 참사람은 우리의 본성이 이 땅에 현현된 것이라 할 수 있다.

우리 몸에 있는 머리, 가슴, 배의 세 센터들이 완성이 될 때 머리 위에서 넷째 센터가 열린다고 하는데, 그 센터를 신성 에센스와 개인 에센스의 접점이라고 볼 수 있으며, 넷째 센터에 빛이 켜져서 신성 에센스와 연결될 때, 한 개인인 그 사람은 신성 에센스의 현현이 된다. 물론 처음부터 그렇게 연결되어 있었지만, 우리가 에고라는 분리된 자아와 동일시하고 있을 때는 잠재적으로만 연결되어 있는 것이다.

에고의 구조물이 용해되면서 에고와의 동일시가 해체될 때, 자신이 본래 신성 에센스의 한 부분이라는 것을 자각하게 되며, 삶은 곧 신성 에센스의 펼쳐짐이 된다. 인간이라는 존재가 신성의 현신이 되는 것이다. 에센스의 현현으로서 개인성을 완성해가는 것이 참사람이 되는 과정이다. 이는 기독교의 신비전통에서 '사람의 아들'이라는 말로 표현된다. 불교에서는 '자성自性'이라는 표현이 자주 등장하는데, 선사들은 '자신에게서 찾을 것이지 밖에서 찾을 것이 아니다.'라고 이야기했다.

현존 Presence

현존은 모든 존재의 바탕에 있는 토대이며, 알마스의 표현으로는 경

계가 없고 온전히 투명한 매질medium이다. 현존은 또한 부재absence
의 반대이기도 하다.

'직면'이라고도 부르는 영적인 작업work에서 현존은 아주 중요한
의미를 갖는다. 작업에서 현존의 의미는 모든 경험과 온전히 하나 되
어 함께 있음을 뜻한다. 영적인 수행에서는 자각과 알아차림을 주로
강조한다. 그런데 그것만 가지고는 변형이 일어나지 않는다는 것이 알
마스의 견해다. 삶 속에서 이슈의 직면을 통해 장애들이 용해되기 위
해서는, 자각과 함께 현존이 필요하다는 것이다.

현존하기란, 의식이 경험에 모든 각도와 방향으로 촉수를 뻗어 거기
에 완전히 밀착되어서 만나는 것이라고 할 수 있다. 일반적인 '자각'의
경우처럼 떨어져서 보는 게 아니라 완전히 스며들어 하나가 되는 것이
다. 그렇게 할 때 이슈가 용해되면서 에센스의 특질들이 드러난다.

자각은 처음에 알아차림의 상태에 있다. 그러다가 직면이 일어나는
순간에 자각은 현존과 합쳐져서 '현존하는 자각'이 된다. 우리가 이슈
를 직면할 때는 현존하는 자각, 즉 자각과 현존이 동시에 일어나는 것
이 필요하다.

비이원성Nonduality(네오-아드바이타의 비이원성과 차별되는 진정한 비이원성)
'불이일원론不二一元論(불이不二)'이라고 번역되는 아드바이타advaita
의 상태에서는 분명히 드러나지 않는 실재의 깨달음이 있다. 비이원성
의 무한한 바다에서 한 점 파도가 일어나듯, 우리는 깨달음이 일어나
는 한 점으로서 참사람이 필요하다는 것을 자각하는 더 깊은 깨달음으
로 나아갈 수 있다. 현존함으로써 비이원성의 진리를 자각하는 것에서

한 걸음 더 앞으로 나아가야만 한다. 아드바이타의 자각('둘이 아니다')이 전부가 아니기 때문이다. 참사람, 개인 에센스의 깨어남이 그 다음 과정인데, 비이원성을 이야기하는 대부분의 경우 이 깨달음이 분명하지 않다.

실재Reality

이 책에서 '실재實在'란 존재의 참본성을 말한다. 텅 빈 실재의 경험은 아주 평범하다. 모든 것이 그저 단순하게 있는 그대로이다. 어떠한 관점에도 고정되거나 묶이지 않는다. 이원성이나 비이원성에도 매이지 않는다.

실재는 궁극적으로 어떠한 특징으로도 정의되지 않는다. 그래서 모든 특징으로 경험될 수 있는 자유가 있다. 시간/무시간, 혹은 공간/비공간이라는 개념으로 패턴화되어 있지 않다는 점에서 실재의 경험은 시간과 공간을 초월해 있다. 텅 빈 참본성은 스스로를 의식하지만 의식이라는 개념으로부터 자유로운 순수하고 정의되지 않는 의식이다. 그것은 '현존'이라고조차 부를 수 없다.

우리가 보통 세상이라고 부르는 것은 그 바탕에 놓여 있는 토대와 실체를 가리는, 베일을 통해 바라보는 실재다. 통상적인 세계는 다름 아닌 참본성을 빼앗긴 실재다. 실재는 고정된 방식으로 정의될 수 있는 획일적이고 정체된·진리가 아니다. 실재는 훨씬 더 살아 있고 신비로운 것이다.

모든 영적인 전통과 체계들은 하나로 만나야 한다. 그것들은 개념을 넘어선 실재의 경험에서 하나로 만난다. 그 경험은 진리의 경험, 하나의 실재의 경험, 알라Allah, 법신法身(Dharmakaya), 절대the Absolute의 경험이다. 경험이라고 부를 수조차 없는 그 경험에서 모든 개념은 떨어져 나가고, 진리는 아무런 필터도 거치지 않은 채 벌거벗은 그대로 직접 드러난다. 그것이 존재하는 모든 것의 본성에 내재하는 본질적인 특성인 '하나'이다.

탐구(다이아몬드 인쿼리Diamond Inquiry)

다이아몬드 어프로치에서, 영혼이 자아와 자아의 경험을 탐험하는 '탐구'는 심층심리학의 통찰들과 관련이 있다. 현대의 심리학적 지식은 에고 자아의 이해와 그것을 초월하는 데 많은 도움이 된다. 초개인심리학transpersonal psychology의 영역은 영적인 여정에서 심리학적 작업이 필요하다고 주장해왔다. 특히 켄 윌버는 내적 여정의 특별한 단계들에서 대상관계이론object relations theory의 통찰과 방법론이 유용하다고 지적했다.

다이아몬드 어프로치의 방법론은 이 시각을 공유하면서도, 그것을 다른 방향들로 더욱더 특별하게 발전시키고 있다. 다이아몬드 어프로치는 다른 무엇보다도 대상관계이론의 통찰을 사용하여, 과거 경험의 일반적 조건화를 간파할 뿐 아니라, 특정한 에고 구조들을 깊숙이 이해하고 꿰뚫어 본다.

에고 구조들은 연관된 에센스의 측면과 정확히 연결되어 있다. 이 방법은 궁극적으로 본성의 구조를 반영하는 경험구조들 안으로 탐구해 들어간다. 더 나아가, 깨달음의 주요한 장벽이 이원론적인 정신적 경향성이기 때문에, 이 방법은 그 아래 놓여 있는 에고 구조들 안으로 탐구함으로써 그 장벽들을 직접적으로 탐험해 들어간다. 그래서 심리학의 지식은 내적 깨달음의 과정을 지원하는 데 유용하다.

다이아몬드 어프로치의 방법은 전체로서의 실재의 구조, 에고 구조, 에센스의 구조와 우주의 구조들을 탐구한다. 참본성의 한계 없는 차원들 안으로 들어갈 때, 그 구조들은 참된 탐구의 기초로서 드러난다. 그것은 지각의 패턴과 구조들과 존재를 객관적으로 이해하고 꿰뚫어 보는 것을 가능하게 해준다.

이 탐구는 현대의 심리학 지식과 명상 수행을 통합한다. 이 탐구를 안내하는 순수지성이 시간의 지식과 시간 없는 차원의 지식을 동시에 사용할 수 있는 능력을 가지고 있기 때문이다.

다이아몬드 가이던스The Diamond Guidance

영적인 탐구 과정을 안내하는 고차원의 지성으로서, 탐구를 향한 순수한 열정과 사랑이 있을 때 찾아온다고 한다. 알마스의 경우, 이 가이던스[2]가 스필버그의 영화에 나오는 우주선처럼 장엄하게 빛나며 하강해서 착륙했다고 한다.

탐구inquiry가 영혼을 열고 가이던스를 수용하도록 이끌면, 우리는 현존의 강림으로서 가이던스가 일어남을 경험할 수 있다. 다이아몬드 가이던스가 내려오는 것이다. 그것은 마치 지금 막 착륙한 우주선

---

2 지도指導, 인도, 안내, 본보기, 모범, 지혜, 유도 등의 의미로, 종교·교육학 등의 분야에서나 알마스의 저술 속에서 단순한 '안내' 이상의 의미를 내포하고 있기 때문에 '가이던스'로 표기함.

과 같다. 그 웅장함과 파워는 영화 〈미지와의 조우Close Encounters of the Third Kind〉의 마지막 장면에 나오는, 우주선 모선이 착륙하는 모습과 다르지 않다. 공기는 전기 같은 에너지로 충전되고 모든 것이 고요해지면서도 춤추는 빛들의 광휘로 맥동한다. 어떤 사람은 우주선의 엔진이 강력하게 웅웅거리는 소리를 들을 수도 있다. 누군가는 섬세하고 우아한 느낌을 받을 수도 있다. 그때, 의식은 정확함의 특성을 얻고 광휘와 예리한 명료함과 절묘한 우아함의 특질을 갖는다. 그것은 더 이상 탐구하는 평범한 의식이 아니며, 다이아몬드 가이던스의 순수한 빛에 의해 변형된 정밀한, 다이아몬드 같은 광휘가 된다.

알마스

알마스에 따르면, 영적인 진화의 여정에서 두 가지가 반드시 필요한데, 그것은 바로 지성인 '가이던스'와 가슴의 특성인 '사랑'이다. 사랑은 탐구 여정의 추진력이 되고, 분별하는 순수지성인 가이던스의 지혜는 올바른 길로 안내하는 역할을 한다.

다이아몬드 가이던스는 우리의 영혼 안에서 깨어나 개인의 분별능력이 되는 신의 마음의 특별한 현현이다. 그것은 우리 영혼에게 삶에서 일어나는 일을 정확히 알고, 경험을 이해하는 능력을 부여해준다. 경험을 이해하는 것은 그 경험이 무엇인지 알고 그것을 직접 느끼며, 그 느낌 안으로 통찰해 들어가는 것이다.

다이아몬드 가이던스가 신의 마음의 반영, 방사, 혹은 특별화이기 때문에 우리의 경험을 드러내줄 능력을 갖고 있는 것이다. 경험의 불투명하고 모호한 것을 꿰뚫어 명료함과 진리에 이르게 해준다.

알마스는 다이아몬드 가이던스가 불교의 반야지혜와 같다고 말한다. 가이던스는 영혼이 자신을 알 수 있게 해주는 특별한 능력을 갖고 있기 때문이다. 자신을 알면 자신의 근원을 알게 된다. 그 근원이 당신의 궁극적인 정체성이기 때문이다.

한곳 깨달음Uni-local realization

실재Reality는 단 하나인 단일성이며, 그 안에서 각각의 형상이 다른 모든 형상을 내포한다. 그리고 모든 형상의 본질을 형성하는 궁극을 또한 포함한다. 이 관점은 《화엄경》에 나오는 중중무진重重無盡의 세계나 홀로그램 우주관과 유사하다. 홀로그램에서는 작은 한 조각이 전체 그림을 포함한다. 알마스는 모든 시간상의 점과 모든 공간상의 점이 모두 단 하나의 장소라고 말한다. 그래서 '한곳 깨달음'이라고 이름 붙인 것이다. 모든 대상 사이에 시간과 공간의 거리가 전혀 없으므로 절대적인 친밀함과 사랑의 힘이 있다. 나는 모든 대상과 시간-공간적으로 하나이며, 내가 온 우주를 포함한다. 마찬가지로 모든 시간-공간상의 점 하나하나가 온 우주를 내포하는 것이다. 겉보기에는 존재하는 것처럼 보이는 모든 시공간의 경계들이 본질적으로 존재하지 않으며, 모든 것이 있는 그 자리에서 투명하게 하나로 겹쳐진다고 상상해보라.

《늘 펼쳐지는 지금》은 친밀함과 호기심을 가지고 자신의 직접적인 경험에 '현존'하는 것을 기초로 하는 영적인 길을 안내하고 있다. 이 방법은 경험에 대해 어떤 행위도 하지 않는 것이지만, 단순히 경험으로부터 떨어져 나와 초연해지는 것만도 아니다.

자신의 경험에 현존presence하기, 즉 경험과 함께 있기를 도와주는 영적인 수행을 우리는 '**탐구**inquiry'라고 부른다. 탐구는 **경험 속의 진리**를 있는 그대로 알고자 하는, 열려 있고 호기심 가득한 열망에 바탕을 두고 있다. 이 진리는 매 순간 당신의 경험 안에 내재하고 있으며, 당신이 그것을 발견하려는 진지한 관심을 기울일 때 스스로를 드러낸다.

알마스가 이 가르침을 전하는 방법 그 자체가 바로 당신을 탐구로 초대하는 것이다. 그러니 필요할 때마다 언제든 책을 내려놓고 그가 말하는 것을 자신의 경험으로써 탐험해보라.

각 장의 끝부분에 나오는 [**탐험 세션**]은 해당 주제와 관련된 탐구의 영역을 분명하게 제시한다. 당신의 탐험을 안내하고, 수행의 역량을 계발하도록 이끌어주는 것이다. 당신은 <u>스스로</u> 기록하며 혼자 탐구할 수도 있고, 동료들과 대화를 나누며 함께 탐험할 수도 있다.

혼자 탐험하기

연습마다 15~30분 정도 시간을 가지는 것이 좋다. 잠시 질문을 숙고하고 나서, 곧바로 튀어나오는 대답 대신 더 깊은 의식 속에서 응답이 올라오기를 기다릴 수 있을 것이다. 맞춤법이나 좋은 표현에는 신경 쓸 필요 없다. 당신의 모든 생각과 느낌과 자각awareness이 흘러나와 명확히 표현되도록 허용하는 것이 중요하다. 그렇게 하면 당신의 기록에 대한 통찰과 인식이 떠오르고, 경험이 계속해서 펼쳐질 수 있는 공간이 만들어질 것이다.

함께 탐험하기

다른 사람과 함께 연습할 때는 보통 한 시간 정도 탐험할 시간을 갖는 것이 좋지만, 필요에 따라 더 짧게 시간을 정할 수도 있다. 두 사람은 각자 15~20분 정도 탐험시간을 가진다. 한 사람이 탐구하는 동안, 다른 사람은 열려 있는 호기심을 가지고 그 탐구 과정에 귀를 기울이면서, 동시에 자신의 경험에 현존하는 연습을 하는 고요한 목격자가 된다. 이것은 다른 사람과 함께 탐험할 때 얻게 되는 특별한 유익함이다. 다른 사람의 탐험과정을 지켜봄으로써 당신 자신의 탐구 과정이 더욱 깊어질 것이다. 또한 탐구 과정과 그 과정에서 발견한 것에 대해 함께 이야기 나누는 시간을 가지는 것이 좋다.

이 책에서 전해주는 연습을 넘어서 특히 탐구 수행 자체에 관심이
생긴다면, 알마스의 다른 책《Spacecruiser Inquiry: True Guidance
for the Inner Journey》를 읽어보길 권한다.

탐구는 영적인 수행이며, 다른 모든 수행과 마찬가지로 시간이 가면
서 점점 더 깊어진다. 당신 내면의 삶이 하나하나 펼쳐짐에 따라 이 책
을 읽고 또 읽는다면, 당신의 내면 여행은 점점 더 미묘해지고 더욱더
깊어질 것이다. 자신만의 리듬을 찾고, 열려 가는 발걸음을 자신에게
맞추라. 그렇게 할 때 탐구를 통해 당신 **참존재**의 감춰져 있던 풍요가
드러날 것이다.

chapter

I

실제를 사랑하기

Loving the Real

가슴이 뜨겁지 않다면 우리는 진정한 사람이 아니다. 사랑으로 가슴이 충만하지 않을 때, 진실로 깊이 만족스러운 인간의 삶을 영위한다는 것은 하나의 꿈에 불과하다. 진정한 만족fulfillment을 위해, 인생의 어느 시점에서 영적인 길을 걷기 시작하는 사람들이 많다. 영적인 길에서 이런 충족감을 줄 수 있는 것은 무엇일까? 이 깊은 만족감은 어디에서 오는 것일까?

이 질문에 답하기 위해서 우리는 왜 영적인 추구에 관심을 갖게 되었는지를 먼저 알아야 한다.

영적인 여정을 시작할 때 우리는 무엇을 찾고 있었는가? 눈에 띄는 새로운 의식 상태를 경험하고자 했는가? 일상세계를 넘어선 특별한 영역을 여행하고자 했는가? 세상의 어려움으로부터 해방되고 싶었던가? 혹은 인생의 의미를 더 풍부하고 깊게 만들고 싶었는가? 만약 우리의 목표가 이 삶을 변화시키고 영적인 작업을 통해 삶에 영향을 주려는 것이라면, **실제로 삶에서 무엇을 하고 있는지**부터 살펴보아야 한다. 우리는 무엇을 하고 있는가, 정말로 무엇을 원하는가?

우리는 시끄럽고 혼란스러운 거대한 세계에 살고 있다. 가슴속 깊이 들여다볼 때, 우리가 가장 원하는 것은 뭔가 아주 단순한 것임을 발견한다. **평화**peace를 원하는 것이다. 우리는 휴식과 편안함, 고요를 원하고, 끊임없이 도는 쳇바퀴를 멈추고 싶어 한다. 투쟁, 갈등, 욕망, 두려움, 증오로부터 벗어난 공간을 찾는다. 우리는 평화로운 사람에게 끌리고, 평화와 고요를 찾을 수 있는 상황에 끌린다. 스트레스 없는 단순함. 평온에 머물기. 아주 깊은 의미에서 이 열망은 기쁨, 행복, 자유보다 더 큰 충만함으로 우리를 이끈다. 단순히 존재하는 평온함 없이는 우리가 추구하는 다른 어떠한 것도 참으로 우리를 만족시킬 수 없기 때문이다.

사람들은 대부분 물리적인 환경을 바꿈으로써 고요를 찾으려 한다. 우리는 평화와 평온을 얻기 위해 바깥으로 눈을 돌린다. 하지만 지속적인 행위는 대부분 우리의 머릿속에서 일어난다. 고속도로와 슈퍼마켓, TV와 전화에서 벗어나 가만히 앉아 명상을 하더라도, 심지어 자신의 방에 고요히 앉아 있다 하더라도 내면의 시끄러움으로부터 벗어난 것은 아니다. 도대체 왜 그렇게 많은 소음과 활동이 일어날까? 물론 그 대답은 머릿속의 더 많은 시끄러움, 더 많은 행위로 찾아온다. 당신이 이미 알고 있듯, 내면의 분주함은 왜 그렇게 바쁜지를 설명하고, 분석하고, 토론하면서 점점 커지기만 한다.

우리의 마음과 머릿속은 우리가 사는 세상과 마찬가지로 분주하고 시끄럽다. 너무나 많은 소음 속에 파묻혀 있다 보면 어느새 우리가 여기서 무엇을 하고 있는지도 모르게 된다. 우리에게는 단순하고도 직접적으로 자신을 느끼고, 자신으로 존재할 수 있는 공간이 충분하지 않다. 이 쓸모없는 것들이 모두 우리의 주의를 뺏기 위해 경쟁하는 것만 같다. 자신을 느낄 수 있는 공간을 만들 때 우리가 내면에서 발견하는 것이란 대부분 분주함일 뿐이다. 평화를 얻을 수 있을 가능성은 터무니없는 몽상인 것처럼 보인다. 이것이 우리가 사는 세상, 우리의 삶과 머릿속이 돌아가는 모습이다. 우리는 그 모습에 의문조차 품지 않을 때가 대부분이며, 원래 그런 것이라고 생각한다. 세상은 시끄러운 게 당연하며, 우리는 그저 거기에 적응하기를 배우고 있을 뿐이다.

죽을 준비를 하기 전에는 고요해질 수조차 없는 사람들이 많다는 것은 그리 놀라운 일이 아니다. 죽음의 과정이 느리게 진행된다면, 마침내 세상을 떠날 때쯤에야 그들의 내면은 고요해져 있을 것이다. 아마도 당신은 주변의 누군가를 통해 이런 과정을 본 적이 있을 것이다. 고요해지기 위해서는 종종 죽음과 같은 극단적인 것이 필요하기도 하다. 이 책에서 우리는 살아 있는 동안에 죽음의 과정을 통해 고요해지는 법을 배울 것이다. 삶의 마지막 순간에 닿기 전에, 소음 한가운데에서 고요히 있는 법을 배우는 것이다.

세상과 머릿속에서 너무 많은 일들이 벌어지고 있기 때문에, 우리는 마치 극장 안에 앉아 있는 것과 같다. 편안히 영화를 즐기고 있을 동안 때때로 시끄러운 소리가 우리를 엄습해온다. 폭발하고 깨지는 소리, 비명과 고함 소리, 시끄러운 액션과 강렬한 서스펜스 때문에 무엇을 보고 있는지 제대로 느낄 여유조차 없다. 마치 전쟁터에 있는 것과 같다.

모든 것이 절정을 향해 내달려간다.

머릿속에서 산다는 것이 꼭 그렇다. 이 글을 읽는 동안에도 당신의 마음이 얼마나 분주하게 움직이는지 눈치챘는가? 판단, 반응, 질문, 연상, 욕망과 태도들이 항상 우리 마음과 머리를 차지하고 있다. 그리고 우리는 그 모든 소음에 익숙해져 있는 철부지 십대들과 같다. 우리는 그 소음이 현실이라고 생각해서 정말로 '참'인 것이 뭔지 더 이상 알아차리지 못한다. 우리는 단순하고 친밀하고 이완된 느낌을 좋아하면서도, 그런 게 있다는 사실조차 잊어버리고서 그것을 느끼지 못할 때가 많다. 단순하고 친밀한 느낌이란 영화관에 편안히 앉아 재미있는 영화를 볼 때의 바로 그 느낌인데도.

현대적인 멀티플렉스 영화관에서 할리우드 블록버스터를 보는 것과는 대조적으로, 잔잔하고 조용한 음향 속에 줄거리가 천천히 전개되는 구식 영화관에 가는 것을 좋아하는 사람들이 꽤 있다. 그렇게 영화를 볼 때에는 스스로 느끼는 바를 그대로 따라갈 수 있다. 우리는 자신의 경험을 통해서도 그렇게 할 수 있기를 원한다. 스스로 있는 그 자리를 알아차리면서 자기 자신과 함께 있기를 원하는 것이다. 무슨 일이 일어나는지를 알고, 자신이 그것을 어떻게 느끼는지를 알면서 말이다. 그렇게 한다면 우리는 좀 더 **실재**reality³를 느끼게 될 것이다.

그런 식의 단순한 고요함을 느끼지 못할 때, 우리는 자신에 대한 자각awareness을 잃어버린다.

그런 식의 단순한 고요함을 느끼지 못한다면, 우리가 직접적인 경험

---

3 reality: 현실, 실상, 실재實在.

과 완전함 속에서 자기 자신을 자각하는 일은 불가능하다. 그 대신 우리는 메아리를 듣고 환영을 볼 뿐이다. 우리의 이상과 관념, 투사, 걱정, 두려움 그 모두는 소음이 되어 즉각적인 경험과 자신으로 존재하는 미묘한 감각을 덮어버린다. 지금 이 순간에 단순히 존재하는 고귀함은 혼란과 소음 속에서 잊혀진다.

영적인 여정이란 뭔가를 경험하고 재미있는 통찰을 얻으며 비범한 감각을 갖는 것을 의미하지는 않는다. 이런 일들은 영적인 여정의 한 부분으로 일어날 뿐이다. 그런 체험이 가치 없다는 뜻이 아니라, 다만 내적인 여정의 핵심은 아니라는 말이다. 내면의 수행은 기본적으로 고요로 안착하는 길이며, 그저 자기 자신으로 존재하는, 자신의 참모습을 느끼는 단순함 안으로 자리 잡는 것이다. 실재의 메아리 대신 실재 안에 존재하기를 말한다.

실제로 존재하기의 본질

실재reality는 일반적으로 우리 마음에 비치는 반영이 아니다. 실재는 훨씬 더 깨끗하고 단순하며, 시끄러운 일상적인 경험과는 반대로 훨씬 더 편안히 안정되어 있다. 자신을 느끼고 자기로 존재하는 것 안에는 매우 아름다운 친밀함이 있다. 그렇게 고요하고 안정되어 있을 때 우리는 단순히 **실제**the real[4]를 느낀다. 우리는 존재와 자각의 실제성

---

4 the real: 참, 진짜, 실제實際.

realness을 알아차린다.

소음이 가라앉고 복잡함이 용해되어 진정한 모습으로 자신을 경험할 때 우리는 **실제로 존재**being real하게 된다. 반영이나 이미지가 아닌, 메아리나 기억이 아닌, 생각이나 반응이 아닌 그것 자체. 보통 우리는 실재reality가 온갖 소리와 소음으로 가득 차 있을 거라고 가정하면서, 듣는 그대로 대부분을 믿어버린다. 우리는 소음에 초점을 맞추거나 거기에 반응하느라 바쁘다. 방어하고 합리화하며, 반응하고 설명·판단·계획·기억하면서 말이다. 그렇지만 이런 행위들은 실재의 반영에 불과하다.

실제로 존재함being real이 바로 우리의 본성이다. 우리는 실재를 매순간 경험한다. 또한 실제로 존재함은 우리에게 어떤 특별한 경험을 요구하지 않는다. 그것은 우리가 **무엇**으로 존재하는가보다는 오히려 **어떻게** 존재하는가와 관계 있다. 그것은 천 개의 시끄러운 소음을 듣는 것과 하나의 단일한 음을 듣는 것만큼 차이가 있다. 그 유일한 음은 단순하고 부드러우며, 우리가 본성에 더욱 가까워진 느낌을 갖게 해준다. 가슴에 더욱 가까워지는 순간 우리는 심장이 살아 있고 부드럽다고 느낀다. 우리가 자신을 느낄 때 가슴은 부드러워지고 다정해진다. 우리는 그 가슴의 부드러움과 함께 **실제**에 가까워지면서 자기 자신을 알아차린다.

소음과 드라마, 밀고 당기기, 조작과 투쟁, 그리고 영적인 수행과 작업을 수년간 겪은 후에야 비로소 우리는 단순히 **실제로 존재하는 것** 말고는 아무것도 필요 없다는 사실을 알게 된다. 우리는 자신 안에서 **실제로 존재하기**를 원하며, 인간존재, 자각하고 깨어 있는 존재의 **실제**를 실제로 존재함being real이 바로 우리의 본성이다.

우리는 실제를 매 순간 경험한다.

또한 실제로 존재함은

우리에게 어떤 특별한 경험을 요구하지 않는다.

그것은 우리가 무엇으로 존재하는가보다는

오히려 어떻게 존재하는가와 관계 있다.

그것은 천 개의 시끄러운 소음을 듣는 것과

하나의 단일한 음을 듣는 것만큼 차이가 있다.

그 유일한 음은 단순하고 부드러우며,

우리가 본성에 더욱 가까워진 느낌을 갖게 해준다.

가슴에 더욱 가까워지는 순간

우리는 심장이 살아 있고 부드럽다고 느낀다.

우리가 자신을 느낄 때 가슴은 부드러워지고 다정해진다.

우리는 그 가슴의 부드러움과 함께 실제에 가까워지면서

자기 자신을 알아차린다.

기억해내거나 알고 싶어 한다. 그런 다음에는 이 존재를 의식적으로 경험하기를 원한다. 다른 말로 하면, 우리의 본래 모습은 실재reality에 관한 것이며 **실제로 존재하기**에 관한 것이다. 어딘가 특별한 곳으로 가는 게 아니라 있는 그대로 존재하는 것이다. 우리는 가능한 한 참된 방식으로 이곳에 존재하는 법을 배우고 싶어 한다. 어떡하면 완전히 여기에, 완전히 나 자신으로 존재할 수 있을까? 흩어진 채 진동하며, 미친 듯 흔들리는 나의 원자들이 어떻게 느긋해지고 모여서 여기에, 나로서 안착할 것인가?

실제로 존재하기를 향한 열망

책을 읽어나가면서 당신은 **실제로 존재하기**를 배울 수 있고, **실제성** realness과 연결되어 그것을 자각할 수 있음을 알게 될 것이다. 또 당신을 끌어당기는 어떤 것을 알게 된다. 우리는 **실제로 존재**being real하는 상태에 끌려든다. 우리는 실제로 존재하기를 좋아한다. 그 이유는 우리가 실제로 존재하기와 보통의 경험 사이의 차이점을 알기 때문이다. 일상적인 경험은 대부분 **실제**가 아니다. 그 경험은 그저 실제의 반영이자 왜곡일 뿐이다.

영적인 경험과 지각, 그리고 온갖 흥미롭고 이상야릇한 체험에 사로잡히는 사람들이 많다. 그런 체험들은 우리를 흥분시키고 고양시킬 수는 있지만, 그 속에는 **자기 자신으로 있는**being oneself 단순함이 없다. 자기 자신에 안착하고 그저 거기에 존재하는 것, 자신이 누구인지를 인식하는 것, 그 본성의 친밀함, **실제**의 느낌이 그 안에는 없다. 내적인 여정, 영적인 수행은 모두 궁극적으로 여기에 도달한다. **진짜 자신으로 존재**하는 것 말이다. 어떤 초능력을 개발하고 차원이동을 하거나 유별난 경험을 하기 위해서 내적 수행을 하려 한다면 당신은 진실한 영적 작업이 무엇인지 아직 모르는 것이다. 그 이유는 당신이 아직 실재가 무엇인지, 실제로 존재하기가 무엇을 의미하는지 모르기 때문이다.

그와 달리, 내적 작업을 진정으로 그것 자체로서 원한다면, 당신은 이미 실제로 존재하기를 알고 존중하며 감사하고 있는 것이다. **실제로 존재함**은 홀로 고요히 있을 때 당신이 존재하는 방식을 의미한다. "나는 이것이 나임을 안다. 그리고 그것이 어떠한지를 알며, 그것으로 존재함이 편안하다. 나는 거기에 아무 갈등이 없으며, 내가 누군가와 교류할 때 그것은 나의 본성이 하는 것이다." **실제로 존재하기**를 원하지 않을 때, 혹은 실제로 존재함이 뭔가 좋은 것, 자신이 원하고 고마워하는 것이라고 느끼지 않을 때에는 사람들은 일반적으로 내적 작업을 하려고 애쓰지 않는다. 사람들 사이의 관계에서 **실제로 존재함**에는 분석할 수 없는 뭔가 소중한 것이 있다. **실제로 존재함**은 뭔가를 주고받는 것, 보이는 모습이나 남들에게 보여주기 위한 행위와는 전혀 관계가 없다. 그것은 단지 본성으로서의 나 자신이다. 어떤 행동을 하거나 말하는 사람으로서 존재하는 진정한 자신일 뿐이다.

하지만 만족, 행복이나 성취감을 **위해서** 실제로 존재하려 한다면 우리는 핵심을 놓치고 만다. 그런 것이 아니라 우리는 정말 실제로 존재하기를 **사랑하기 때문에** 실제로 존재하는 것이다. 우리는 실재reality를 사랑하고 그것을 느끼고 보며, 최대한 그것으로 존재하기를 좋아한다.

오직 단순하고 소중한 삶의 순간 안에서 느긋해지고 휴식할 수 있을 때, 우리가 **실제로 존재하기**를 사랑함은 우리가 무엇을 얻기 때문이 아니라, 오직 진실 자체만을 위해서임을 알아차릴 수 있다.

우리가 진실을 사랑함은 우리가 거기에서 좋은 느낌을 얻기 때문이 **아니다**. 또한 그것이 어떤 성취를 주기 때문이 아니며, 혹은 그것이 어떤 영적인 깨달음이나 진보라서가 **아니다**. 우리는 실제로 존재할 때 고향에 돌아온다는 것을 알기 때문에 그것을 사랑한다. 그것이 어떤 감각이든, 어떤 맛이든 상관없다. 때로 **실제로 존재함**은 고통을 허용하는 것, 혹은 고통스러운 사실을 받아들이는 것을 의미하기도 한다. 우리가 '진실'로 존재할 때 우리 안에는 내면의 진실한 바탕과 일치하는 뭔가가 있다. 우리는 영혼 안에 있는 올바름 때문에 그것을 사랑하며, '아! 여기에 내가 있고, 존재하기 말고는 아무것도 할 것이 **없구나**.'라는 느낌을 갖는다.

실제로 존재하기를 향한 사랑

실제로 존재하기being real를 원하는 것은 자기사랑, 우리의 본래 모습을 사랑하는 것을 가리킨다. 실제로 존재하기를 향해 나아가려고 할 때, 우리는 이미 영적인 작업에 있어서 가장 중요한 **자애**lovingness와 **존중**appreciation(고마움)을 표현하고 있는 것이다. **사랑**이 없다면 우리는 그릇된 이유로 수행하는 것이며, 그것은 소음의 일부가 되고 만다. 내가 가리키는 것은 이기적인 자기사랑이 아니고, 소유욕이나 자기중심

주의도 아니다. 실제를 향한 가슴의 태도, 즉 우리의 의식, 영혼, 자각이 **실제로 존재함**에 대해 갖는 느낌은 아주 미묘해서 설명하기가 어렵다. 자기 안에서 이 실제에 대한 **고마움**을 자각한다는 것은 우리가 이미 어느 수준의 성숙함에 도달했고, 수행을 돕는 특별한 **안내**guidance[5]를 일깨웠음을 의미한다.

사랑과 고마움을 인식하는 순간은 아주 소중하다. 그때 우리는 뭔가를 성취하기 **위해서** 수행하는 게 아니라는 것을 알게 된다. 나는 나 자신을 더 개선하기 위해 명상, 기도, 염송을 하거나 영적인 작업을 하지 않는다. 나는 다른 사람만큼 훌륭해지기 위해서 이 작업을 하는 것도 아니다. 나는 내가 발달시킨 개념이나 들어서 알고 있는 관념이 열렬히 따를 만큼 좋은 것이라서 이 작업을 하는 것도 아니다. 이것은 뭔가를 추종하는 일이 아니라, 단지 나 자신과 **함께** 안착하는 작업이다.

깨어남을 추구하는 것은 머릿속의 시끄러운 생각들, 자극받은 행동들을 알아차리고 거기에 끌려가지 않는 법을 배우는 일이다. 대신에 우리는 단순히 안착하고, 이완하고, 단지 존재하는 법을 배운다. 하지만 이완하고 존재한다고 할 때 그것이 그저 앉아서 명상하는 것만을 의미하지는 않는다. 명상은 우리가 훈련해야 하는 것이지만, 결국 '내면의 수행'과 '삶을 살아가는 것'은 둘이 아니다. 매 순간 우리의 **수행**practice이란, **실제로 존재하기**being real와 그렇게 '실제로 존재하는 것'을 배우는 것이다. 그것이 우리 실제 삶의 생활이 되는 것이다. 실제로 존재한다는 것은 내용과 상관없이 모든 차원과 경험, 모든 지각을 넘

---

5 다이아몬드 가이던스: 수행을 안내하는 본성의 지혜. 〈주요 등장 용어〉 참고.

어서 있다. 그것은 분열되거나 흩어지거나 방해받음 없이, 단지 자신으로부터 거리를 느끼지 않는 경험일 뿐이다. 또한 우리가 이러한 차분함, 현존, 여기에 있음, 안정감을 더 많이 자각할수록 실재reality로서 **실제로 존재함**을 더 많이 느끼게 된다.

어느 시점에서, 우리는 '영적 수행'이라는 것이 실재를 배우고, 실제를 인식하는 법을 배우며, 실제로 존재하기를 배우고, 실제 속에서 자신으로 존재하기를 배우는 것임을 알게 된다. 또한 **실제로 존재함**을 사랑하고 감사한다면, 우리는 오직 이것들을 배우는 일에만 흥미를 갖게 될 것이다. 삶의 문제를 통과하고 내적 작업의 훈련을 거쳐가기 위해서 우리는 진실하게 존재함being genuine을 사랑해야 한다. 우리가 진실로 존재하기 때문에, 실재에 다가가고 실재에 감동받았기 때문에 실재를 사랑하고 또한 기꺼이 진리를 알아차리게 되는 여러 과정을 통과해 들어갈 수 있다. 그것이 고통스럽거나 두렵거나 즐겁거나 **상관없이** 말이다.

이 여정의 첫 번째 단계는 우리를 실재에게로 끌어당기고 있는 내면의 **사랑과 감사**를 알아차리는 일이다. 우리가 진지하다면, 어떤 동기를 가지고 내적 작업을 시작하는가에 관계없이 우리의 실재에 대한 사랑은 어떤 시점이 되면 그 자신을 드러낸다. 우리는 자신이 단지 실재에 가까워지고 싶어 한다는 것을 알아차린다. 우리는 실재와 함께 편안해지는 것을 좋아한다. 실재와 아무 갈등이 없는 것을 사랑한다. 그리고 할 수 있는 한 친밀해지기를 좋아한다. 우리는 지극히 친밀해져서 단순히 **실제로 존재하는 것** 외에는 다른 어떤 것도 원하지 않게 된다. 그리고 그것이 우리가 사랑하는 것이다.

사랑과 고마움을 인식하는 순간은 아주 소중하다.

그때 우리는 뭔가를 성취하기 위해서

수행하는 게 아니라는 것을 알게 된다.

나는 나 자신을 더 개선하기 위해

명상, 기도, 염송을 하거나 영적인 작업을 하지 않는다.

나는 다른 사람만큼 훌륭해지기 위해서

이 작업을 하는 것도 아니다.

나는 내가 발달시킨 개념이나 들어서 알고 있는 관념이

열렬히 따를 만큼 좋은 것이라서

이 작업을 하는 것도 아니다.

이것은 뭔가를 추종하는 일이 아니라,

단지 나 자신과 함께 안착하는 작업이다.

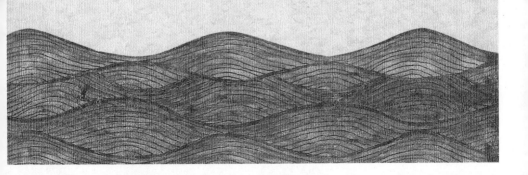

실제로 존재하기와 당신의 관계

이 탐험은 현실과 실재 사이의 관계, 그리고 그것이 자신의 삶과 영적인 여정에 어떤 영향을 끼치고 있는지 명료하게 보여줄 것이다.

당신은 삶에서 언제 가장 **실제**real라고 느꼈는가?

그리고 그것을 어떻게 알아차렸는가?

당신이 진실로 **자기 자신으로 있음**을 느꼈던 상황을 떠올려보라. 아마도 꽤 해볼 만한 순간이었을 것이다.

그때 당신은 마음에서 어떤 것을 느꼈는가?

당신의 가슴과 몸에서는 어떠했는가?

당신 자신의 진실함, 진정성으로부터 거리를 느꼈을 때와 어떤 차이점이 있었는가?

그때 당신은 무엇을 경험했는가?

실제로 존재하는 것이 좋고, 도덕적으로 훌륭한 것이라고 느끼고 있는가?

실제로 존재하는 것이 영적인 이상의 한 부분인가?

실제로 존재하고자 하는 열망이 당신의 흥미를 유발하고 있는가?

당신은 삶 속에서 그 무엇보다 **실제**realness를 얻고자 하는가?

그렇다면 왜 그런가?

더욱 **실제로 존재하기** 위해서 당신은 무엇을 포기할 수 있는가?

진정한 자신으로 존재하는 것을 피할 수 없다고 느끼는가?

진정한 자신으로 존재하기를 사랑하는가?

그렇다면 그 **실제**에 대한 사랑이 당신의 선택에 동기를 부여했는가?

혹은 삶 속에서 어떤 특정한 방식으로 수행하도록 했는가?

chapter

2

실제로 존재하기를 배우기

Learning to Be Real

실제로 존재하기be real를 배우는 것은 늘 해야 하는 일이다. 어떤 특별한 때에만 연습해서는 충분하지 않다. 하지만 늘 연습하기를 결심하기 위해서, 우리는 실재를 **사랑**하고 **감사**해야만 한다. 어떤 대가를 치르더라도 실제로 존재하려고 해야 한다. 우리는 '실제로 존재하기'를 사랑해야만 한다. 우리가 느끼는 것이 마음에 들지 않을 때에도, 어떤 특별한 순간에 자신의 모습이 마음에 들지 않더라도 '실제로 존재하기'를 사랑해야 한다. 이런 **사랑**은 내적 작업을 위한 가장 강력한 동기이며 참된 영감이다. 실재reality를 향한 우리의 갈망이 미온적이거나 갈팡질팡한다면 우리가 실제로 존재하기를 배울 때에 자신을 안내해줄 내적인 지원과 열정이 어디에서 나오겠는가? 실제로 존재하기를 향한 사랑이 더 커갈수록 더 많은 영감을 얻을 것이며, 더 많은 의욕이 피어날 것이다.

실제로 존재하기(진짜로 있기)는 과연 어떤 의미일까?

자기 자신으로 존재하기

자기 자신으로 존재하지 않으면 **실제로 존재**할 수 없다. 자신이 아닌 다른 모습으로 존재하면서 실제로 존재할 수는 없는 것이다. 잘 살펴보면, 우리는 대부분의 시간에 실제로 존재하지 않는다는 것을 알 수 있다. 우리가 자신으로 존재하지 않기 때문이다. 그렇다면 우리는 무엇인가? 어떤 사람으로 존재하는가? 무엇을 하고 있는가? 우리는 대부분 특정한 생각이나 그림, 개념으로 이루어진 자신의 '**이미지**'로 존재하고 행동한다. 만약 지금 이 순간에 당신이 자신의 모습에 관한 이미지로 존재한다면, 당신은 자신으로부터 떨어져 있을 수밖에 없다.

우리는 대부분 **실제 자기**로부터는 그보다도 더 멀리 떨어져 있다. 왜냐하면 우리는 본래 모습과는 다른 이미지로 존재하기 때문이다. 예를 들어, 우리는 몸의 이미지나 어린 시절의 이미지로 존재한다. 우리가 자기와는 전혀 다른 사람의 이미지, 즉 부모의 이미지로 존재한다면 그 비실제성은 더욱더 커지게 된다.

그렇다면 **실제로 존재하기** 위한 연습은 무엇일까? 그것은 자기 자신으로 존재하는 연습과 같은 것이다. '실제로 존재한다'는 것은 이와 같다. "나는 나에 대한 생각이 아니다. 나는 나 자신으로 존재하는 척하지 않는다. 나는 어떤 사물이나 사람에 대한 반응, 혹은 그들이 나에 대해 가지는 이미지에 대한 반응이 아니다. 나는 실제의 나로서 존재한다." 그러나 **실제**가 아닌 것으로 존재하기를 딱 멈추고 곧바로 **자기 자신으로 존재하기**being oneself를 시작할 수 있는 것은 아니다. 자신으로 존재하기의 의미를 아는 그 사람은 대체 누구란 말인가? 어떻게 당신이 자신으로 존재하려고 **애쓸** 수 있겠는가? 그것은 옷장에 있는 많은 자기들 중에서 진짜 자기를 꺼내어 입는 것처럼 그렇게 단순한 일이 아니다.

좋은 소식은, 우리가 아무리 자신에게서 떨어져 있다 하더라도 매 순간 경험 속에 있는 뭔가가 우리의 본성을 표현하고 있다는 사실이다. 우리는 실제로부터 멀리 떨어져 나와 방황할 수 있으며, 심지어는 실제로부터 분리될 수 있다고 하지만, 그렇게 멀리 떨어져 나와 있거나 분리될 수 있는 그는 누구란 말인가? 그 사람은 여전히 우리 **자신**you이다. 무엇을 경험하든, 우리가 어디에 있든, 무엇을 지각하든 그 모두는 우리 자신(의 본성)과 연결되어 있다.

조금만 돌아보면, 우리는 늘 뭔가를 경험하고 있음을 알 수 있다. 순간순간 일어나는 일에 대한 인상과 자각이 늘 함께 있다. 지금 이 순간에도 수많은 일이 벌어지고 있으며, 우리는 그것을 자각하고 있다. 예를 들어, 이 문장을 읽는 순간에도 우리는 보고 이해하고 생각하고 느끼며, 의자에 앉아 있는 압력을 감지하고, 주변의 소리를 듣고 있다.

우리는 항상 경험의 장field 어딘가에 있다. 그 장소는 늘 변하지만 언제나 수많은 가능성의 장 어딘가에 존재한다. 여기에는 어떠한 신비도 없다. 단지 매 순간 우리가 경험하는 그대로일 뿐이다. 우리가 아무 경험도 하지 않는 순간은 오직 꿈 없는 깊은 잠 속에 있을 때이다. 우리는 그렇다는 것을 자신의 경험에서 알 수 있다. 의식이 있는 순간에는 늘 **경험**이 있다. 이것은 그 경험이 특별하거나(각자의 가치관에 따라) 평범하거나 간에 상관없다. 아침을 먹을 때를 생각해보자. 우리는 팔을 움직이고, 음식을 씹을 때 맛과 풍미를 입안에서 경험한다. 손에서는 움직임과 질감을 느끼며, 아마도 좋아하거나 싫어하거나 지겨움을 느낄 수도 있을 것이다. 생각, 느낌, 상상, 그 모두가 일어나고 있다.

항상 뭔가가 일어나고 있다. 그리고 무슨 일이 일어나든, 경험은 다른 누군가가 아닌, **자기 자신**을 드러내고 있다는 점에서 자신의 본성과 연결되어 있다. 만약 우리가 앉아서 명상하고 있다면, 그 경험은 오바마 대통령보다는 나 자신을 더 많이 드러내줄 것이다. 우리가 자신을 발견하려 한다면 블라디미르 푸틴의 경험을 들여다보지는 않을 것이다. 다만 나 자신의 경험을 들여다볼 일이다.

참본성

경험이 자신의 본성과 연결되어 있다는 사실은 수행에 있어서 어떤 의미를 가질까? 자신으로 존재하기를 배우기 위해서는 우리가 가지고 있는 것에서 출발해야 한다. 그리고 우리가 늘 가지고 있는 것은 매 순간의 **경험**이다. 순간순간의 경험에 존재하기를 **허용**한다면, 경험을 보고 맛보고 듣고 냄새 맡고 느끼고 알아차리려고 한다면, 우리의 본래 모습을 발견하고 본성으로 존재할 수 있을 것이다.

자신으로 존재함, **실제로 존재함**은 기본적으로 참자기true self로 존재하는 것, 참자기의 실제로서 존재한다는 것을 의미한다. 이런 말을 들어봤을 것이다. "**참본성**True nature은 진실로 스스로 존재하는 나의 본성이다." 이 말은 비의적秘儀的으로 들릴 수도 있겠지만, 우리의 본성이 가짜이거나 꾸며낸 것이 아니며, 누군가가 만들어낸 것이 아님을 뜻한다. 참본성은 있는 그대로의 자기 자신이다. 그것이 진정한 나이다.

나 자신으로 존재하려면, 먼저 내가 **어디에** 있는지를 발견해야 한다. 있는 그 자리를 **자각**하는 것이 반드시 자신으로 존재함을 뜻하지는 않더라도, 하나의 시작점이 될 수는 있다. 있는 그 자리의 자각은 참자기의 요소, 혹은 맛을 담고 있기 때문이다. 우리는 그 맛이나 요소를 '**진리** truth'라 부른다. 그래서 우리가 어디에 있든, 우리의 경험이 무엇이든, 그 모두는 어떤 식으로든 **참본성**과 관련되어 있다. 비록 그 경험이 떨어져 있거나 단절되어 있거나, 반응 혹은 반영이거나 대체물이라 할지라도, 어떻게든 자신의 참본성에 이어져 있다.

수행의 초기단계에는 이 연관성을 알지 못할 때가 많다. 그렇지만 우리는 경험을 바라보는 것, 또 있는 그 자리를 발견하는 것에서 수행을 시작할 수 있다. '나는 여기 앉아 있다. 지루하군…. 배고파. 맛집을 찾아 돌아다니느라 짜증이 나네…. 잠자리에 누웠는데 남편에게 한 잔소리에 죄책감을 느껴…. 컴퓨터 앞에 앉아 안절부절못하며 주식 걱정을 하고 있군…. 이완하려고 애쓰고 있지만 생각이 멈추지 않네…. 명상을 하고 있고, 비어 있음과 불안함을 느껴….' 더 자세히 들여다보면, 우리는 이 모든 것이 어떤 식으로든 '본성과 **연관되어 있음**'을 발견하게 될 것이다.

핵심은, 현재의 경험이 본성과 연관되어 있음을 이해할 때 우리가 **참본성**에 가까워지고 있다는 것이다. 그렇게 본성에 닿은 것을 **진리**라고 부른다. 그렇다면 어떻게 본성에 닿을 수 있을까? 처음에는 있는 그 자리에 관해 뭔가를 느끼고 있더라도, 그 상황에서 일어나고 있는 일 전부를 이해하지는 못한다. 대부분 우리의 경험이 반은 무의식적이라서 완전히 이해되지 않는다. 온전히 경험과 더 가까워지고 경험을 어느 정도 정말로 이해할 수 있을 때 우리는 '**경험의 진리**'를 본다고 할 수 있을 것이다. '경험의 진리'란 무엇일까? 그리고 왜 존재할까?

진리truth[6]는 언제나 참본성의 표현이며, **참본성**True Nature은 궁극의 **진리**이다. 경험을 이해하기 위해서는 경험이 우리의 참본성과 어떻게 **연관**되어 있는지를 알아야 한다. 매 순간 경험을 이해하고 **진리**를 보는 것, 조금이라도 더 **실제**real를 느끼고 참본성에 가까워지는 것은 우리가 경험과 본성과의 상관관계를 알아차리기 시작했기 때문이다.

자신이 좋아하는 취미생활을 즐기고 있다고 해보자. 얼마 지나지 않아 내가 지루해한다는 것을 알아차린다. 만약 내가 그 지루함을 뿌리치려고 한다면 나는 있는 그대로의 나에게 저항하게 될 것이다. 나는 좀 더 **실제로 존재하기**를 원하기 때문에 그 경험이 기분 좋지 않더라도 그 경험과 함께 있기로 한다.(앞으로 이 점에 관해 더 많이 살펴보게 될 것이다.) 지루함을 탐험하는 동안, 나는 비어 있음, 의미 없음이라는 느낌 때문에 내가 지루해한다는 것을 알아차린다. 나는 지루함을 느낀다는 '경험의 진리(실체)'를 보고 있는 것이다. 나는 그 지루함을 의미 없는 비어 있음으로 경험하고 있다. 나는 이 **진리**를 보기 때문에 좀 더 **실제**로 느끼게 된다. 하지만 그 경험이 어떻게 **참본성**과 연결되어 있는지는 아직 이해하지 못한다.

만일 그 비어 있음에 대해 좀 더 생각해본다면, 내가 있는 자리와 나

---

6 truth: 문맥상 다음의 뜻을 포함. 실체, 현실, 사실, 참, 진실.

의 느낌이 참본성과 연결되어 있음을 알게 될 것이다. 의미 없는 비어 있음을 느낀다는 것은 내가 **참본성**을 갖고 있으며, 참본성에서 떨어져 있다는 사실을 반영해준다. 그 이유는 참본성이 그 자신 안에 '의미 있음'의 느낌을 내포하고 있기 때문이다. 만약 **참본성**이 없다면, 의미 없는 비어 있음을 느낄 방법이 없을 것이다. 왜 그럴까? 보통 우리는 자신에게 친숙한 어떤 대상을 잃었을 때 의미 없음을 느낀다. 그렇지만 의미 없음 그 자체의 경험을 주의 깊게 살펴보면, 그 경험이 실제로는 자신의 의미를 잃어버린 느낌이라는 것을 알아차릴 수 있다. 다시 말해, 우리는 본래 영혼 안에 있는 의미 있음의 느낌을 알고 있으며, 지금은 그 느낌을 잃어버렸음을 또한 알고 있는 것이다.

우리가 **어디에** 있는가를 탐구하고 진리를 경험하며 그 진리의 끈 thread을 따라갈 때, 그 끈은 마침내 우리를 본성의 진리와 연결해줄 것이다. 진리는 우리에게 더 많은 실재를 가져다주는 것이다. 진리truth 와 실재reality는 연결되어 있다. 그 둘은 같은 것의 양면이다. 이 순간 있는 그 자리에 대한 진리를 보면 볼수록, 우리가 **어디에** 있는가와 우리가 **무엇**인가의 관계를 더 많이 인식할 수 있다. 그 인식은 둘 사이의 간격을 좁게 만들며 우리로 하여금 더욱더 **실제**real로 느끼게 해준다. 그런 이유로 **실제로 존재**할 때 우리는 모든 상황에서 진리를 더 많이 보게 되며, 역으로 그 상황의 진리를 많이 볼수록 더욱더 실제로 존재할 수 있다.

나 자신으로 존재하려면,

먼저 내가 어디에 있는지를 발견해야 한다.

있는 그 자리를 자각하는 것이

반드시 자신으로 존재함을 뜻하지는 않더라도,

하나의 시작점이 될 수는 있다.

있는 그 자리의 자각은

참자기의 요소, 혹은 맛을 담고 있기 때문이다.

우리는 그 맛이나 요소를 '진리'라 부른다.

그래서 우리가 어디에 있든,

우리의 경험이 무엇이든,

그 모두는 어떤 식으로든 참본성과 관련되어 있다.

비록 그 경험이 떨어져 있거나 단절되어 있거나,

반응 혹은 반영이거나 대체물이라 할지라도,

어떻게든 자신의 참본성에 이어져 있다.

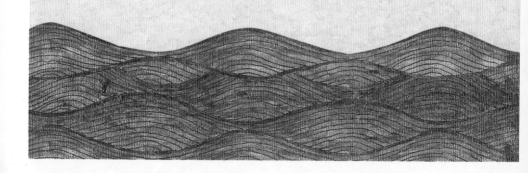

있는 그 자리를 자각하기

실제로 존재하기에 관심이 있다면, 당연히 우리는 일어나고 있는 일에 더욱더 명료해지며, 직접적이고 온전하게 경험하기를 원하게 된다. 우리는 경험을 전적으로 만나기를 원한다. 예를 들어, 걱정이나 두려움, 공포감을 느낄 때 우리는 그것을 **자각**aware한다. 자, 자각한다는 것은 무슨 의미일까? "오, 저기 멀리 두려움이 있군." 하고 망원경으로 바라본다는 말이 아니다. 그런 게 아니라 공포심, 걱정과 분노가 무엇인지, 사랑이 어떤 느낌인지, 무릎의 고통은 어떤지를 그대로 **느끼는 것**feeling이다.

자각은 **직접성**을 의미한다. 내 영혼의 촉수들이 그 느낌 둘레를 감싸고 그 모든 부분을 파고들며, 안에서 또 밖에서부터 온전히 느끼는 것이다. 왜냐하면 나의 자각awareness은 모든 곳으로 뻗어나가기 때문이다. 만일 내가 그 상황을 온전히 자각하지 않는다면 어떻게 그 진리(실체)를 찾아낼 수 있겠는가? 또 만일 내가 지금 일어나고 있는 일에 주의를 기울이지 않는다면, 나 자신으로 존재하기를 사랑한다고 말하는 것이 무슨 의미가 있겠는가?

누군가를 **사랑**할 때 우리는 그 사람에 대한 모든 것을 **알고 싶어** 한다. 그렇지 않은가? 사랑할 때 우리는 그 대상에 대해 무엇을 하고 싶어 하는가? 우리는 그 대상을 알기를 원한다. 사랑이란 언제나 **자각**으로, 앎knowing으로 옮겨간다. 누군가를 사랑할 때, 우리는 그 사람이 보고 싶고, 알고 싶으며, 최대한 그 사람과 가까워지려고 한다. 우리가 '자신으로 존재하기'에 관심을 가진다면, 그 흥미는 바로 이 순간 '내가 있는 곳을 자각'하는 것에서 출발한다. 자신으로 존재하기는 오직 있는 그 자리에 존재하기를 사랑하는 것에서 나올 수 있다.

이제 '우리가 있는 자리에 존재하기'가 **실제로 존재하기** 수행의 가장 중심에 있다는 사실이 분명해진다. 그 수행은 자아탐구의 수행과 떨어져 있지 않다. 왜냐하면 자아탐구를 통해 우리는 궁극적으로 본성에 직접 닿음으로써 단순히 존재be할 수 있기 때문이다. 자아탐구Self-inquiry는 두 가지의 기본요소로 이루어져 있다.

1. 있는 그 자리가 분명히 드러날 때까지 자신의 경험을 관찰하기. 즉, 실제의 경험을 매 순간 **자각**aware하기. 반드시 기억하라. 우리는 늘 어딘가에 있기 때문에, 있는 그 자리를 인식하는 것은 언제든 가능하다는 것을.

2. "무엇 때문에 이 일이 일어나는가?"라고 묻기 시작하기. 이 질문을 하는 순간, 탐구는 있는 그 자리의 경험을 확장시키기 시작한다. 우리는 경험의 대부분을 직접적으로 이해하지 못하기 때문에 어떤 상황에서 "무엇 때문에 이렇게 느껴지는가?"를 알고 싶어 하는 것은 당연하다. 무슨 일이 일어나는가를 **질문**ask할 때, 또 어디에 있는가에 대해 더 많이 이해하고자 할 때, 우리는 자신의 '경험에 대한 진리'를 보기 시작한다. 그리고 그 이해가 결국 있는 그 자리와 **참본성** 사이의 관계를 파악하는 쪽으로 우리를 안내한다.

경험에 의미와 통일성을 부여하는 **진리**(실체)는 우리가 이해할 수 있

누군가를 사랑할 때

우리는 그 사람에 대한 모든 것을 알고 싶어 한다.

그렇지 않은가?

사랑할 때 우리는 그 대상에 대해 무엇을 하고 싶어 하는가?

우리는 그 대상을 알기를 원한다.

사랑이란 언제나 자각으로, 앎knowing으로 옮겨간다.

누군가를 사랑할 때,

우리는 그 사람이 보고 싶고, 알고 싶으며,

최대한 그 사람과 가까워지려고 한다.

우리가 '자신으로 존재하기'에 관심을 가진다면,

그 흥미는 바로 이 순간 '내가 있는 곳을 자각'하는 것에서 출발한다.

자신으로 존재하기는

오직 있는 그 자리에 존재하기를 사랑하는 것에서 나올 수 있다.

는 전체 그림을 보여준다. 그 그림은 머리로 이해할 수 있는 설명일 뿐 아니라 경험적으로도 우리에게 의미 있는 감각으로 느껴진다. 그것은 우리의 가슴, 우리의 영혼에게 '의미meaning'를 준다. 이 의미가 드러 날 때, 우리는 가슴속에서 통찰을 경험하고 진리를 발견하며, 마음속에 서 뭔가 이해할 수 있게 된다. 있는 그 자리에 존재하기를 계속하고, 또 그것을 계속 탐험하면, 진리의 발견은 하나의 과정이 되며, 점점 더 깊 은 단계로 들어가는 끈이 된다.

참본성의 빛

진리를 인식recognition하는 것은 우리의 경험을 열어준다. 만일 우 리가 진리를 진실로 일별하거나 진리의 실재성을 본다면 더 많은 자 각을 얻게 된다. 그 말은, 더 많은 빛이 비추어질 때 우리가 더 많은 것 을 본다는 뜻이다. 그 빛은 **자각**awareness의 빛을 말한다. **참본성**의 빛 이 경험 안으로 뚫고 들어오는 것이다. 진리를 보게 될 때, 경험에 대 한 **통찰**insight이 일어날 때, 그것은 마치 빛이 투과해 들어가는 것과 같다. 통찰한다는 의미가 바로 이것이다. 통찰은 깨달음을 가져다준 다. 깨달음enlightenment이란 말 그대로 빛light이 비추어지는 것이 다. 우리는 무지를 보고, 무지와 어두운 그림자가 깨끗이 씻겨 나가고 밝음이 경험 안으로 투과해 들어옴을 본다. 이런 일을 하는 그 빛은 무 엇일까? 그것은 바로 우리 본성의 빛이다. 있는 그 자리의 진리를 봄 으로써 우리는 **실제로 존재하기**를 배우며, 자기 자신으로 존재하기를 배운다.

이전의 예를 다시 들어보자. "나는 의미 없는 비어 있음을 경험하기 때문에 지루하다." 내가 느끼는 무의미함과 비어 있음을 탐험해보면, 내가 특별한 이미지와 **동일시**하고 있기 때문에 그렇다는 것을 인식하게 된다. 비어 있음과 의미 없음의 이유를 탐험할 때, 이 동일시가 '단순히 존재함'으로부터 나를 분리시키고 있음을 알아차린다. 그저 여기에 존재하지 않는 순간에, 나는 나 자신으로 존재하지 않는 것이다.

지금까지 설명했던 것들이 듣기에는 단순하지만, 이것을 설명하느라 10주간의 강의가 필요하기도 했다. 이들을 이해하는 것은 정말로 위대한 첫걸음이다. 이제 우리가 이해하려는 것을 더 쉽게 소화할 수 있도록 세 개의 작은 조각으로 나누어보자.

1. 우리의 '수행practice'이란 무엇인가?
2. 우리 수행의 바탕에 깔려 있는 통찰은 무엇인가?
3. 수행을 시작하기 위해 어떤 자각이 필요하며, 그 자각은 어떻게 발전하는가?

첫째 질문에 대한 대답은 간단하다. 우리의 수행은 '**실제로 존재하기**를 배우는 것'이다. 그러기 위해서는 '자신으로 존재하는 것'의 의미를 이해해야 한다.

둘째, 우리 수행의 바탕에 깔려 있는 기본적인 통찰들 :

- 경험의 진리를 인식함으로써 자신으로 존재하기를 배운다.
- 있는 그 자리를 알지 못하면 우리는 경험의 진리를 인식할 수 없다.
- 있는 그 자리에 존재하기에 저항한다면, 우리는 그것을 인식할 수 없을 것이다. 있는 그 자리에 존재하기를 허용하지 않으면 경험을 이해할 수 없다. 우리가 그 상황의 진리를 볼 수 없기 때문이다.
- 우리가 상황의 진리를 볼 수 없는 것은, 투과해 들어오는 빛을 뭔가가 방해하고 있기 때문이다.

실질적으로 말하자면, 결국은 '있는 그 자리를 볼 수 있어야 한다'는 것으로 귀결된다. '우리가 **어디에** 있는가'는 '우리가 **무엇**인가'는 아니지만, 깨닫는 길의 출발점이다. 우리의 본래 모습은 우리의 **참자기**, 우리의 **참본성**이다. 있는 그 자리를 이해함으로써 자신이 참본성에서 떨어져 있음을 인식할 수 있다는 것을 이미 살펴보았다.

하지만 우리가 이 순간 지금 일어나고 있는 일에 주의를 기울이지 않는다면 어떻게 '있는 그 자리'를 알 수 있겠는가? 우리는 지금 일어나고 있는 일에 관심을 기울여야 한다. 경험 속에서 일어나고 있는 것을 **자각**해야 한다. 다음에 나오는 요점들은 수행에 있어서의 세 번째 핵심요소를 명확히 밝혀줄 것이다.

수행이란 – 지금 이 순간에 자각을 가져오기. 매 순간마다.

수행의 의미 – 일어나고 있는 경험에 단순히 주의를 기울이기. 일어나고 있는 일을 자각하기.

해야 할 일 – 바로 지금 이 순간 일어나고 있는 일이 무엇이든 그 것에 주의를 기울이기. 어떤 경험이든 우리는 그 경험의 사실을 자 각하기만 하면 된다. – 나는 말한다… 나는 앉아 있다… 등이 아프 다… 숨을 쉰다… 배가 고프다… 지루하다… 지금 먹는 음식이 맛이 없다…

왜 필요한가 – 실제로 존재하기를 사랑한다면, 지금 일어나고 있는 일 에 관심을 기울이는 일을 사랑해야 한다. 있는 그 자리를 **알지** 못하면 거기에 **존재**할 수 없다.

참된 삶이란 어떤 것인가 – 만일 내가 지루해하면서도 그것을 모른 다면, 지루함의 바탕에 깔려 있는 의미 없음을 어떻게 알겠는가? 지루 해하면서도 그것이 단지 내가 먹고 있는 음식이 맛이 없기 때문이라 고 생각한다면, 그 상황을 이해할 수 있는 기회는 없다. 그래서 처음 해 야 할 작업은 일어나고 있는 일에 **주의**를 기울이는 것이다. 아마도 가 장 먼저 다가오는 것은 내가 지루해한다는 것이 아니라 음식 맛이 없 다는 사실일 것이다. 아마 나는 지루하지만 그것을 느끼지 못할 수도 있다. 아니면 음식 맛이 없는 게 아니라 나 자신이 재미없다는 것을 느 낄지도 모른다. 전화를 받고 있어서, 또는 맛없음을 느끼기 싫어서 음 식이 맛없다는 사실에 주의를 기울이지 않는 것인지도 모른다. 사실은 지루하기 때문에 그 음식이 맛없는 것이다. 또 실제로는 삶이 무의미하게 느껴져서 지루해하고 있는 것이다. 그리고 그중 어떤 것도 자각하고 싶지 않기 때문에, 결국 나는 영화나 가정사에 대해 전화로 떠들어대고 있다.

작동 방식 – 우리가 자각함에 따라 자각하고 있지 **않은** 자신의 모습을 인식하기 시작한다. 더 많은 자각과 함께 우리는 그 상황을 이해하지 못한다는 것, 거기에 틈이 있다는 것, 그것이 터무니없다는 것을 더 많이 알게 된다. 그 과정에서 우리는 탐구할 기회를 얻게 되고, 더 많이 자각하게 되며, 그 상황의 진리를 발견하게 된다.

방해 요소 – 첫째, 우리는 보통 기쁠 때에만 매 순간의 경험에 주의를 기울이고 싶어 한다. 맛있고, 행복하고, 안전하거나 사랑받는다고 느낀다면 말이다. 그런 순간에 아마도 우리는 음식 맛을 충분히 경험할 만큼 현존하며 어느 정도 주의를 기울일 것이다. 하지만 대부분의 경우 주의가 너무 흩어져서 그렇게 하지 못한다.

둘째, 경험에서 뭔가를 원하는 것, 혹은 특별한 일이 벌어지기를 원하는 함정에 쉽게 빠진다. 진실한 자각은 실제의 경험을 단순히 지각하는 것perceiving을 의미하며, 그 경험 자체로 가치 있고 감사할 만하다는 사실을 인식하는 것이다.

무엇을 먼저 해야 하는가 – '실재reality에 대한 존중과 사랑'에 가장 먼저 관심을 가져야 한다. 거기에서 뭔가를 얻고자 하는 집착이 아니라, 실재를 알고자 하는 **관심**을 말한다. 실재를 자각하고 또 느끼려고 하며 최대한 온전히 경험하려고 하는 것, 최대한 친밀하게 실재와 함께 있고자 하는 것이다. **실제로 존재하기에 대한 사랑이 강렬하다면, 우리는 당연히 자각하는 것에 관심과 열망을 느낀다.**

우리가 진정으로 추구하는 것 – 상황을 이해하는 것은 일어나고 있는 경험을 더욱더 많이 **자각**하는 것과 관련이 있다. 경험을 더 많이 자각할수록 그 자각은 더욱더 역동적이 되어 그 경험의 의미를 더 많이 드러내준다. 자각은 우리의 경험에 일관성 있는 **의미**를 부여하며, 그에 따라 우리는 더욱 **실제**가 되고 더욱 진짜임을 느끼게 된다. 자각을 통해 우리는 본래 모습에 더 가깝게 다가가기 때문이다.

우리는 자신이 자각하려고 애쓰는 것을 느낄 때도 있고, 그런 자각이 저절로 일어나는 것을 느낄 때도 있다. 두 경우 모두 우리의 수행에 있어서는 아무런 문제가 없다. 사실 자각은 항상 스스로 일어나고 있다. 우리가 자각하려고 애쓰고 있는 것처럼 느껴질 때, 이런 애씀의 행위는 우리가 상황에 주의를 기울이면서, 또 주의가 산만해지는 경향성에 맞서면서 자각을 훈련하고 있다는 의미이다. 보통 우리는 자각하는 것에 저항하는 경향을 갖는다. 그러므로 어떤 의미에서 **자신**이 애쓰고 있다고 느낄 때, 우리는 의지를 사용하고 자각을 훈련하는 것이다. 그러나 더 세밀하게 탐사해보면, 그것이 '자각에 대한 저항'을 해체하는 행위임을 알게 될 것이다.

우리는 자각을 가능한 한 많이 연습해야 한다. 수행에 있어 항상 기억해야 할 점은 앉아서 명상을 하든, 밥을 먹든, 친구와 대화를 하든,

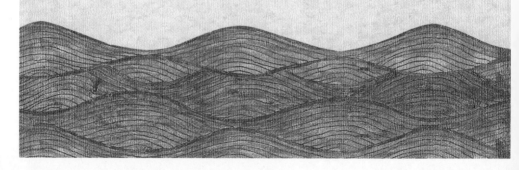

자각의 빛은

참본성의 빛이 경험 안으로 뚫고 들어오는 것이다.

진리를 보게 될 때,

경험에 대한 통찰insight이 일어날 때,

그것은 마치 빛이 투과해 들어가는 것과 같다.

통찰한다는 의미가 바로 이것이다.

통찰은 깨달음을 가져다준다.

깨달음enlightenment이란 말 그대로

빛light이 비추어지는 것이다.

우리는 무지를 보고,

무지와 어두운 그림자가 깨끗이 씻겨 나가고

밝음이 경험 안으로 투과해 들어옴을 본다.

이런 일을 하는 그 빛은 무엇일까?

그것은 바로 우리 본성의 빛이다.

있는 그 자리의 진리를 봄으로써

우리는 실제로 존재하기를 배우며,

자기 자신으로 존재하기를 배운다.

누구의 강연을 듣든 **언제나** 현존하고present 자각할 수 있다는 것이다. 우리는 언제든 경험에 현존해야 한다는 것을 기억해낼 수 있다. **실제로 존재하기**를 배우는 것은 경험 속에서 무엇이 **실제**인지를 인식하는 것으로 시작해야 하며, 그 시작은 항상 지금 이 순간에 있는 그 자리를 자각하는 것이다.

있는 그 자리를 자각하기

이 연습은 있는 그 자리에 더욱 온전한 주의를 기울일 수 있도록 해준다.

지금 이 순간의 경험과 함께 시작하라.
무슨 일이 일어나고 있는가?
지금 이 순간 당신은 어디에 있는가?
당신에게 무슨 일이 벌어지고 있는가?
주변에서 무엇을 느끼고, 생각하며 알아차리고 있는가?

우리는 있는 그 자리를 느끼고자 한다.
우리는 그것을 보고, 경험하고, 인식하고, 이해하기를 원한다.
우리는 아무 데도 가려고 하지 않으며,
어떤 것도 성취하려고 애쓰지 않는다.
단지 지금 이 순간에 있는 그 자리를 알고자 한다.
또 온전하게, 그리고 자각과 현존을 가지고서 의식적으로 있는 그 자리를
탐험하고자 한다.

잠시 동안 이렇게 하고 난 뒤에 자신의 경험을 고찰해보라.
우리의 자각은 확장되고 깊어질 수도 있고, 제한되고 축소될 수도 있다.

무엇이 당신의 자각을 확장시켰는가?

무엇이 당신의 자각을 제한했는가?

chapter

3

경험에서 손 떼기

Hands off Your Experience

제2장에서 우리는 **참본성**True Nature을 아는 것을 통해 실제實際로 존재하고 자신으로 존재하는 법을 배운다는 것을 알 수 있었다. 실제로 존재하기, 자신으로 존재하기는 **참본성**으로 존재하는 것을 의미한다. 또한 일상의 경험 속에서 참본성으로 존재하는 것에 가장 가까운 일은 '있는 그 자리에 존재하기'이다.

여기서 말하는, 있는 그 자리에 존재하기는 가장 심오한 가르침은 아니며, 또 우리를 가장 깊은 의식 상태로 이끄는 가르침도 아니라는 점을 알아두는 것이 좋겠다. 하지만 그것은 우리가 어디에 있든, 어떤 조건에 놓여 있든 각자에게 적절한 가르침이다.

실제로 존재하는 것에 관한 모든 가르침은 참본성에서 나온다. 그래서 **실제로 존재하기**와 **참본성**이 그 수행에 관해 우리에게 알려주는 말에 귀 기울이고 알아차리는 법을 배우는 것이 우리가 도전해야 할 일이다.

참본성은 "손을 떼라!"고 말한다

우리의 마음mind은 일을 복잡하게 만들고 싶어 하지만, 참본성의 기본적인 가르침은 대단히 단순하다. **참본성**은 이렇게 말한다. "손을 떼라Hands off!" 이것이 주된 가르침이다. 아무것도 하지 말라. 자신으로 존재하려는 **애씀**을 완벽하게 멈추라. 자신의 경험에서 손을 떼라.

사람들은 "손을 떼라"는 말이 무슨 뜻인지 궁금해한다. 이 말은 모든 것이 일어나도록 허용하고, 세상에서 어떤 행위도 하지 말라는 것처럼 수동적인 태도의 의미로 들리기 때문에 궁금해하는 것은 당연하다. 그러나 참본성은 삶의 행위를 멈추라고 하지 않고, 삶의 경험에서 손을 떼라고 말한다. 우리가 자신을 어떻게 경험하든, 자각 속에 무엇이 일어나든, 그 모두를 **내버려두라**는 뜻이다. 이것은 배고플 때 먹지 말라는 의미가 아니다. 누군가가 우리를 공격할 때 방어하지 말라는 말도 아니다.

간단한 예를 들어보자. 복숭아를 한입 베어 무는 순간 그것이 썩었다는 것을 알게 되었다고 해보자. 그때 **참본성**의 가르침은 무엇일까? 손을 떼라는 것! 손을 뗀다는 말은 내가 복숭아를 한입 베어 물고 썩은 맛을 경험하고 나서 그 복숭아를 내려놓지만, 썩은 맛이라는 '그 경험을 거부하지는 않는다'는 뜻이다. 많은 사람들이 손 뗀다는 말을 계속 그 썩은 복숭아를 먹어야 한다는 것으로 오해한다. 그러나 그런 뜻이 아니다. 썩은 복숭아의 맛은 **이미** 내 입안에 있다. 그 맛은 경험 안에 일어나는 내면의 감각으로서 이미 존재하고 있다. 그 감각을 거부하려 한다면, 나는 나 자신을 분리시키고 있는 것이다. 나는 경험 안에 있는 뭔가를 부정하고 있다. 그래서 손을 떼라고 말할 때, 그 말은 내면의 경험 안에 일어나는 것이 무엇이든 그것에 손을 대지 말라는 의미이다.

손 떼기는 또한 복숭아가 아주 맛있을 때에도 적용된다. 좋은 것을 맛볼 때, 우리는 보통 그 경험을 붙잡아두고 싶어 한다. 그때 손을 뗀다는 것은 내가 복숭아를 먹으면서 그 경험을 더 강화시키거나 더 지속시키려고 애쓰지 않으면서 그 맛을 즐긴다는 뜻이다. 집착하지 않기를 연습하기 위해 복숭아를 먹는 행위를 멈춘다는 것이 **아니다**. 손 떼기의 비결은 맛있는 복숭아를 있는 그대로 즐기면서 그것에 집착하지 않고, 그 느낌을 거부하지도 않는 것이다. 또, 그 복숭아를 거부할 필요도 없다.

썩은 복숭아의 경우, 우리는 맛을 본 후에 그것을 옆으로 치워놓는다. 맛있는 복숭아의 경우에는 그것을 맛본 다음 계속해서 먹는다. 그러나 양쪽의 경우 모두 우리의 마음mind이 내면의 경험을 조작하려는 어떤 행위도 하지 않는 것이다.

참본성의 가르침이 바로 이것이다. 참본성은 스스로 어떠한 것도 하지 않는다. 그저 스스로 존재할 뿐이다. 우리가 배워야 할 것은 단지 그렇게 존재하는 방법이다. 그것이 우리의 수행이다. **참본성**은 "이렇게 하라, 저렇게 하라." 말하지 않는다. 다만, 끼어드는 일을 하지 말라고만 말한다. "강요하거나 조작하지 말라. 그러는 게 아니다." 우리가 뭔가를 원할 때마다 **참본성**은 이렇게 말한다. "그게 아니다. 손을 떼라. 경험을 그대로 두어라."

그러므로 '자기 자신을 그대로 두는 법'을 배우는 것이 수행이다. 당신이 어떤 사람들과 함께 있는데, 그들이 항상 당신에게 이렇게 말한다고 해보자. "이렇게 해… 이것은 좋지 않아… 그것을 바꿔야 해… 아냐, 아냐, 이것은 끔찍해. 다르게 해봐." 그럴 때 당신은 어떤 기분이 들까? 그들로부터 자유로워지기를 원하지 않겠는가? 우리는 내면의 경험에 있어서도 당연히 **강요**를 싫어한다. 삶 속에서 그런 사람들을 만나지 않는다고 하더라도, 문제는 우리의 내면에 그런 사람들이 있다는 것이다. 그 목소리들은 계속해서 이런저런 방향으로 우리를 밀어붙인다.

우리가 내면의 수행을 해왔다면, 그중에 더 두드러진 목소리가 하나 있는데, 그 목소리는 항상 우리를 더 나은 사람으로, 더 영적인 사람으로 만들려 한다. 우리는 자기 자신을 깨닫게 하려고 **애쓰고** 있다. 우리는 어떠한 상태에 도달하려고 자신을 쥐어짜고 있고, 특별한 상태에 자신을 몰아넣으려 하고 있다. 어느 날 아침 명상을 한다고 해보자. 만일 우리가 어딘가에 도달하기 위해 뭔가를 원하면서 앉아 있다면, 그때 우리는 끼어들고 있는 것이다. 아무것도 하지 않은 채 그저 앉아 있다면, 그것이 전부라면, 우리는 수행하고 있는 것이다. 그러나 그런 일은 참으로 드물다. 왜냐하면 우리가 명상하려고 앉는 순간, 영적인 학파와 가르침과 수행법이라는 것들이 우리가 어딘가에 도달하기 위해서 뭔가를 해야 한다고 말하기 때문이다.

그것이 영적인 수행의 덫이자 패러독스이다. 우리는 아무것도 하지 않기를 배우려고 **애쓴다**. 하지만 앉아 있다는 바로 그 사실이 뭔가를 성취하고자 갈망하는 것을 암시하며, 어떤 영적인 상태에 도달하기 위해서, 아마도 깨달음을 얻기 위해서 분투하고 있음을 보여준다. 우리가 그런 태도를 가지고 내면으로 들어가는 순간, 우리는 벌써 우리의 의식, 우리의 영혼에게 **강요**하고 있는 것이다. 우리는 모든 것이 특정한 방향으로 가게 하려고 애쓴다. 특정한 결과를 얻기 위한 작전이 시작된 것이다.

그래서 영적인 가르침에서는 아무것도 얻을 게 없다고 말하긴 하지만, 그 말은 우리에게 현실감이 없다. 우리는 계속 경험을 조작하며, 어떤 식으로든 자신으로 존재하기를 성취해야 한다고 느낄 수밖에 없다. 조작하는 것이 별반 새로운 일도 아니기 때문에, 영적인 길에서 무엇을 배울 때조차도 우리는 여전히 일상의 경험을 **바꾸려고** 애쓰고 있다. 우리는 경험을 판단하고 평가절하하며 비틀고 쥐어짠다. 경험을 밀고 당기며, 거기에 매달린다. 우리는 늘 실제로 느끼는 것과는 '다른 뭔가'를 느끼려고 애쓴다. 경험이 어떤 것이든 그것이 제대로 된 경험이 아니라는 생각을 갖고 있기 때문이다.

예를 들면, 어렸을 때 우리는 참을성 있고 동생들과 사이좋게 지내는 아이, 어머니를 기쁘게 할 만큼 착한 사람으로 사는 것조차 성취할 수 없었다. 이제는 기준이 더 높아져서 꼼짝할 수도 없다. 단지 착하고 참을성 있는 사람이 되려는 것뿐 아니라 깨달음마저도 추구하고 있지 않는가! 우리는 어떻게 해야 깨닫는지를 알아내려고 애쓴다. 그래서 영적인 수행에 초점을 맞춘다. 만트라(주문)를 외고, 명상을 하며, 자아 탐구를 하고, 수피 춤[7]을 춘다. 그렇게 결코 자신을 내버려두지 않는다.

하지만 참본성이 우리에게 원하는 수행은 무엇일까?

---

7 이슬람 신비주의 수행법의 하나로 제자리에서 회전하는 형태의 춤.

참본성이 우리에게 일어나는 일과 어떻게 **관련**되어 있는지를 알아차림으로써 우리는 안내받을 수 있다. 자, 우리가 고통, 두려움 또는 행복을 느끼고 있다고 생각해보자. 아마도 우리는 분리되어 있음을 느끼거나 죄책감, 두려움 혹은 갈망으로 가득 찬 느낌을 가질 것이다. 그런 상황에서 참본성은 무엇을 할까? 참본성은 아무것도 하지 않는다. 참본성은 단지 우리가 느끼는 것을 **자각**하고 있다. 참본성은 일어나고 있는 모든 일에 관심이 있고, 거기에 공감하며 그것과 하나가 된다. 참본성은 온전하게 느끼는 경험을 원한다. 친절함과 부드러움으로 경험과 함께 있기를 원한다. 참본성은 경험을 강요하려고 애쓰지 않는다. 참본성은 아무것도 하려고 **애쓰지** 않으며, 실제로 아무것도 **하지** 않고, 그저 존재한다. 그리고 참본성의 있음 안에서 우리에게 필요한 특질quality들이 솟아난다. 자비심이 필요하다면 자비심이 일어난다. 사랑이 필요하다면 사랑이 흘러나온다. 힘이 필요할 때는 힘이 솟구친다. 그렇지만 참본성은 손가락도 까딱하지 않는다.

참본성은 자각하며 조율한다

참본성은 아무것도 하지 않지만 순수한 자각pure awareness이기 때문에 자연스럽게 자각하고 있다. 우리가 있는 그대로 모든 것을 놓아둔다면, 아무것도 통제하지 않고 조종하려 하지 않는다면, 우리는 자연스럽게 단순히 자각하게 된다. 그리고 자각 속에서 일어나는 모든 일에 현존한다present. 참본성은 자애롭고 친절하다. 무한히 친절하고 참본성은 <u>스스로</u> 어떠한 것도 하지 않는다.

그저 <u>스스로</u> 존재할 뿐이다.

우리가 배워야 할 것은 단지 그렇게 존재하는 방법이다.

그것이 우리의 수행이다.

참본성은 "이렇게 하라, 저렇게 하라." 말하지 않는다.

다만, 끼어드는 일을 하지 말라고만 말한다.

"강요하거나 조작하지 말라. 그러는 게 아니다."

우리가 뭔가를 원할 때마다 참본성은 이렇게 말한다.

"그게 아니다. 손을 떼라.

경험을 그대로 두어라."

참본성은 아무것도 하려고 애쓰지 않으며,

실제로 아무것도 하지 않고, 그저 존재한다.

그리고 참본성의 있음 안에서

우리에게 필요한 특질quality들이 솟아난다.

자비심이 필요하다면 자비심이 일어난다.

사랑이 필요하다면 사랑이 흘러나온다.

힘이 필요할 때는 힘이 솟구친다.

그렇지만 참본성은 손가락도 까딱하지 않는다.

자비로우며 지성적이다. 그래서 어떠한 상황에서도 필요에 따라 정확히 각각의 상황에 연결된다. 참본성은 엉뚱한 지시를 내리지 않는다. 또 우리에게 불가능한 수행을 요구하지 않는다. 내적 작업에 있어서 우리는 참본성이 우리의 한계, 즉 갇혀 있음, 미성숙함, 부정적인 반응에 따라, 조율attunement과 친절함으로 적절하게 응답하는 것을 발견한다.

그것이 우리의 수행인 것이다. 우리는 참본성이 매 순간 자신의 상황에 어떻게 다가오는지를 배운다. 참본성이 어떻게 **상황**과 엮여 있는가를 배운다. 특히 우리는 반응하거나 두려워하거나 묶여 있음을 느낄 때 참본성과의 **관련성**을 알고 싶어 한다. 그때는 자연스러운 상황에 그저 존재하는 법을 알기가 특히 어렵다. 우리는 사람들이 이렇게 말하는 것을 들을지도 모른다. "그저 참본성 안에 존재하라. 자신으로 존재하기가 무엇인지를 기억하며 단지 그것으로 존재하라." 어떤 사람들에게는 그 말이 통할 수 있으나, 대부분의 사람들은 항상 그렇게 할 수는 없다. 더군다나 상황이 어려울 때는 더더욱 그렇다.

우리는 결코 참본성의 완벽한 순수함이나 비이원성 안으로 자신을 밀어 넣어야 할 필요가 없다. 그것은 성경에 나오는 표현처럼 바늘구멍에 낙타를 밀어 넣으려고 애쓰는 것과 같다. 참본성은 자비로우며 올바르다. 그래서 **참본성**이 하는 첫 번째 일은 낙타가 **제 발로** 걸어가도록 도와주는 것이다. 참본성은 낙타를 어느 곳으로도 몰아세우지 않는다. 더군다나 바늘구멍은 말할 나위도 없다.

참본성에는 좋고 싫음이 없다

참본성이 문제에 접근하는 방법은 개인이 처해 있는 특정한 현실을 완전히 자각하고 이해함으로써 거기에 열려 있는 것이다. 예를 들어 누군가가 비이원성으로, 즉 분리하는 경계가 없이 현실을 껴안는다면, 참본성은 매우 열려 있어서 거기에 **맞추어** 응답할 것이다. 그 사람이 어떠한 신념, 가정, 한계들을 가지고 있다 하더라도 **참본성**은 그것들을 변화시키려 하지 않고 있는 그대로 바라본다. 어떤 경험이 제한되어 있다면, 참본성은 그 경험을 제한됨 안에서 바라보면서 변화시키려고 애쓰지 **않는다**. 참본성은 어떤 것도 더 좋아하거나 싫어하지 않는다.

그래서 우리는 참본성으로부터 선호와 선택을 갖지 않는 법을 배운다. 우리는 무엇을 경험할 것인가 선택할 필요가 **없다**. 경험은 늘 그저 일어나고 있다. 우리가 스스로 **선택**하기를 원하면서, "이것은 좋으며, 저것은 나쁘다. 이 상황은 이래야 한다. 저래야 한다."라고 말한다면, 우리는 이미 참본성에서 자신을 **분리**시키고 있다. 우리는 이미 수행에서 벗어나버렸다.

참본성은 '있는 그 자리에 존재하기'가 무엇이든 있는 그대로 **껴안으며** 자각하는 것임을 보여준다. 우리의 지각perception이 무엇이든, 어떤 수준에 있든, 어떤 상황이나 상태에 있든지 말이다. 그 자각은 직접적으로 느끼고 최대한 이해함으로써 우리의 **경험**을 완벽하게 껴안는다. 자각은 단지 거기에 존재하면서, 경험과 함께, 경험 안에, 또 경험의 주변에 있으면서 경험에 닿아 그것을 붙잡고 껴안는다.

여기서 내가 '경험과 함께 있다'고 말할 때, 자각이 그것과 분리된 뭔가와 함께 있어야 한다고 말하는 것이 아니다. 예를 들어 지금 내가 나의 손과 함께 있다고 말한다면, 그것이 두 개의 대상이 있어야 한다는 의미일까? 나, 그리고 내 손? 나는 내 손과 함께 있는 동시에 내 손은 나의 것이다. 그것은 나의 한 부분이다. 그 점은 생각의 경우에도 마찬가지다. 우리는 생각과 함께 있으면서 생각과 자신이 분리된 것으로 볼 수도 있고, 분리되어 있지 않은 것으로 볼 수도 있다. 두 방법 모두 유효하다. 중요한 점은 우리가 무엇을 경험하든 그것을 우리가 '보고 있다'는 것이다.

참본성은 행위 없음과 내맡김을 의미한다

있는 그 자리에 그대로 존재하는 것은 일어나는 모든 일에 내맡기는surrender 것을 말한다. **내맡김**은 우리의 경험이 무엇이든 그것을 껴안는 자각이다. 내가 뭔가를 느끼고, 그것을 좋아하지 않음을 볼 때, 내가 그 느낌과 그것을 좋아하지 않는다는 사실을 **껴안는** 것이다. 내가 느끼는 것에 부정적인 반응을 하지 말아야 한다는 입장을 갖지 않는다.

이것은 우리의 본성에 대한 **신뢰**와 확신을 내포한다. 보통 우리는 그러한 신뢰를 갖고 있지 않다. 그래서 우리는 어떤 것을 손아귀에 쥐려고 하고, 그것을 비틀고 우리가 원하는 방식으로 바꾸려고 한다. 참본성은 우리가 '다른 선택권이 없음'을 보여준다. 그것은 우리의 경험이 있는 그대로 일어나도록 허용함으로써 경험과 하나로 일치시키는 것이다.

우리는 지금까지 우리가 말했던 모든 것에서 **참본성**이 정말 '아무것도 하지 않는다'는 것을 볼 수 있다. 참본성은 아무것도 밀치거나 당기지 않는다. 참본성은 단지 아무런 애씀 없이 이완하며, 경험을 즉각적으로 느끼면서 온전한 자각으로 현존한다. 그것이 바로 '내맡김'이다. 우리가 뭔가를 해야 한다는 의미가 아니다. "좋아, 이제 나는 내맡기겠어."라고 말하면서 뭔가 행위를 하는 것이 아니다. 내맡기기 위해 뭘 할 수 있다는 말인가? 나는 누군가가 '내맡김의 행위'를 하는 것을 단 한 번도 본 적이 없다. 내맡기는 사람이란 없다. 내맡김이란 근본적으로 **'행위 없음**non-doing'을 뜻하기 때문이다. 그것은 경험 속에 일어나는 것에 대해서 아무것도 하지 않음을 의미한다. 그것은 자기 자신과 자신의 경험을 내버려두는 것이다.

우리가 밀고 당기고 저항하고 통제하다가 어느 시점에서 그것들을 멈출 때, 그 변화는 때로 내맡김을 하는 행위처럼 보일 것이다. 우리가 자신을 다잡아서 고집스럽게 마음의 활동과정에 계속 몰입해 있다가 그것을 알아차리고 멈추게 될 때, 우리는 그것을 내맡김이라 부른다. 어떤 행위를 **멈추는 것**이 어떤 행위를 **하는 것**은 아니다. 그래서 내맡김이란 행위가 아니다. 또 그것은 분명히 통제가 아니다.

'있는 그 자리에 존재한다'는 것은 경험을 내버려두는 것을 말한다. 우리는 경험에 개입하지 않고 부정하지 않으며 붙잡으려고 애쓰지 않는다. 경험에 대해 아무 말도 하지 않는다. 논평이 전혀 없다! **그 대신** 우리는 경험을 바라보고 껴안으며 그것과 함께 있다. 그리고 이 통제하지 않는, 애쓰지 않는 조작 없음, 손대지 않음은 순간순간 계속될 수 있다. 하지만 만일 경험에 관심을 가지고 주의를 기울이지 않는다면,

우리는 '아무것도 하지 않는 자각'을 놓치기 쉽다. "나는 정말로 행복한 경험을 했어. 나는 그저 그 경험 안에 있었고, 어떠한 것도 하지 않았어."라고 말하고 그다음 순간, "나는 그것이 멋진 경험이었다고 생각해. 그런 경험을 **또** 하고 싶어."라고 말할지도 모른다. 우리가 그렇게 생각하는 순간, 이미 우리는 자신의 영혼을 쥐어짜며 그 경험이 자신에게서 달아나지 않도록 밧줄로 꽁꽁 묶으려고 하는 것이다.

주의 깊게 살펴보지 않으면 자기도 모르게 **조작**하기 시작할 것이다. 그 상황에서 깨어나서 보면 우리는 이미 자신을 벌써 꽁꽁 묶어버렸다는 것을 알게 된다. 하지만 우리가 **자각**한다면 자신이 통제하기 위해 그것을 붙잡거나 밀치려 하고 있음을 포착할 수 있다. 뭔가를 뒤쫓으려는 충동, 자신을 어떤 방향으로 몰아가려고 하는 충동을 느끼자마자 우리는 그것을 인식하고 다만 거기에 개입하지 않는다. 우리는 **멈추고** 물러난다.

참본성은 늘 변함없이, 조작하지 않고 간섭하지 않는다. 참본성은 속이지 않는다. 참본성은 늘 개입으로부터 물러난다. 우리는 그것을 또한 수행에서도 배울 수 있다: 우리는 개입하지 않기를 배우며, 거기에서 흔들리지 않는 확고함을 배운다. 그리고 **참본성**은 '단지 있음'이기 때문에, 단지 펼쳐지면서unfold, 우리에게 드러날 필요가 있는 것을 드러내며 현현한다.

참본성은 심지어 우리의 간섭에도 응답한다

본성은 순수한 과학자다. 순수한 과학자는 무슨 일을 할까? 그는 탐험을 통해 '상황들의 진리'를 발견한다. 순수한 과학자는 뭔가를 탐험할 때 거기에 개입해서도, 보태거나 빼서도 안 되며 어떤 방식으로도 조작해서는 안 된다는 사실을 알고 있다. 그는 다만 연구하는 대상을 '있는 그대로 알고자' 할 뿐이다. 있는 그대로의 벌거벗은 모습 그대로 말이다. 그는 어떠한 것도 바라지 않는다. 그저 대상을 관찰하고 있는 그대로의 진리를 발견하기를 원한다.

우리가 보아왔듯, 간섭하는 마음은 결코 순수한 과학자가 하는 방식으로 행동하지 않는다. 하지만 **참본성**은 무한한 친절함으로 우리의 개입에 따라 완벽하게 **응답**할 것이다. 참본성은 무엇이든 거기에 필요한 지혜 혹은 통찰, 특질을 가져다줄 것이다. **참본성**은 여러 가지의 특질을 갖추고 있다. 우리가 여러 종류의 **간섭**을 하기 때문이다!

우리가 자신을 그대로 내버려두지 않는 일상적인 상태에서, **조작**은 거친 수준에서부터 미묘한 수준까지 모든 범위에서 일어난다. 우리는 경험을 고도로 조작하면서 바늘구멍 안으로 자신을 밀어 넣으려고 애쓸 수 있다. 혹은 우리가 과거에 즐겼던 상황을 기억함으로써, 또 그 방향으로 의식을 변화시키려 애쓰면서 미묘하게 경험에 집착할 수도 있다.

연구를 계속한다면, 우리는 경험에 **개입**하는 다양한 방식들을 발견하게 될 것이다. 그러나 어떻게 개입하든, 우리에게는 **참본성**이 가지고 있는 무한한 지혜와 지성, 자각이 없기 때문에, 우리가 다음 순간 무슨 일이 벌어질지 알 수 없다는 사실은 언제나 분명하다. 매 순간의 경험을 '있는 그대로'와 다르게 **바꾸기** 위해 뭔가를 시도하는 것은, 우리가 자신을 '신'이라고 믿고 있음을 의미한다. 우리는 세상일들이 어떻게 되어야 할지 전부 알고 있다고 믿고 있는 것이다.

그래서 우리는 이렇게 생각한다. '이제 나는 명상을 해서 순수한 평화를 경험할 수 있을 거야.' 그러나 다음 순간 순수한 평화를 경험할 것이라고 말할 수 있는 사람이 어디 있는가?

"그다음에는 근원적인 자각을 얻을 거야." 그런 경험이 우리에게 일어날 거라고 말하는 사람은 누구란 말인가?

이런 생각 안에 있는 **교만함**이 보이는가? 도대체 이런 말을 내뱉는 사람은 누구인가? 우리의 내적 작업에서는 이렇게 말한다. "다음에 무슨 경험을 할지 나는 **모른다**. 그것은 내 손에 달려 있지 않아." 이것이 우리에게 필요한 **겸허함**humility이며, 겸허함을 통해서 참본성은 자신이 원하는 상황으로 우리의 경험을 안내할 수 있다. '그 상황'은 그 순간에 우리 각자에게 꼭 필요한 경험이다. 그것은 근원적인 자각일 수 있고, 평화일 수 있다. 그러나 그 상황은 또한 질투, 배고픔, 심지어 죽음일 수도 있다. 우리는 그것이 무엇일지 모른다.

우리가 명상을 하든, 탐구 연습을 하든, 밥을 먹든, 친구와 이야기를 하든, 일을 하든 언제든지 **현존**presence을 연습할 수 있으며, 경험 속에서 일어나는 일을 **자각**하고 거기에 아무것도 하지 않는 연습을 할 수 있다.

자각awareness은 **참본성**의 현현이므로, 자각이 있는 것이 당연하다. 자각은 또한 우리가 간섭하는 것을 알아차리기 위해 필요하다. 우리는 오만 가지의 다양한 방식으로 간섭한다. 그중에서 한두 가지 정도만 알아차릴 뿐이다. 왜 그럴까? 우리가 상황을 완벽하게 **자각**하지 않기 때문이다. 자각하면 할수록 우리는 더 많은 간섭을 보게 되며, 더 많은 간섭을 볼수록 멈추고 물러날 가능성, 간섭하지 않을 가능성은 더 커진다.

만약 자신의 간섭을 포착한다 해도 그것이 우리가 뭔가 잘못하고 있다는 말은 아니다. 이 사실을 분명히 해두자. 우리는 단지 '그렇게 하고 있다'는 사실만을 포착한다. 예를 들어, 명상을 하거나 수행할 때 우리는 **개입**하고 자신을 **조작**하고 **분리**시키는 것을 발견하게 된다. 이런 일이 일어날 것을 알기 때문에 우리는 간섭하지 않기를 연습한다. 우리는 그것을 보고, 그대로 놓아두며, 거기에 대해 **아무것도** 하지 않는다.

간섭을 멈춘다는 것이 멈추기 위해 어떤 행위를 하는 것이 아님을 기억하라. 단지 자신이 간섭하고 있음을 자각하는 것, 그 간섭이 무엇을 하고 있는가를 **보는** 것만으로 간섭이 스스로 멈추게 하기에 충분하다. 우리는 자신이 간섭을 멈춘다는 느낌을 갖지 않는다. 간섭은 저절로 멈춘다.

그리고 아무것도 하지 않는다면, 우리는 그 간섭에 반응해서 어떤 '느낌feelings'이 일어나는 것을 경험하기 시작할 것이다. 우리는 아마도 그 간섭에 관련된 고통에 대해 응답하면서 친절함이 일어나는 것을 느끼게 될 것이다. 우리는 간섭하지 않으려는 결단을 느낄 것이다. 혹은 "나는 간섭하지 않음에 흔들림 없이 머물 수 있다."라고 말할 힘과 능력을 느낄 것이다. 아니면, 진정한 자기로 존재하며 자신 안에서 분리되지 않을 만큼 충분한 사랑을 느낄지도 모른다.

본성은 순수한 과학자다.

순수한 과학자는 무슨 일을 할까?

그는 탐험을 통해 '상황들의 진리'를 발견한다.

순수한 과학자는 뭔가를 탐험할 때

거기에 개입해서도, 보태거나 빼서도 안 되며

어떤 방식으로도 조작해서는 안 된다는 사실을 알고 있다.

그는 다만 연구하는 대상을 '있는 그대로 알고자' 할 뿐이다.

있는 그대로의 벌거벗은 모습 그대로 말이다.

그는 어떠한 것도 바라지 않는다.

그저 대상을 관찰하고

있는 그대로의 진리를 발견하기를 원한다.

탐험 세션

자신의 간섭을 인식하기

최근에 겪은 불편했던 상황 혹은 도전적이었던 사건을 생각해보자.
처음부터 다시 되돌아보면서, 그 사건이 일어나는 동안
자신에게 간섭했던 모든 방식들을 탐험하라.

경험을 내적으로 어떻게 조종하려 했는가?
경험을 어떻게 몰아넣고, 통제하고, 변화시키고, 개선하려 했는가?
또, 그 경험의 모양새를 어떻게 만들려고 했는가?

그 상황을 떠올리고 지금 글을 쓰는 동안에도,
스스로 자기 자신에게 개입했는지 개입하지 않았는지를 주의 깊게 보라.

최대한 순수한 과학자의 태도를 가지면서, 자신이 발견한 것에 대해
스스로를 비판하지 않는 것이 중요하다.

chapter

4

모든 것에 열린 공간 만들기

Making Space for Everything

당신은 아마도 한 번에 한 걸음씩 작은 걸음을 내딛고 있는 중임을 알게 될 것이다. 개인의 여정에 있어서 한 걸음을 내딛는 것만 하더라도 많은 작업과 이해가 필요하다. 예를 들어, 있는 그 자리를 보는 것에서부터 개입하지 않는 것에 이르기까지 나아가는 데는 많은 성장과 성숙, 그리고 배움이 필요하다. 거기에는 많은 장애물과 패턴들을 통과해 들어가는 작업들 역시 포함된다. 그렇지만 이 책에서는 주제 하나하나에서 일어나는 이슈들을 탐험하지는 않는다. 우리는 수행에서 모든 것이 어떻게 현현되는지를 탐험하고, 각 단계에서 어떤 안내가 있을지를 발견하면서, 단지 **실제로 존재하는** 연습을 할 뿐이다. 무엇을 경험하든지 우리의 열망은 이 질문에 대답하고자 하는 것이다. 내가 어떻게 **지금의 경험** 안에서 **실제로 존재**하는 연습을 할 수 있을까?

당신이 이 책을 가지고 작업해나가는 가운데 당신 안에서 모든 패턴과 한계들이 일어날 수 있다. 당신이 그 사실을 알아차릴 수 있음을 자각하라. 그 예로, 경험을 간섭하고 통제하는 이슈들을 더 많이 자각할수록 당신의 경향성과 충동이 더 명백하게 드러날 것이다. 이것을 인식하고 이 이슈들을 다루는 데 필요한 시간을 갖고 주의를 기울이는 것이 중요하다. 지혜를 사용해서 개인적인 갈등과 장벽들을 다루는 가장 좋은 방법을 찾는 일은 바로 우리에게 달려 있다.

참본성 그리고 간섭하지 않기

'간섭하지 않는 것'은 우리 수행의 주요한 열쇠 중 하나이므로 간섭하지 않기, 즉 손 떼기를 좀 더 깊이 들여다보기로 하자. '간섭하지 않기'는 중국어로 '무위無爲[8]'라고 한다. 그리고 탄트라 수행법의 한 갈래인 카슈미르 샤이비즘Kashmir Shaivism을 따르는 사람들은 그것을 '아누파야 요가Anupaya Yoga'라 부른다. 이 요가에서는 **무위**를 마지막 단계의 가르침으로 여긴다. 그 가르침은 이렇다. "모든 것에 대해서 어떠한 행위도 하지 말라. 오직 현존하고 깨어 있으라. 모든 장애물은 그것이 용해될 때 **참본성**을 드러낸다." 아무것도 보태지 않고 감정을 완전히 **느낀다면** 그 감정은 변형되어 참모습을 드러낼 것이다. 그것이 바로 독특한 맛을 지닌 우리의 **참본성**이다. 어떤 감정은 기쁨에 이르게 하고, 또 어떤 감정은 자비심이나 힘, 평화에 이르게 한다. 이런 모든 특질들이 **참본성**인 것이다.

---

8 종종 '비행위, 행위 없음'으로 옮김.

그러나 그러한 직접적인 변형은 오직 우리가 현존하고 본성과 만나 온전히 깨어 있을 때에 일어날 수 있다. 대부분의 시간에 우리는 그런 상태에 있지 않다. 우리가 일반적인 의식 상태에 있을 때, 감정이나 어떤 현상에 현존할 수 있다 하더라도 그 경험은 직접적으로 참본성으로 변형되지 않는다. 보통 그것은 다른 **감정**이나 **느낌**으로 변형될 뿐이다. 우리는 경험이 마침내 참본성을 드러낼 때까지 몇 단계의 과정을 거쳐가야만 한다. '감정emotion'이 단순히 '현재 상황에 대한 반응'만이 아니라는 것을 이해해야만 한다. 감정에는 보통 과거의 모든 **기억들**이 담겨 있다. 만일 우리가 그 감정을 있는 그대로 존재하게 한다면, 감정은 과거와 함축적인 의미를 드러내기 시작한다. **참본성**이 항상 현존하긴 하지만, 참본성에서 감정적인 현실을 분리시키는 아주 얇은 장막 안에 진리를 가로막는 백 가지의 층이 들어 있을 수도 있다. 그래서 **참본성**을 깨닫는 것은 '점차적인 과정'인 것이다.

나눌 수 없는 참본성

참본성의 드러남revelation은 하나의 과정이라는 것을 우리는 기억할 필요가 있다. 그러면 우리는 더 현실적이 될 수 있고, 있는 그 자리에서 자신에게 더 친절할 수 있다. 그래서 수행은 일어나는 모든 일에 깨어 있고 현존하는 것이다. 자연스러운 호기심을 갖고 경험이 펼쳐지게 하며, 경험의 의미가 드러나게 하는 일 외에는 아무것도 하지 않는 것, 있는 그대로 놓아두는 것이다. 이러한 과정 중에 어느 순간 감정의

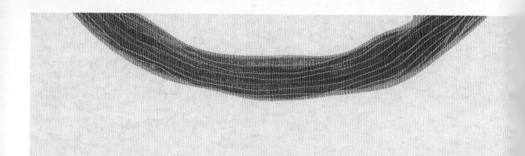

✤

'간섭하지 않기'는

중국어로 '무위無爲'라고 한다.

그리고 탄트라 수행법의 한 갈래인

카슈미르 샤이비즘을 따르는 사람들은

그것을 '아누파야 요가'라 부른다.

이 요가에서는 무위를 마지막 단계의 가르침으로 여긴다.

그 가르침은 이렇다.

"모든 것에 대해서 어떠한 행위도 하지 말라.

오직 현존하고 깨어 있으라.

모든 장애물은 그것이 용해될 때 참본성을 드러낸다."

궁극적인 본질이 드러날 것이다.

알다시피, 나는 "자각하라"고만 말하지 않았다. "자각하고 **현존**하라"고 말했다. 자각과 현존은 사실은 둘이 아니지만, 내가 자각하라고만 말한다면, 당신은 아마도 그것을 일반적인 자각의 뜻으로 받아들일 것이다. 즉, 경험을 멀리 떨어져서 관찰하고, 대상을 바라보며 거기에서 초연해지는 것으로 오해할 수 있다. 내가 "자각하고 현존하라"고 말할 때에는 "자각하는 것에 현존하라"고 말하는 것이다. 그 말은 경험을 단지 알아차릴 뿐 아니라, 또한 그 경험과 **만나야** 한다는 것을 의미한다. 우리는 경험 대상을 만지고 느끼며 그 질감과 특질을 알아차린다. 우리는 그것을 바깥에서 바라보기만 하는 게 아니라, 또한 안에서도 자각한다. 모든 곳, 또 모든 방향에서. 그래서 현존은 자각의 **직접성** immediacy이라는 특질을 가져온다. 직접성이란 자각과 대상 사이에 **거리**가 없다는 말이다.

현존은 경험에 있어서 직접성, 온전함, 지금 여기라는 느낌을 준다. 그것은 군더더기 없이 직접적으로 만남으로써 경험을 완전히 감싸 안는다. 현존은 경험을 온통 가득 채워서 우리의 자각과 의식은 경험을 멀리 떨어진 곳에서만이 아니라, 또한 내면에서도 관찰한다. 그것은 마치 우리의 말초신경세포들이 경험 안에, 또 경험의 밖에, 그리고 그 둘 사이에 온통 뻗어 있는 것과 같다. 우리는 모든 곳에 감각의 촉수를 뻗어 경험을 가능한 모든 방식으로 느낀다. 그때가 바로 우리가 경험을 온전히, 그리고 완벽하게 알게 되는 순간이다. 그런 자각이 일어난다면 우리는 그것이 단지 하나의 기능이나 능력이 아님을 알아차리게 된다. 사실 자각은 우리의 본질적 현존, 여기 있음, 실재이다.

이 사실은 우리의 **참본성**, 본질적인 상태에 대해 뭔가 중요한 것을 가리키고 있다. 참본성은 나누어질 수 없으며 분리된 부분들을 가질 수 없다. 참본성은 여러 개의 부품으로 분해되는 기계도 아니며, 여러 기관으로 나누어지는 몸과 같은 것도 아니다. 참본성 안에 내포되어 있는 모든 것은 **참본성** 안의 어디에나 존재한다. 예를 들면, 참본성이 가진 사랑은 쓸개 안에 있는 게 아니라는 말이다. 참본성은 쓸개와 같은 기관이 없다. 사랑은 참본성 안의 모든 곳에 있다. 자각도 힘도 마찬가지다. 참본성의 모든 것은 통일된 하나의 **현존**presence이다. 그리고 자각에 있어서도 마찬가지다. 참본성과 **자각**은 분리될 수 없으며, 이 사실은 수행에 있어 좋은 길잡이가 될 수 있다.

경험의 단일성

참본성과 마찬가지로 현존도 나누어질 수 없다. 여러 개의 조각으로 분리될 수 없다는 말이다. 현존은 무한하지만 크기가 없기 때문에, 크다는 느낌도 없다. 현존은 특질, 가능성, 잠재력이라는 측면에서 무한하다. 일상에 있어서 현존이 중요한 이유는, 우리가 진정으로 자신으로 있을 때 하나됨을 느끼기 때문이다. 우리는 전체이고 나누어질 수 없으며, 분리란 존재하지 않는다. 우리 내면에는 상대되는 것이 없다. 서로 반대되는 부분들이 없다는 뜻이다.

자각되는 모든 인상, 이미지, 생각, 느낌, 감각, 또는 경험의 형상은 항상 우리의 의식 안에서 일어난다. 모든 경험은 자각의 장 안에 있다. 자각은 자기가 아닌 다른 어떤 것을 알아차리는 것이 아니다. 우리가 경험하는 것은 모두 특별한 형태로 현현하는 자각의 장의 한 부분이다. 자각은 단지 자신 안에서 이런 변화와 경험들을 인식하고 있을 뿐이다.

느낌, 감정, 생각, 이미지, 충동, 욕망 등의 형태로 현현되는manifest 내면의 경험들은 우리의 일부로서 우리 안에서 일어나는 것이다. 우리는 그것을 동일한 질료substance의 장에 일어나는 물결로, 혹은 동일한 매질medium 안에서 일어나는 파동의 변조로 묘사할 수 있다. 각각의 파동은 우리가 여러 가지로 경험하는 고유한 맛, 질감, 색, 특질을 가지고 일어난다. 하지만 그것은 비어 있는 의식에서 뭔가가 튀어나오는 그런 식이 아니다. 따로 떨어져서 대상을 자신과는 다른 어떤 것으로 바라보는 것이 아니다. 일어나는 일은 무엇이든 언제나 우리 자신과 분리되어 있지 않다. 아직 **참본성**을 알지 못한다면 우리는 이 사실을 자각할 수 없을 것이다. 그러나 **참본성**을 아는 순간, 모든 것이 **참본성** 안에서 일어나고 있음을 인식한다. 이 경험의 장, 이 현존 안에서 일어나는 모든 것은 **참본성**에서 분리되어 있지 않다. 그러므로 경험과 투쟁할 때, 바로 그런 행위가 자신을 분리시킨다는 사실을 깨닫는다.

분리를 만드는 간섭

경험에서 손을 떼려 할 때 갖게 되는 어려움과 '간섭interference'이라는 문제로 다시 돌아가보자. 경험에 간섭하는 것은 언제나 '분리division'를 내포한다. 간섭하면서 우리는 자신을 여러 부분들로 나누어버

알다시피, 나는 "자각하라"고만 말하지 않았다.

"자각하고 현존하라"고 말했다.

자각과 현존은 사실은 둘이 아니지만,

내가 자각하라고만 말한다면,

당신은 아마도 그것을 일반적인 자각의 뜻으로 받아들일 것이다.

즉, 경험을 멀리 떨어져서 관찰하고,

대상을 바라보며 거기에서 초연해지는 것으로 오해할 수 있다.

내가 "자각하고 현존하라"고 말할 때에는

"자각하는 것에 현존하라"고 말하는 것이다.

그 말은 경험을 단지 알아차릴 뿐 아니라,

또한 그 경험과 만나야 한다는 것을 의미한다.

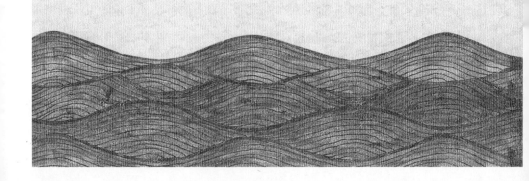

린다. 아마도 나의 두려움이나 사랑에 간섭하는 내가 있을 것이다.

우리가 달가워하지 않는 경험이나 그 경험의 한 측면을 간섭할 때, 이러한 분리가 가장 명료하게 인식되고 스스로 드러난다. 그런 경험은 아마도 뭔가 두렵거나 고통스럽거나 부끄러운 것이거나, 너무나 섬세하고, 달콤하고, 강렬하고 거센 것이어서 우리가 너무 지나치다고 느끼는 것들이다. 또, 우리가 생각하는 자신의 이미지를 위협하거나 그 이미지와 충돌하는 경험이다. **참본성**이 우리에게 알려주지 않으면, 위협적이라고 느끼는 것은 무엇이든 우리는 반대하고 저항하려고 한다. 우리는 그것과 싸워 물리치려고 하고 밀쳐내려고 하며, 맞서려고 한다. 우리는 그 경험을 온전히 느끼려고 하지 않는다. 자기 자신, 그리고 경험의 요소들과 싸우려고 하는 이러한 경향성을 우리는 보통 '저항resistance'이라 부른다.

때때로 우리는 자신을 괴롭히는 저항을 알아차리려 하지 않고, 저항이 있다는 것조차도 알고 싶어 하지 않는다. 이런 상황이 긍정적이든 부정적이든, 고통이든 기쁨이든, 확장되어 있든 축소되어 있든 그런 것은 문제가 아니다. 그 경험이 낯설고 두렵거나 나쁘다는 느낌이 든다면 우리는 그것을 자각하려 하지 않을 것이다. 그래서 결국 우리는 아직 드러나지 않은 어떤 것에 저항한다.

우리는 갖고 싶지 않은 경험 속의 요소들을 저항하고 밀쳐내버림으로써 자각을 무뎌지게 만든다. 그렇게 할 때, 단순히 현존하기는 아주 어려워진다. 자신의 경험 속에 있는 요소와 싸우면서 어떻게 현존할 수 있으며, 자신으로 존재할 수 있겠는가?

우리는 자신을 분리시키려고 애쓰지만 나누어질 수 없다. 우리는 자신을 여러 부분으로 나누려 하지만, 우리의 의식에는 부분들이 없다. 단지 우리는 둔해지고 무뎌질 뿐이며, 자각은 가벼움과 투명함, 명료함을 잃어버리고 만다. 사실, 우리의 평범한 자각은 이미 그 명료함과 투명함을 잃어버렸다. 의식적이든 무의식적이든 자동적으로 자기 자신을 나누고 있기 때문이다.

저항의 본질

자신의 본성을 알지 못하는 에고ego는 어떤 경험과는 싸우고, 어떤 경험은 붙잡으려 한다. 에고는 어떤 일이 일어나야 하거나 일어나지 말아야 한다는 선호를 갖는다. 그 선호는 어떤 것은 깨어 있고 어떤 것은 깨어 있지 않으며, 무엇은 즐겁고 무엇은 고통스럽다는 관념에 따라 일어난다. 우리에게는 좋은 것과 나쁜 것, 두려운 것과 두렵지 않은 것에 대한 온갖 가치와 판단 기준이 있다. 이중 어떤 것은 의식적이며, 어떤 것은 무의식적이다. 그리고 그중 많은 부분이 내면에서 우리를 나누고 있다. 이러한 **분리**는 내면의 저항운동처럼 일종의 전쟁을 일으킨다. 그에 반해 **참본성**은 나누어져 있지 않고, 나눌 수도 없는 것이다.

저항할 때 우리는 근본적으로 **자신에게** 저항하는 것이다. 즉, 일종의 자기 저항이다. 우리는 자신과 함께 있지 않고 자신에게 저항한다. 자신으로 존재being yourself 하는 것 대신 **저항**한다. 이것이 바로 참본성에 저항한다는 의미이다. '단지 자기 자신으로 존재'하는 경험이 아닌 에고의 경험은 '존재 자체에 대한 저항'을 뜻한다.

우리가 에고의 입장, 자신의 **스토리와 동일시**하는 입장을 취하는 순간, 그것은 바로 **저항**을 내포한다. 저항이 없는 에고란 없다. 그리고 궁극적인 저항은 단순히 존재하는 것에 대한 저항이며, 참본성에 대한 저항이다. 에고가 항상 어떤 것을 하려고 애쓰는 반면, 참본성은 아무것도 하지 않는다. 참본성은 그냥 존재한다. 그래서 참본성은 있는 그대로이다. 참본성은 빛나는 현존이다.

있는 그대로의 본질에 계속해서 저항하는 것이 에고의 본질이다. 단지 에고로 존재하는 것만으로도 본성에 저항하는 것이 된다. 본성에 저항하지 않을 때, 그 즉시 우리는 본성으로 **존재**하게 될 것이다. 그래서 우리가 자신을 **참본성**으로 경험하지 않으며, 무한한 현존으로 존재하지 않는다는 사실이 바로 **저항**을 의미한다.

그 저항은 상당히 미묘할 수 있다. 거기에는 많은 이유가 있다. 우리가 '**자신이 참본성**'이라는 것을 믿지 않는 것도 그중 하나이다. 그 대신 우리는 자신을 저항하는 사람이라고 믿고 있으며, 자신의 정체성을 지키려고 애쓰고 있다. 또, **참본성**을 느끼는 것은 상처받기 쉬운 vulnerable 상태, 두려움, 혹은 열림에 대한 불안을 일으켜서 우리에게 심각한 위협으로 느껴질 수도 있다. 사실, '진실로 존재함'이란 일종의 **죽음**과 같다. 저항이라든지 허용하는 방법에 대해서 이야기하고 있지만, 진정으로 저항 없이 존재한다는 것은 궁극적으로 에고의 죽음을 의미한다.

저항은 여러 가지 방식으로 일어나며, 외적인 것과 내적인 것이 있다. 외적인 저항은 원하지 않는 경험이 일어날 때, 또는 일어나려고 할 때 발생한다. 우리는 무뎌지고 움츠러들고 둔해짐으로써, 혹은 있는 그 대로의 모습에 맞섬으로써 방어한다. 예를 들어, 상처 입을 기미가 보인다고 해보자. 우리는 이렇게 말한다. "안 돼, 이건 너무 심하잖아. 나는 그렇게 느끼고 싶지 않아." 그때 의식은 두터워지고 둔해져서 그것을 밀쳐내고 또 닫아버린다. 경험에 대해 직접적인 거부와 부인, 밀침이 일어난다.

다른 한편, 저항이 간접적, 혹은 내적으로 일어나기도 한다. 그럴 경우, 우리는 거부하고 싶은 경험을 피하거나 멈추려 하는 대신, 조작하려고 한다. 경험을 통제하거나, 조종하거나, 뭔가 다른 것으로 경험하려고 하는 것이다. 우리는 경험을 받아들여서 작업하려고 노력한다고 믿지만, 있는 그대로에 저항하지 않고서, 경험과 투쟁하지 않고서는 그렇게 할 수 없다. 싸우지 않고 저항하지 않으면 우리는 광대하고 무한하게 존재하며, 일어나는 대로 허용함으로써 있는 그대로 존재하기 때문이다.

저항을 다루기

보통 우리는 **자신으로 존재**할 수 없고, **실제로 존재**할 수 없기 때문에, 자신이 저항하고 또 많은 부분 개입하고 있음을 발견하게 된다. 하지만 **실제로 존재하기**가 저절로 일어난다면 그것을 그대로 허용하라. 그러지 않으면 그 또한 저항이 될 것이다. 무엇이든 일어나는 바로 그것이 일어나고 있을 뿐이다. 우연히 열리고 현존하게 될 때, 자연스럽게 변형되고 스스로 제약에서 자유로워질 때, 바탕에 있는 가벼움과 빛남

우리가 에고의 입장,

자신의 스토리와 동일시하는 입장을 취하는 순간,

그것은 바로 저항을 내포한다.

저항이 없는 에고란 없다.

그리고 궁극적인 저항은

단순히 존재하는 것에 대한 저항이며,

참본성에 대한 저항이다.

에고가 항상 어떤 것을 하려고 애쓰는 반면,

참본성은 아무것도 하지 않는다.

참본성은 그냥 존재한다.

그래서 참본성은 있는 그대로이다.

참본성은 빛나는 현존이다.

이 드러날 때, 그것은 멋진 일이다. 그런 순간이 아니라면, 일어나고 있는 경험을 판단하지 않으려고 노력하라. 거기에 아무것도 하지 않도록 애쓰라. **참본성**이 스스로 그것들을 변형시킬 것이므로. **참본성**은 경험의 스토리 혹은 의미를 드러냄으로써 그것을 변형시킬 것이다. 우리는 이 스토리의 드러남을 탐구의 과정이라 부른다. 이 책을 통틀어 우리는 이 과정에 대해 많은 이야기를 하게 될 것이다.

저항을 멈추라는 말은 외적인 상황에 대해 적절한 행동을 취하지 말라는 뜻이 아니다. 썩은 복숭아의 예를 기억해보자. 내가 말하는 요지는 내면에서 저항하지 말라는 것이다. 경험을 자각하는 내면의 장 안에서 저항하지 말라는 의미다.

외적인 힘에 대해 해야 할 일을 알기 위해서는 경험의 장에서 미묘하고 온전한 이해가 필요하다. 또 경험 속에서 조화롭게 사는 법을 이해하는 것이 필요하다. 그 지점에 도달하기까지 우리는 다만 최선을 다할 뿐이다. 내면에 대해 응답하는 법을 이해하면 할수록 외부의 일을 다루는 법도 더 쉽게 배울 수 있다.(어떤 시점에서 우리는 일어나는 모든 사건이 사실은 내면의 일임을 깨닫게 된다.)

우리가 경험과 싸워서 밀쳐낼 때, 그 경험은 자신으로 존재할 수 있는 기회나 공간을 갖지 못하게 된다. 그리고 경험이 자신으로 존재할 기회를 갖지 못한다면, 펼쳐질 기회 또한 잃게 되는 것이다. 그 경험이 펼쳐질 기회를 놓치게 되면, 그 본질을 드러낼 수 있는 기회 또한 없다. 그러므로 그것은 처음 일어난 그대로 계속 존재하게 된다. 다른 말로 하면, 저항하는 것은 애초에 우리가 경험한 형태 그대로 유지하는 방법이 된다. 우리는 경험을 저항하고 제거하기를 원하지만, 실제로는 그 경험을 감싸서 최초의 형태 그대로 유지시키고 있을 뿐이다.

그러므로 저항은 헛짓이다! 처음에는 자신만의 정체성, 자신만의 현실을 가진 것처럼 보이는 모든 것이 어느 시점에 이르면 나누어질 수 없는 **참본성**의 단일성 안으로 다시 흡수될 것이다.

저항은 내면의 분리를 암시한다. 그것은 일어나는 모든 것이 의식과 자각의 현현임을 모른다는 것을 보여준다. 예를 들어, 증오나 두려움이 일어난다면, 그것은 아마도 우리가 아직 잘 모르는 어떤 이유로 우리의 영혼, 의식이 그 시점에서 취한 모습일 것이다. 그런 두려움, 증오를 허용하고 껴안고 붙들 수 있다면, 그리고 모든 질감, 빛깔과 생생함으로 그것을 온전히 전체성 안에서 느낄 수 있다면, 그 감정들은 그 자체로 존재할 수 있는 공간을 갖게 될 것이다. **참본성**의 본질은 움직이고 펼치고 자신을 비추며 드러내는 것이므로, 저절로 그렇게 될 것이다. 자신을 펼쳐 보이는 과정에서 경험은 자기의 **참본성**을 드러내게 되어 있다. 왜냐하면 각각의 경험은 어떤 식으로든 우리의 **참본성**과 연결되어 있기 때문이다. 그것을 이해하고 진리를 봄으로써, 그리고 진리의 끝을 따라감으로써 우리는 **참본성**과 연결된다.

참본성은 나누어져 있지 않지만 나눔을 허용한다

지금까지 살펴본 바와 같이, 저항은 내면의 분리를 의미한다. 그 분리에 대항하고 이원성을 꿰뚫어 보는 것이 가능하지만, 많은 사람들에게 그것은 결코 쉽게 내디딜 수 있는 걸음이 아니다. 사실 그것은 위대한 한 걸음이다. 아마도 영적인 여정에서는 천배 만배 더 위대한 걸음일지도 모른다. 우리들은 대부분 여전히 첫걸음조차 떼지 못했다. 첫걸음은 단지 일어나는 그대로 허용하고 놓아두는 것이다. 우리가 분리와 이원성을 느낀다 하더라도 그 이원성조차 허용해야만 한다. "안 돼, 옳지 않아. 분리되어 있잖아."라고 말하는 것 또한 저항의 한 형태이다. 이것은 있는 그대로의 경험을 밀쳐버리는 입장이다.

참본성이 이원성에게, 분리에게 그렇게 할 것 같은가? 아니다. **참본성**은 이렇게 말한다. "아, 분리라니… 흥미롭군. 분리가 뭔지 한번 알아볼까?" 그리고 그저 그것과 함께 머물기만 한다. 분리가 존재할 수 있도록 허용하면서, 그 스스로 자신을 드러낼 수 있도록 초대하면서. "너에 대해서 말 좀 해봐. 이원성이란 참 재미있는 현상이네. 내가 그렇게 할 수 있다는 걸 몰랐는데… 나는 분리될 수 없는 존재인데… 어, 근데, 이것 좀 봐. 분리란 게 있네. 놀랍지 않아? 내가 창조력이 대단하다고 말할 수밖에 없잖아. 나의 본성과는 다른 뭔가로 나를 나타낼 수 있군. 모든 특수효과를 능가하는데. 내가 모습을 바꾸기만 하는 게 아니라 내 일부를 정말로 분리시키고 있구나."

아마도 변신술을 써서 자기 마음대로 모습을 바꿀 수 있는 마법사에 대한 이야기를 들어본 적이 있을 것이다. 마법사는 어느 순간에는 사람의 모습으로 나타나고, 그다음에는 새가 되고, 또 그다음 순간에는 테이블이나 식물이나 구름이 되기도 한다. 그러나 그 과정에서 마법사는 여러 모습으로 나누어지지 않는다. 마법사는 하나의 완벽한 형상으로서 늘 다른 형상으로 변하는 것뿐이다. 우리는 마법사로서 실제로 의식의 장 안에서 변신하여 여러 곳에 여러 다른 모습으로 나타날 수

있다. 또 두 곳에 동시에 존재할 수 있는 심령능력에 대해서도 들어봤
을 것이다. 우리는 사실 항상 그렇게 하고 있다.

참본성은 내적인 갈등과 분리의 경험까지 포함한 무한가능성으로
나타날 수 있지만, 그 본질에 있어 뭔가를 분리시키고 그것과 투쟁하
지 않는다. 그 이유는 **참본성**이 나누어질 수 없는 하나이기 때문이다.
참본성은 분리와 갈등을 위해 만들어진 것이 아니며, 그렇게 할 수도
없다. 오직 그 드러남이 분리된 것처럼 보이는 것뿐이다.

우리의 수행은 내면의 경험에 대한 투쟁과 무뎌짐 대신에 광대한 허
용의 중요성을 보여주고 있다. 그 허용은 분리가 없는 곳, **참본성**의 열
려 있음에서 온다. 우리는 그 분리 없는 자리를 아직은 자각할 수 없을
지 모른다. 그 자리는 지금 우리가 있는 위치가 아니며, 우리의 경험 안
에 있는 것이 아니기 때문이다. 하지만 우리는 저항을 인식하기를 배
울 수 있고, 그 방법을 언제든지 기억해낼 수 있다. 저항을 인식하면 우
리는 거기에 끌려갈 필요가 없다. 우리는 그 저항을 자각함으로써 무
한함을 배울 수 있고, 그 저항과 함께 있는 법, 있는 그대로 느끼고 호
기심을 갖는 법을 배울 수 있다.

저항을 허용함으로써 시작하기

"열려 있는 태도를 갖고 일어나는 일을 허용하라. 더욱더 열려 있으
라."라고 말할 때 나는 우리가 광대함의 경험을 일부러 만들어내야 한
다고 말하는 것이 아니다. 그것은 저절로 일어날 수도 있고, 그렇지 않

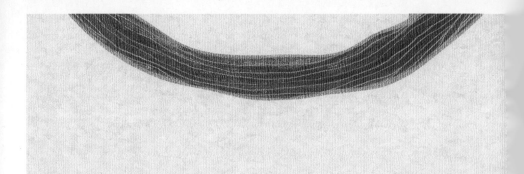

※

참본성은 내적인 갈등과 분리의 경험까지 포함한
무한가능성으로 나타날 수 있지만,
그 본질에 있어 뭔가를 분리시키고 그것과 투쟁하지 않는다.
그 이유는 참본성이 나누어질 수 없는 하나이기 때문이다.
참본성은 분리와 갈등을 위해 만들어진 것이 아니며,
그렇게 할 수도 없다.
오직 그 드러남이 분리된 것처럼 보이는 것뿐이다.

을 수도 있다. 내 말은 자각 속에서 일어나는 모든 것에 저항하지 않고 그 모두를 껴안는다는 뜻이다. 저항이나 둔함이 일어난다면 그것이 바로 있는 그 자리이다. 우리는 둔함이 일어나도록 허용하며, 원하는 만큼 둔해질 수 있게 하고, 최대한 느낌으로써 둔함과 평화롭게 있을 수 있다. 그래서 경험을 탐구한다는 것은 그 안으로 파고들어 온전히 경험하는 것을 의미한다. 경험에 대한 이러한 태도는 특별한 의식 상태를 얻는 것보다 훨씬 더 중요하다.

물론 그 둔함은 일종의 저항이고 허용하지 않는 태도이며, 열려 있음이 아니다. 그렇다 해도 그 둔함을 그저 자각하기만 하라. 처음에는 단지 그것을 알아차리기만 한다. 그것을 알아차림에 따라 우리는 그것을 더 많이 떠오르도록 허용할 수 있다. 그 느낌이 더 둔해진다면 더 둔해지는 바로 그 경험이 일어나야 할 필요가 있다. 우리가 완벽히 둔한 현존이 될 때까지, 둔함은 최대한 완전히 그 자체가 되어야 한다. 우리가 그렇게 둔하게 되면, 우리의 많은 능력들이 묶여버려서 제대로 기능할 수 없다. 그것은 괜찮다. 그러면 남아 있는 것은 오직 자각 그 자체뿐이다. 그냥 그것으로 존재하라.

그런 다음 우리는 계속해서 경험 안으로 탐구해 들어간다. 반드시 특별한 질문을 하거나 뭔가를 해야 한다는 말이 아니다. 탐구는 오히려 호기심을 가지고 관찰하는 것과 같다. "둔함이 느껴지고 있어. 나는 너무나 둔해서 무슨 일이 일어나는지조차 모르겠어. 도대체 이게 뭔지 누가 알겠나? 이건 정말 마음에 들지 않는군. 나는 둔하지 않았으면 좋겠어." 이 모두가 탐구에 포함된다. 그러므로 우리가 정말 그 둔함을 싫어한다는 것을 알아차리고 더 섬세하고 민감해지기를 원한다면, 우리는 그 둔함의 일부인 어떤 저항을 인식하고 있는 것이다. 그것 또한 괜찮다. 모든 것이 탐구에 포함되어야 한다.

경험이 무엇이든 모두 껴안고 환영하라. 하지만 그 말은 그것을 사랑해야 한다는 의미는 아니다. 우리가 둔함을 좋아하지 않는다는 것은 이해할 만한 일이다. 하지만 좋아하지 않는다는 것은 그것을 밀쳐내거나 없애려고 하거나 판단하는 일과는 다르다.

참본성의 관점에서 볼 때, 우울함 대신 광대함, 가벼움, 유쾌함으로 있는 것은 자연스럽다. 어떤 경험에서도 흥미와 호기심을 가질 수 있다는 점을 명심하라. 그것은 단순히 허용하는 것을 넘어 기꺼이 경험을 초대한다는 의미이다. 저항하고 우울해하고 둔하게 있는 자신을 알아차린다면, 우리는 그 느낌에서 시작할 수 있다. 그 느낌이 우리가 있는 자리이기 때문에 우리는 그곳에 있기를 허용하며, 그 느낌이 스스로 드러날 수 있도록 초대한다.

이제 우리는 다시 처음으로 돌아와서 수행이 **실제로 존재하기**임을 떠올려보자. 수행은 우리가 어디에 있든지 언제나 자신으로 존재하는 것이다. 우리는 대부분 자신으로 존재하는 법, 실제로 존재하는 법을 모른다. 그냥 스위치를 탁 켜서 그런 일이 일어나게 할 수 있는 것은 아니다. 그렇다면 어떻게 해야 할까? **참본성**이 어떻게 작용하는지를 기억한다면 우리는 수행할 방법을 얻게 된다. 지금까지 우리가 발견한 것을 살펴보자.

• **실제로 존재**하는 가장 좋은 길은 있는 그 자리에 존재하기를 배우는 것이다. 우리가 있는 그 자리가 바로 지금 이 순간 일어나는 일

이기 때문이다.

- 어느 순간이든 우리가 경험하는 모든 것은 **참본성**의 한 부분이며, 현존과 의식, 그리고 자각의 일부이다.

- **참본성**은 어떠한 것에도 저항할 수 없다. **참본성** 안에는 분리와 투쟁이 없다. **참본성**은 본래 그렇게 하지 않는다.

- **참본성**은 원래 가지고 있는 광대함spaciousness과 빛으로 존재함으로써 자유를 드러낸다. **참본성**은 무게감 없이 느끼는 광대함이며, 모든 것을 일어나게 하고, 모든 것이 그 자신으로 존재하도록 초대한다. 그러한 방식으로 모든 것을 온전히, 그리고 완벽하게 드러나게 한다.

- 우리는 경험에 저항하는 경향성을 따라갈 필요가 없다. 우리는 그 저항을 자각하고 저항과 함께 현존하며 그 자체를 느끼고, 거기에 호기심을 가짐으로써 열려 있음을 배울 수 있다.

- 경험을 허용할 수 있다면, 그 경험을 거부하거나 변화시키려고 하는 대신 껴안고 온전히 느낄 수 있다면, 우리는 그 경험에게 자신으로 존재할 수 있는 공간을 주게 된다. 그러면 그 경험은 자연스럽게 펼쳐질 것이다. 그 펼쳐짐이 바로 **참본성**의 자연스러운 본질이기 때문이다.

- 경험이 자신을 비추고 스스로 드러날 때, 그 경험은 어느 시점에서 **참본성**을 드러낼 것이다. 각각의 경험은 어떤 식으로든 **참본성**과 연결되어 있기 때문이다.

- 경험 속에서 진리를 이해하고 봄으로써, 또 진리의 끈을 따라감으로써 우리는 **참본성**의 길을 따른다.

지금 이 순간 속으로 허용을 초대하기

참본성은 자신의 드러남에 관심이 있다.

드러나는 것이 **참본성**의 본질이다. 드러남은 항상 일어나고 있지만, 우리는 특별한 수행을 함으로써 그 드러남에 참여할 수 있다. 그것을 우리는 탐구라 부른다.

탐구할 때, 우리는 자연스럽게 일어나는 과정에 주의를 기울이고, 또 탐험한다. 우리가 경험을 자각하고 의식적으로 함께하며, 직접적인 현존을 통해 그 경험의 펼쳐짐을 초대하는 것, 그것이 바로 탐구이다.

15분을 할애해서 자신의 경험을 매 순간 일어나는 그대로 탐험해보라.

이 수행은 우리가 있는 그 자리에 존재하도록 자신을 허용하는 일이다.

우리의 경험이 무엇이든, 그것을 인식하고 있는 그대로 존재하게 하라. 우리가 단지 그 경험을 호기심과 흥미를 가지고 자각한다면, 그것은 자신을 드러내기 시작하며, 그다음 순간으로 흘러갈 것이다. 우리가 경험에 흥미를 가지고 있는 그대로 존재하게 허용하면, 경험은 하나의 과정, 펼쳐짐, 내적인 탐구, 발견으로 변화할 것이다.

탐험을 마치고 나면, 10분 동안 탐구 과정에서 일어난 저항과 허용을 고찰해보라.

언제 저항이 있었고, 언제 허용이 있었는가?

이런 식으로 우리는 스스로 어떤 느낌이 일어나려고 하는지를 알아차릴 수 있다. 그 느낌은 우리를 거부, 회피, 조작, 통제, 혹은 다른 간섭으로 끌어들이는 것들이다.

허용하고, 저항하는 순간을 자각하면 할수록 우리는 그 차이점을 더 많이 알게 될 것이다.

chapter

5

자신을 향해 열기

Opening to Ourselves

우리가 자신으로 존재하기를 사랑하는 데에는 아무런 이유가 없다. 그 이유를 만들어낼 수는 있겠지만, 그 어떠한 것도 참된 이유는 아닐 것이다. 정말로 거기에는 어떤 다른 이유도 없기 때문이다. 우리는 그저 원래부터 자신을 사랑하며 우리의 본성을 사랑한다. **참본성** 안에서 우리는 모든 것과 모든 사람을 사랑한다. 그 사랑은 단지 실재 reality의 한 부분이다. 자신으로 존재하는 것을 느낄 때 우리는 실재를 느끼며, 자신과 더욱 친밀해진다. 하지만 서로 가까운 두 대상으로서 존재한다는 의미는 아니다. 자신의 존재성과의 거리가 전혀 없다. 그 거리 없음, 또는 분리 없음은 친밀함과 이완됨의 느낌, 그리고 존재 안에 안착하는 느낌이다.

그리고 우리는 경험하고 있는 존재의 감각을 묘사하려고 애쓰지도 않는다. **실제**의 어떤 특질이나 차원이 현현하고 있는지는 문제가 아니다. 우리는 자신을 가공하거나, 자신으로 있으려고 **애쓰거나**, 이런저런 것에 반응하는 대신에 단지 우리의 참자아 안에 안착한다.

자신으로 존재하기의 친밀함

자기 자신으로 존재하는 것은 기쁨이고 환희이다. 그것은 진짜이며, 소중함이며, 친밀함이다. 그 느낌이 얼마나 만족스러운지 표현하기는 불가능하다. 하지만 내가 여기서 말하고 싶은 것은, 자신으로 존재하기는 열려 있음이며, 일종의 상냥함, 친절함을 의미한다는 사실이다. 자신으로 존재할 때 우리는 친밀함을 느끼고 자신에게 가까움을 느낀다. 우리의 가슴은 열리고, 마음은 명료하며, 영혼은 안착한다. 내면에 둔탁함이나 내적인 동요와 투쟁이 없다. 우리는 평화롭고, 이완되어 있고, 만족스러운 내면의 통일성을 경험한다. 존재의 한 측면이나 특별한 특질을 느끼든지, 그것을 초월하여 무한함 속에서 **참본성**을 느끼든지 간에, 우리는 환희로운 자유와 만족을 즐기게 된다.

이러한 가르침들을 통해 진보해 나아가면서, 우리는 그러한 기쁨에 다가가는 법을 배우고, 또 자신을 발견하는 수행을 배운다. 지금까지 우리는 자각과 이해로써 자신이 어디에 있는지를 발견하고, 자신을 있는 그대로 존재하도록 허용하는 것이 열쇠임을 살펴보았다. 우리는 매 순간 있는 그 자리가 바로 **참본성**에 가장 가까운 것임을 보아왔다. 지금의 상황이 무엇이든 간에 바로 그것이 **참본성**에 연결해주는 현재의 고리이기 때문이다.

'다가간다'고 말할 때, 그것은 그저 말일 뿐, 우리는 어떠한 곳에도 자기 자신으로 존재하는 것은 기쁨이고 환희이다.

그것은 진짜이며, 소중함이며, 친밀함이다.

그 느낌이 얼마나 만족스러운지 표현하기는 불가능하다.

하지만 내가 여기서 말하고 싶은 것은,

자신으로 존재하기는 열려 있음이며,

일종의 상냥함, 친절함을 의미한다는 사실이다.

자신으로 존재할 때

우리는 친밀함을 느끼고 자신에게 가까움을 느낀다.

우리의 가슴은 열리고, 마음은 명료하며, 영혼은 안착한다.

내면에 둔탁함이나 내적인 동요와 투쟁이 없다.

우리는 평화롭고, 이완되어 있고,

만족스러운 내면의 통일성을 경험한다.

다가가려고 애쓰지 않는다. 자신으로 존재하기에 접근하는 법을 말할 수는 있겠지만, 그것은 우리를 어딘가로 데려가는 방법은 아니다. 우리는 단지 있는 그대로 받아들일 뿐이다. 우리는 일어나는 일과 자신을 경험하는 방식을 알아차리고, 그것과 함께 평화롭게 존재한다. 우리가 평화롭기 때문에 어떠한 것도 경험의 자각을 방해하지 않는다. 경험을 온전히 자각하고, 그 내용을 고스란히 인식하면서도 편안하게 느낄 수 있다.

우리는 지금 있는 자리를 발견하고 거기에 존재하기를 방해하는 다양한 장애물과 난점들을 앞에서 살펴보았다. 우리는 여러 가지 방식으로 경험을 조작하려는 시도들을 더욱더 잘 알아차리게 되었다. 또한, 이런 시도들이 우리가 있는 그대로의 경험이 좋지 않다고 생각하기 때문이라는 것을 알았다. 우리는 그럴 때 자신이 관여하게 되는 특별한 간섭에 대해서도 논의해왔다. 실제로 경험에 맞서고 밀쳐내며, 떨쳐내려고 투쟁함으로써 경험에 저항하는 것이 바로 간섭이다. 우리는 이 저항을 의식이나 자각의 무뎌짐으로 인식했다. 그 무뎌짐은 자기 자신으로 존재하기에 있어 친밀함과 진실함, 진정한 따뜻함을 느끼지 못하게 한다. 우리는 이제 그 이해에 더하여 경험을 간섭하는 다른 형태를 살펴보고자 한다. 그것 역시 의식의 무뎌짐, 내면의 방어에 의해 일어난다.

방어 – 내면의 경직

저항은 내적 강압의 활동모드로서 내면의 조작과 방어보다 더 수동적인 형태를 띠거나 그것들과 공통점을 지닌다. 방어와 저항은 자신을 보호하려는 욕구이다. 저항할 때 우리는 경험을 좋아하지 않고 다른 것을 선호하기 때문이며, 또, 일어나는 일을 판단하기 때문이다. 아마도 우리는 내면에서 일어나는 경험에 대해 화가 나 있을 것이다. 아니면 그런 것에 질려 있을 것이다. 그러나 대부분의 경우 우리는 자신을 보호할 필요를 느끼기 때문에 저항한다. 보호는 내면의 방어벽을 세우려는 근본적인 동기이다.

정말로 위험이나 위협을 감지할 때, 혹은 그러한 것을 상상할 때, 우리는 자기보호를 위해 자신을 경직시키는 경향이 있다. 하지만 자신을 경직시키면 우리의 의식은 둔해지고 단단하게 굳어져버린다. 그래서 자신으로 존재하기의 섬세함과 부드러움, 친밀함을 경험할 수 없다. 그러한 경직된 반응, 분리와 보호의 벽은 있는 그 자리를 발견하는 데 방해가 되는데, 그것이 에고의 기본적인 방어모드이다. 에고는 내적, 외적 상상과 실제의 위험에 대해서 자신을 보호하는 방어에 주로 근거하고 있다. 에고는 방어 없이는 존재할 수 없다.

내적으로 자신을 방어하려고 할 때, 어떤 의미에서 우리는 도망가려고 하는 것이다. 우리는 숨으려고 한다. 우리는 고립되고 자신을 분리시키고 우리와 위험 사이에 거리를 두려고 한다. 그러한 일은 여러 가지 방식으로 일어난다. 그중 하나의 전략은 수동적인 방어구조를 만드는 것이다. 우리는 두려움의 경험에 대해서, 또 위협이나 공격, 고통이

올 가능성에 대해서 내면의 벽을 세움으로써 방어구조를 만들 수 있다. 이러한 방어벽은 내면에서 우리를 여러 부분으로 나눌 수도 있는데, 예를 들면 가슴과 생식기, 의식과 무의식, 혹은 자기 자신과 지각대상 사이에도 벽이 있을 수 있다.

그러나 그 벽들은 에고의 방어 경향성이 나타나는 하나의 방식일 뿐이다. 에고의 방어는 또한 다른 방식으로 나타날 수도 있는데, 예를 들면, 숨기, 도망가기, 자신을 고립시키기, 위축되기 또는 자신을 완전히 드러내려 하지 않기 등이다. 이런 것들은 경험 안에 존재하기에 저항하는 온갖 행동방식들이다. 그 의도는 열려 있기를 피하는 것이다. 열려 있음은 자신을 방어하지 않고, 보호하지 않은 채로 놓아둔다는 의미이기 때문이다. 열려 있음은 자신으로 존재한다는 것을 뜻한다. 우리는 자신으로 존재하는 것이 위험하다고 생각한다. 자신으로 존재할 때 우리는 모든 위협에 노출되기 때문이다.

인간의 자기보호 욕구

자신으로 존재하기, 즉 **참본성**으로 존재하기는 방어 없음, 단순함 안에 존재하는 것이다. 투쟁하지 않고 단지 있는 그 자리에 존재하는 것역시 위험에 대해서 자신을 보호하려고 애쓰지 않는 것을 의미한다. 그것은 인간에게 있어서는 어려운 일이다. 그 어려움은 어린 시절의 양육방식뿐 아니라 유전적인 인류사와도 관련되어 있다. 더 큰 범위에서 보면, 인류는 위험이 분명하게 존재하는 가혹한 환경 속에서 진화해왔다. 시간이 지나면서 우리는 존재하기 위해서 일단 살아남아야 하고, 살아남기 위해서는 자신을 보호해야 한다는 것을 배워왔다. 생존을 위해서 자기보호가 필요하다는 사실은 우리 내면에 깊이 각인되어 왔다. 자기보호는 군대와 경찰과 같은 외적인 방어 형태뿐 아니라 내면의 방어벽을 세우는 것과 같은 내적 방어 형태로도 나타난다.

실제로 누군가가 우리를 공격하려고 하는 외적 위험에 마주한다고 해보자. 그때 내면의 벽을 세우는 것이 무슨 도움이 되겠는가? 두려움을 느끼지 않는 것은 또 무슨 도움이 되겠는가? 외부로부터 오는 위험과 마주할 때 두려움이나 약함, 슬픔을 느끼는 것이 어려울 수 있다. 그러나 이런 느낌들에 닿는다면 우리의 경험은 실재에 뿌리내리게 된다. 그런 두려움을 벽을 쌓아 물리치는 것은 단지 외적 방어가 더 견고해지고 완고해지도록 만들 뿐이다. 그 결과 그 위험에 대해 적절히 반응하지 못하게 된다.

우리가 내적 위험이라고 여기는 것, 에고가 방어하려는 진짜 이유에 대해 방어벽을 세울 때 무슨 일이 일어날까? 내적 위험이란 것이 자신의 느낌, 생각, 기억, 자신의 상태 외에 다른 무엇이 될 수 있겠는가? 우리가 사실 정말로 두려워하는 것은 우리의 존재와 의식, 즉 자기 자신이 드러나는 것이다.

현대 심리학에서 잘 알려진 바와 같이 에고는 엄청난 양의 과거 경험을 가지고 있다. 에고는 그 경험을 정신적 방어를 통해서 무의식으로 유지하고 있는데, 그 방어는 대부분 우리의 자각을 넘어서 있다. 온갖 정신활동이 지속적으로 일어남으로써 우리가 어떤 것을 경험하지 못하도록 막고 있다. 우리의 무의식은 기억과 느낌으로 가득 차 있지만, 사람들은 대부분 그것을 잠복해 있는 위험과 악마들로 가득 차있다고 생각한다. 사람들은 내면의 악마들, 그들의 어두운 면에 대해서 이야기한다. 이 어두운 면이란 무엇일까? 그것은 우리 내면의 두렵고 어두운 곳이다. 거기에서 악마들이 튀어나와서 자기를 집어삼킬 것이라고 생각한다. 그들을 막기 위해서 우리는 무엇을 해야 할까? 많은 사람들은 자신을 경직시켜서 아무것도 느끼지 않으려고 한다. 그러면 내면의 악마들이 우리를 잡아먹지 않을 것이다!

내면의 어둠을 대수롭지 않게 여길 수도 있겠지만, 그것은 사실 심각한 상황이다. 어린 시절 우리는 연약했고, 많은 것들이 실제로 위험했기 때문에, 경험하는 많은 부분들을 견딜 수 없었다. 우리는 그런 경험을 이해하지 못했고, 우리의 신경계는 그 나이에 그것을 다룰 만큼 충분히 발달되어 있지 않았다. 그래서 정신적으로 혹은 감정적으로 자신을 돌볼 방법이 없었다. 우리가 열려 있으면 당연히 상처 입기 쉬운 상태였다. 스스로 그 상황을 다룰 수 없었기 때문에 어린 시절의 현실에서는 자신을 보호하고 방어해야만 했던 것이다. 이것은 그처럼 단순한 사실이다. 우리가 우리를 사랑하고 돌보고 지지해주는 환경을 가졌더라면 많은 도움이 되었겠지만, 그것 또한 완전하지는 못했을 것이다.

인간의 영혼은 본성에 가 닿을 때 열린다. 그 열림 속에서 영혼은 상처받기 쉽다. 그러나 상처받기 쉽다vulnerable는 것은 위험에 대해 단지 열려 있음을 의미할 뿐이다. 만약 위험이 없다면, 열림에는 상처받기 쉽다는 느낌이 없다. 아무런 걱정이 없고 편안한 느낌뿐이다. 만일 위험이 존재할 때 열려 있다면, 우리는 두려움을 느끼고 약간 떨리면서, 취약하다는 느낌을 갖게 될 것이다.

어린 시절 우리는 열려 있었고, 또 섬세하고 부드러웠다. 그것은 우리에게 경직됨과 방어가 없었음을 의미한다. 우리는 자신의 주변에 방어벽을 갖지 않았지만, 노출되고 두려움을 느꼈을 때 자신을 보호하기 위한 방어벽을 만드는 법을 배웠던 것이다. 그 방어벽은 주변의 환경에서 자신을 보호하기 위한 것이다. 그러나 어른이 된 이후에도 우리는 환경이 영향을 미치지 못하도록 방어하는 보호벽을 여전히 세워 두고 있다. 외부의 위험으로부터 자신을 보호하기 위해서 우리는 열려 있지 않으려고 한다. 자신의 느낌과 감각과 상상을 닫아버림으로써 말이다.

물리적인 자기보호가 중요하지 않다거나 불필요하다고 말하는 것은 아니지만, 내적으로 자신을 경직시키는 것은 자기를 보호하는 데에는 전혀 도움이 되지 않는다. 외부의 위험에 전혀 영향을 주지 못하기 때문에 그것은 보호한다는 환상일 뿐이다. 그 환상은 오직 내면의 자각과 생생함을 감소시킬 뿐이다. 그 환상은 어린아이로서 외적으로 자신을 보호할 수 있는 어떠한 방법도 없었을 때에만 도움이 되었다. 외적인 원인을 멈출 수 없었을 때, 우리는 내적 방어를 사용해서 그 압도하는 느낌의 영향을 감소시켰던 것이다.

이것이 바로 진정한 자신으로 존재하는 법을 배우기가 쉽지 않은 이유이다. 자신으로 존재하기는 단순한 일이지만, 그것이 열려 있음을 의미하기 때문에 어려워 보인다. 아무것도 하지 않은 채 있는 그 자리에 존재하기는 우리가 자신을 보호하기 위해서 어떠한 일도 하지 않고 방어벽을 세우지 않으며, 자신을 숨기지 않는다는 것을 의미한다. 그것은 우리가 진정으로 밖으로 드러나 있음을 의미한다. "밖으로 드러나

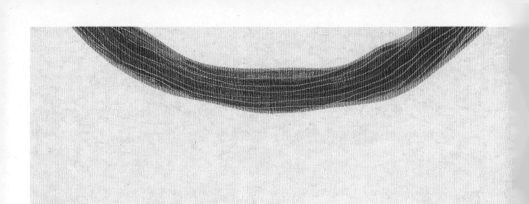

인간의 영혼은 본성에 가 닿을 때 열린다.
그 열림 속에서 영혼은 상처받기 쉽다.
그러나 상처받기 쉽다는 것은
위험에 대해 단지 열려 있음을 의미할 뿐이다.
만약 위험이 없다면,
열림에는 상처받기 쉽다는 느낌이 없다.
아무런 걱정이 없고 편안한 느낌뿐이다.

있다"는 말은 도로 한복판에 서 있다는 의미가 아니다. 그 말은 방 안에 있더라도 자기 혼자서 아무런 방어 없이 있는 것을 의미한다. 아마도 당신은 누군가가 TV에서 튀어나와 자기를 덮칠 것이라고 생각할지도 모르겠다. 혼자 밖으로 드러나 있는 것은 당신을 벌거벗은 채로 겁에 질리게 만들지도 모른다.

우리는 결국 망상에 사로잡혀서 자신의 경험을 두려워하는 것이다. 우리가 경험을 두려워하고, 경험 속에서 일어날 가능성이 있는 것을 두려워한다면, 우리가 어떻게 **실제**實際로 존재하기를, 또 자신으로 존재하기를 배울 수 있겠는가? 우리가 어떻게 정확히 있는 그 자리를 보고 그곳에 존재하기를 배울 수 있겠는가? 위험을 경험하거나 위험을 불러들일 수 있는 상황을 경험하기를 두려워한다면 말이다. '있는 그 자리에 그저 존재한다면 나에게 무슨 일이 벌어질까? 위험이 나를 덮칠지도 모른다.'라고 생각하기 때문에 우리는 자동적으로 자신을 방어하게 된다. 굳이 범죄다발 지역을 돌아다니지 않고도 당신은 자기 방에 앉아서 안전하지 않음을 느낄 수 있다. 내가 말하려는 것은 방 안에서도 당신은 자신을 방어하리라는 것이다.

방어는 우리 개성과 인격의 일부로 매우 깊이 자리 잡았기 때문에, 어떤 시점에서 우리는 그것이 있다는 것조차 인식하지 못한다. 방어는 우리의 내적 구조의 일부가 되어버렸다. 진짜 위험 혹은 상상의 위험으로부터 자신을 보호하려 할 때, 우리의 자각은 감소된다. 완벽하게 자각한다는 뜻은 우리를 두렵게 하거나, 상처를 주거나, 우리가 부끄러워하는 모든 것을 자각함을 의미하기 때문이다. 그래서 우리는 그것들을 방어하며, 더 이상 자각하려고 하지 않는다. 늘 우리는 실재reality

에 대해 자신을 방어한다. 그리고 실재에 대한 방어는 자신의 경험에 대한 방어이기도 하다. 수행의 결과로 우리는 그것을 알아차리고 이해할 수 있을 것이며, 있는 그 자리에 존재하는 수행의 과정에서 이러한 방어를 직면하게 될 것이다.

방어와 열려 있음

방어에 관한 몇 가지 중요한 점들을 되짚어보고 그 변형의 과정에 대해 무엇을 이해할 수 있을지 살펴보자. 그 과정에서 우리는 자신의 방어를 알아차리게 될 때 불가피하게 일어나는 상처받기 쉬운 상태를 직면하게 된다.

• 경험을 탐구하고 인식하며, 있는 그 자리에 존재하면서 자신으로 존재하기를 배우는 수행이 진행됨에 따라, 우리는 방어 상태를 마주하고 점점 더 의식적으로 자각하게 된다.

• 그 방어는 무의식에 대한 장벽이기도 하지만, 또한 상당 부분 우리 잠재력에 대한 장벽이기도 하다. 왜냐하면 그것은 경험과 자각의 확장에 대한, 현존에 대한 그리고 **실제로 존재하기**에 대한 방어이기 때문이다.

• 방어가 뭔가에 부딪힐 때, 그것은 수동적인 벽에서 적극적인 저항으로 바뀐다. 그 방어는 우리가 위험하거나 위협적이라고 생각하는 것, 혹은 잠재된 위협을 알아차리는 것에 대한 저항이다.

- 방어는 우리 내면에 장벽들을 만듦으로써 의식이 딱딱해지고 둔해지게 한다. 우리가 그런 장벽들을 인식하고 이해할 수 있다면, 그것들은 변형되고 무너져 내리기 시작한다.

- 장벽들이 용해됨에 따라, 또 무너져 내림에 따라 우리는 잠시 동안 아무런 보호를 받지 못하는 느낌을 갖게 될 수 있다. 장벽들이 사라져서 자신으로 존재하기에 대해 안전한 느낌을 받지 못할 때 우리는 그것을 방어 없음으로 경험한다. 그 방어 없음은 상처받기 쉬운 상태로 느껴질 것이다. 그 느낌은 가슴이 감정적으로 떨리는 상태이며, 몹시 섬세한 느낌이 될 수 있다.

- 그 미묘함과 떨림은 우리가 열려 있기는 하지만 여전히 위험이 있다고 믿고 있음을 의미한다. 그래서 우리는 여전히 머뭇거리고 약간 조심스러워하며 다소 반응을 일으킨다. 자신으로 존재하는 미묘함, 그 친밀함과 섬세함에 다가갈 때, 우리는 장벽들을 내려놓음으로써 거기에 가까워지지만 여전히 열려 있음에 익숙하지는 않기 때문이다.

- 어떤 시점에서 방어는 상처받기 쉬운 상태에 대한 벽이 된다. 그래서 **실제로 존재하기**, 자신으로 존재하기를 배우기 위해서는 상처받기 쉬운 상태에 친숙해질 필요가 있다.

상처받기 쉬운 상태 – 참본성을 향한 문

상처받기 쉬운 상태와 친숙해진다는 것은 무슨 의미일까? 그것은 있는 그대로를 보고 인식한다는 것을 말한다. 또, 진짜 두려움과 상상의 두려움, 그리고 그 두려움들을 다루는 방식에 대한 무의식적인 모든 신념들을 확인하는 것을 의미한다. 우리의 방어는 아무 소용이 없으며 다만 자신을 자기로부터, 또 근원으로부터 단절시킬 뿐이라고 알아차리는 것이다.

그것은 또한 우리가 느끼는 상처받기 쉬운 상태를 인식하고 존중할 수 있음을 의미한다. 방어 없음이란 열려 있음을 뜻하기 때문이다. 의식이 방어 없이 열려 있다면, 그 말은 또한 **참본성**의 현현에 열려 있음을 뜻하는 것이다. 만일 나 자신을 방어한다면, 나는 본성과 그 현현에 대해서도 열려 있지 않은 것이다. 다른 사람들에게서만이 아닌, 모든 특질을 가진 **참본성**에게서도 자신을 보호하기 시작하는 것이다.

상처받기 쉬운 상태가 친밀함으로 가는 문, 자신으로 존재하기, **실제로 존재하기**, 있는 그곳에 존재하기로 가는 문이 된다는 사실은 참으로 놀랍다. 그러나 그렇게 되기 위해서 우리는 있는 그대로에 기꺼이 열려 있어야만 한다. 방어 없이 열려 있다는 것은 우리의 영혼이 그 안에서 모든 것이 일어날 수 있도록 열려 있음을 뜻한다. 그때 우리의 영혼은 아무것도 방어하지 않는다.

방어벽을 가지고 있다면, 영혼은 모든 일이 일어나는 것을 가로막으며, 존재의 힘이 상황을 변형시키지 못하게 만든다. 방어벽이 있음은 상황이 위협적이지 않은 방식으로만 변형된다는 것을 의미한다. 다른 말로 하면, 우리에게 익숙한 방식으로만 변형되는 것이다. 그러나 상처받기 쉬운 상태로 존재하면, 영혼이 뭔가 새롭고 낯선 것으로, 그래서 처음에는 두려워하는 방식으로 변형되는 일이 일어난다. 그 말은 우리가 방어되지 않는 느낌을 갖는다는 뜻이다.

인간으로서 우리는 항상 상처받기 쉬운 상태에 놓여 있었다. 우리의 자연스러운 상태는 방어하지 않는 상태다. 사실상 인간의 방어, 즉 숨거나 위장하기 위한 방어벽을 만듦으로써 에고의 구조가 안전하다고 느끼는 감각은 거만하며 심지어 몽상이기도 하다. 진짜 위험에 처할 때 우리는 항상 방어 없이 열려 있으며, 쉽게 손상을 입게 되기 때문이다. 예를 들어, 우리는 육체적으로 상당히 취약하다. 알아차릴 수도 없는 작은 바이러스가 침투하면 다음 날 우리는 드러누워 꼼짝할 수조차 없게 된다.

방어 없음은 또한 인간의 특성이기도 하다. 방어 없음은 열려 있음과 부드러움의 가장 핵심이 되는 특질이며, 자신이 있는 곳을 인식하고 거기에 머물기 위해 꼭 필요한 것이다. 우리는 부드러움과 인간적임과 겸손함이 없이는 있는 그곳을 진실로 인식할 수 없다. 하지만 그럴 때 우리는 상처받기 쉬운 상태에 있게 된다. 위험이 닥쳤을 때 상처받기 쉬운 상태는 위협적으로 느껴지지만, 위험이 없을 때에는 단지 자연스러운, 방어하지 않는 자신으로 느껴질 뿐이다.

그래서 우리는 딜레마를 갖게 된다. 우리는 두려워하며, 자신을 방어하기를 원하지만 동시에 **실제로 존재**하고 싶어 한다. 어떻게 이 역설을 해결할 수 있을까? 위험에 대해 자신을 보호하면서도 **실제로 존재**할 수 있을까? 다시 복숭아의 예로 돌아가보자. 우리는 자신을 돌보기 위한 일들을 한다. 필요한 전문적인 건강관리를 하고, 이를 잘 닦고 우범지역을 돌아다닐 때는 불량배들과 어울리지 않는 등등, 적절한 주의를 취한다. 우리는 지성을 사용해서 필요한 일을 한다. 필요하다면 몸을 방어하지만, 내면에서는 상처받기 쉬운 상태, 열려 있고 부드러운 상태를 유지하는 것이다. 그리고 우리는 인간의 특질로서 상처받기 쉬운 상태를 존중하기 시작한다. 그 상태는 우리에게 실재, 지각, 모든 **참본성**의 현현에 열려 있도록 해준다.

상처받기 쉬운 상태를 경험하지 않는다면 우리는 자신으로 존재할 수 없다. 왜냐하면 그 상태가 부드러움과 진짜로 존재하는 멋진 상태를 경험하는 것이기 때문이다. 이윽고, 두려움 없이 전혀 방어하지 않으면서도 느끼는 법을 배우게 될 것이다. 자신을 방어할 필요가 없고, 내적인 벽을 만들 필요가 없다고 느낄 것이다.

에고의 경계가 되는 방어

방어가 중요한 이슈인 이유는, 자신의 둘레에 방어벽을 세우는 누군가가 있다는 것을 암시하기 때문이다. 방어벽들은 궁극적으로 우리를 한정짓는 경계가 된다. 그 벽은 내면에서 우리가 누구인가를 정의하고, 우리는 위험에서 그 정의를 지키기 위해 자기 주변에 벽을 만든다. 그래서 우리가 자신을 인간으로 정의한다고 믿고 있는 경계에 집착하는 한, 방어로부터 완벽히 자유로워질 수 없다. 어떤 시점에서 우리는 방어하는 상황이 경계에 묶여 있음을 인식하고, 이런 묶여 있음이 **참본성**을 존중하지 않는 것임을 알아차린다. 왜냐하면 **참본성**은 크기도, 모양도 없어서 아무런 경계가 없기 때문이다.

에고의 경계와 자아의 정의 사이의 관계를 살펴볼 때, 우리는 방어

상처받기 쉬운 상태가 친밀함으로 가는 문,

자신으로 존재하기, 실제로 존재하기,

있는 그곳에 존재하기로 가는 문이 된다는 사실은

참으로 놀랍다.

그러나 그렇게 되기 위해서

우리는 있는 그대로에 기꺼이 열려 있어야만 한다.

방어 없이 열려 있다는 것은

우리의 영혼이 그 안에서

모든 것이 일어날 수 있도록 열려 있음을 뜻한다.

그때 우리의 영혼은 아무것도 방어하지 않는다.

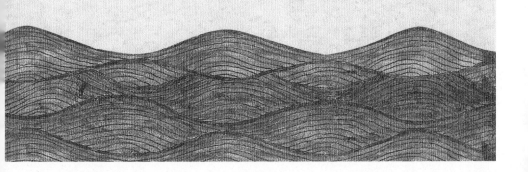

가 얼마나 뿌리 깊은지 인식하게 된다. 저항은 방어와 유사한 방식으로 작동한다. 그래서 아무런 저항과 방어가 없는 것은 어떤 관점에서 둘 다 에고의 죽음을 의미한다. 그것은 우리를 한 개인으로 정의하는 경계들이 해체되는 것이다. 우리는 많은 방어벽과 단단한 구역을 만들어 자신과 개인 역사의 특정한 부분을 경험하지 못하도록 방어한다. 우리는 특정한 상황과, 그런 상황이 암시하는 것을 느끼거나 지각하는 것에 대해 방어한다. 그런데 우리가 뭔가를 지각하면서도 그 느낌을 경험하지 않으려고 한다면 어떻게 될까? 즉각 우리는 방어할 필요가 있다고 느낄 것이며, 내적인 경계를 만들어 사물을 바라보면서도 그것이 주는 영향을 받지 않으려고 할 것이다.

심리학자들은 사람들이 갖는 여러 방어들에 대해 긴 목록을 작성해 왔다. 예를 들면 투사, 동일시, 억압 등인데, 이것들은 실재를 지각하는 것으로부터 자신을 방어하는 여러 가지 방법이다. 이 방법들은 온전히 지금 이 순간에 머물거나 자신을 완벽하게 느끼는 것에 대해 방어하며, 자신으로 존재하는 직접성과 친밀함으로부터 우리를 멀어지게 한다. 방어의 목적은 상처받기 쉬운 상태, 우리의 진정한 모습, 우리의 실재, 참자아를 보호하려는 것이겠지만, 그럴 때마다 우리는 오히려 보호하고자 했던 고귀한 실재로부터 자신을 분리시키게 된다. 어린 시절에는 그것이 필요하다고 느꼈겠지만, 이제는 더 이상 그렇지 않다. 그러나 자기방어는 우리의 성격 안에서 이미 습관처럼 굳어지고 말았다.

오직 경험 속에 현존하는 것, 특히 자신을 방어하려는 경향성에 자신을 열어둠으로써 우리는 **실제로 존재하기**에 대한 두려움에 맞설 수 있다. 방어를 더 많이 바라보고 이해할수록 우리는 방어벽 뒤에 숨어 있는 영혼의 부드럽고 친밀한 열림 안으로 더욱더 깊이 초대받는다. 바로 이 열려 있음으로 우리의 참된 인간성은 스스로 존재하는 단순함 안에서 자신을 드러낼 수 있다.

지금 이 순간에 열려 있음을 탐험하기

이 연습을 통해 우리는 상처받기 쉬운 상태와 지금 이 순간의 경험에 열려 있음 사이의 관계를 명료하게 밝힐 수 있다.

상처받기 쉬운 상태는 우리가 열려 있고, 섬세하고, 감각적이며 살아 있고, 방어하지 않고, 자신과 친밀함을 느끼는 의식 상태이다. 그러나 그것은 또한 두려움과 위험에 연관되는 경향이 있다. 상처받기 쉬운 상태는 우리가 일반적으로 삶을 사는 상태와는 다르다.

지금 이 순간 자기 자신에게 주의를 기울이면서 자신이 열려 있는 채로 경험하고 있는지 그렇지 않은지를 알아차려보라.

만약 그렇지 않다면, 열려 있음을 방해하는 것은 무엇인가?

자신의 생각, 느낌과 감각에 대해서, 경험에서 받는 인상들에 대해서 무엇이 당신을 열려 있지 않도록 만드는가?

내적인 경험의 특정한 부분에 주의를 기울일 때 상처받기 쉬운 느낌을 받는가?

만약 그렇다면, 그 상처받기 쉬운 느낌은 어떠한가?

그 느낌은 괜찮은가? 참을 만한가?

탐험하는 과정에서 상처받기 쉬운 상태가 일어난다면, 그 상태가 몸, 생각, 감정, 목소리 등에서 어떻게 나타나는지를 알아차려보라.

　그런 각각의 측면들을 탐험해보라. 그런 특질은 부드러움, 섬세함, 연약함, 두려움, 떨림, 수용성, 감수성 등을 포함할 수 있을 것이다.

　상처받기 쉬운 것처럼 느껴지는 모든 상황을 탐험하면서 우리는 이 고찰을 더 깊이 발전시킬 수 있다.

　이렇게 탐험할 때, 상처받기 쉬운 상태와 두려움이 우리의 경험 안에서 어떻게 연관되는지 살펴보라.

　그 둘은 항상 함께 따라 다니는가?

　상처받기 쉬운 상태는 자유와 열림을 의미할 수 있다는 것을 기억하라.

chapter

6

대담한 수용성을 기르기

Cultivating a Bold Vulnerability

지금까지 당신은 자신이 어디에 있는지를 발견하고 거기에 머무는 내면의 수행을 계속하면서 일어나는 다양한 장애물과 방해 요소들을 경험해왔을 것이다. 아마도 당신은 있는 그 자리에 존재하기에 방해가 되는 것이 자신으로 존재하기에도 동일한 장애가 된다는 것을 이해했을 것이다. 그리고 그 방해가 실재와 자각에 대한 장애물과도 같음을 알게 되었을 것이다.

경험 안에서 이러한 장애물들이 어떻게 일어나는지를 이해하는 것은 수행의 주요한 요소이다. 그러나 일단 이해가 되고 나면 수행을 더 단순하고 수월하게 해주는 부가적인 요소들이 있다.

지금까지 살펴본 것처럼, 우리는 내면에서 무슨 일이 일어나는지 정확하게 알지 못할 때가 많다. 흩어져 있는 부분이나 조각들은 알 수 있겠지만, 그 조각들이 하나의 일관성 있는 현현으로 어떻게 맞아떨어질지 아는 것은 쉽지 않다. 그리고 경험에 주의를 기울이고 자각할 때조차도 우리가 있는 곳을 저절로 알게 되지는 않는다는 것을 알아차린다.

우리가 어디에 있는지를 알기 위해서는 명료함과 탐구가 필요하다. 우리는 특별한 분별을 통해 더욱 깊은 이해를 얻음으로써 있는 그대로 존재하는 수행에서 도움을 얻을 수 있다. 더욱 깊은 이해란, 경험을 주요 구성요소와 부차적 구성요소, 두 개의 부분으로 분별하는 법에 관한 것이다.

주요 구성요소는 중심사건이며, 상황 안에 실제로 일어나는 주요한 일이다. 그 요소는 어떤 것이든 될 수 있다. 기쁨이나 사랑, 혹은 두려움과 같은 느낌이나 감정의 상태가 될 수도 있으며, 빈 껍질처럼 느껴지는 느낌, 혹은 결핍감 같은 것이 되기도 한다. 또한 어떤 행동이나 상상이 될 수도 있다. 주요 구성요소는 의식의 장, 영혼의 장 속에 실제로 일어나는 일이다.

부차적 구성요소들은 주요 구성요소, 중심사건에 대한 반응과 응답이다. 일반적으로 하나의 주요 구성요소가 있고, 거기에 대한 많은 부차적 구성요소들이 있다. 우리는 중심사건이 일어나는 것을 경험하며, 또한 그 중심사건에 대한 논평, 반응, 태도들을 경험한다.

어떤 것이든 중심사건에 대한 반응이 될 수 있다. 우리가 느끼는 것에 대한 자부심 또는 당황스러움과 죄책감 등이 그런 예다. 특정 상황에 대한 흥분이나 회피, 또는 사건을 방해하거나 멈추려는 사고과정이 될 수도 있다. 우리는 실제로 일어나고 있는 일을 중심사건으로 삼아 거기에 대한 반응과 태도를 덧붙일 수 있는 것이다. 우리는 그 사건을 싫어하거나 더 많은 것을 바라고 판단하거나 변화시키려 할 것이다. 또는 거기에 대해 슬퍼할 수도 있고, 다른 사람보다 자신을 더 우월하게 느낄 수도 있다.

중심사건에 대한 반응으로 내면에 많은 생각, 느낌, 행동, 충동들이 일어나기 때문에 우리는 있는 그 자리를 바라보기가 쉽지 않다. 있는 그 자리를 알기 위해서는 중심에서 무엇이 일어나는지를 발견할 필요가 있다. 무엇이 주요 구성요소인가? 우리는 부차적 구성요소들에 사로잡혀 있어서 거기에서 중심사건을 구별해내지 못할 때가 많다. 내가 경험하는 것이 중심사건인가 아니면 사건에 대한 두려움이나 판단인가? 혹은 중심사건에 관한 사고과정인가? 나는 이러한 반응들을 사건 그 자체에서 분리시킬 수 있는가?

주요 구성요소와 부차적 구성요소 사이의 관계를 블랙홀 현상과 연결시켜볼 수 있다. 블랙홀은 검게 비어 있는 것처럼 보이는 우주공간의 한 영역이다. 그곳에서는 어떤 것도 중력에서 벗어날 수 없을 만큼 강력한 질량과 강도의 핵심사건이 일어난다. 거기에서는 어떠한 물질도, 심지어 빛조차도 벗어날 수 없다. 각각의 블랙홀에는 사건지평선 event horizon이라는 것이 있는데, 그것은 블랙홀의 중심에서 어느 정도 거리에 떨어져 존재한다. 사건지평선에 도달하는 것은 무엇이든 시야에서 사라진다. 과학자들은 그 사건지평선이 아주 번잡한 지대라는 사실을 알아냈다. 거기에서는 블랙홀 때문에 온갖 일들이 벌어진다. 우리의 내적 과정에 비유해보면, 사건지평선은 부차적 구성요소들이 있는 곳이다. 실제사건, 경험의 주요 구성요소는 그 너머 블랙홀 안에 있는 중심에 존재한다.

우리는 경험의 사건지평선 너머로 들어가는 것을 두려워하는 경향이 있다. 내면의 블랙홀 안으로 빨려 들어갈 것이라고 상상하기 때문이다. 경험을 살펴보면, 주된 초점이 중심사건에 대한 판단에 집중되어 있음을 알게 될 것이다. 보통 우리는 중심사건의 의미에 대한 두려움, 그 원인에 대한 흥분이나 동요, 중심사건을 변화시키려는 노력 등에 초점을 맞춘다. 있는 그대로 경험의 주요 구성요소와 만나는 것은 상상조차 하기 어려운 일처럼 보인다. 만일 중심사건이 감정이라면, 그 감정이 영원히 계속될 것처럼, 또는 우리를 압도하는 것처럼 느낄 수도 있을 것이다. 중심사건이 에너지적인 경험일 경우, 거기에 대한 스토리를 갖지 않으면 길을 잃을 수도 있다는 느낌이 들지도 모른다. 또 어떤 어려움을 겪을 때, 아마도 우리는 그것을 해결하지 않으면 영원히 거기에서 벗어나지 못할 거라고 느낄 수도 있다. 블랙홀에 대한 두려움 속에서 우리는 주요 경험과 그저 함께 있는 대신에 연상과 반응을 일으키며 혼란스러워한다.

하지만, 있는 그 자리에 존재하기 위해서는 중심사건이 무엇인지를 보아야만 한다. 지금 이 순간 있는 그 자리에 존재하는 것은 그 사건이 있는 곳을 보는 것뿐만 아니라, 또한 그 사건이 있는 곳에 존재하는 것을 의미한다. 부차적인 현현과 함께 사건지평선에 머문다면 우리는 있는 그 자리에 존재하지 않는 것이다. 그 자리에서 옆으로 비켜나와 거기에 대한 반응 혹은 응답인 부차적 과정에 묶여 있는 것이다.

영적 여정에서 구성요소를 바꾸기

있는 그 자리의 본질, 그리고 부차적 구성요소의 특성은 영적 여정에서 우리가 어떤 단계에 있는가에 의해 결정된다. 경험은 영혼이 펼쳐지는 단계에 따라 서로 다른 현현manifestation을 갖게 된다.

있는 그 자리에 더욱 현존하는 법을 배우는 여정의 초기단계에서는 경험과 탐구가 평범한 감각, 느낌, 감정, 생각, 이미지, 반응들 안에서 일어나게 될 것이다. 이런 것들은 평범한 자아의 일반적인 경험요소이다. 현존하는 연습과 탐구를 계속한다 해도, 이 단계에서 현존은 개인성의 상태에 있음을 의미한다. 아마도 특정한 패턴의 행동에 동일시하는 경험을 하거나 어떤 감정적, 정신적, 육체적인 상태를 경험할 것이다. 우리는 아직 본성의 현존을 발견하지 못했으며, 여정은 현존의 발견을 향해 나아가고 있다.

다음 단계의 시작은 우리가 **참본성**의 표현으로서 현존을 발견하고 인식하는 순간이다. **참본성**은 여기 있음이라는 순수한 감각과 진실함, 존재, 본성의 결점 없음으로 표현된다. 이 단계에서 우리의 여정은 현존에 대한 자각과 함께 계속된다. 여전히 에고자아로서 존재하지만, 이제 우리는 얼마간 지속되는 현존의 경험을 하게 된다. 그 경험은 **참본성**의 다양한 특질과 차원으로서 펼쳐진다.

셋째 단계에서 우리는 현존 안에서 여행한다. 그저 현존과 함께하는 것만이 아니라 이제 현존이 중심무대로 옮겨온다. 그리고 현존은 모든 경험이 그 안에서 일어나는 장이 된다. 이것을 '비이원성non-duality'이라고 부르며, 우리의 수행은 비이원적 수행이 된다. 여기에서 현존은 그 본성과 현현으로 드러난 모든 것의 바탕이자 본질이다.

우리가 여정의 어느 단계에 있는지에 따라 주요 구성요소와 부차적 구성요소들이 어떻게 달라지는지 살펴보자. 첫 단계에서는 주요 구성요소와 부차적 구성요소가 서로 비슷한 경향이 있다. 주요 구성요소는 두려움이나 공포, 행복감과 같은 감정이 될 수 있으며, 혹은 결핍감이나 특별한 패턴, 자기 이미지가 될 수 있을 것이다. 부차적 구성요소들은 결핍감에 대한 두려움이나 거부감, 특별한 자기 이미지에 대한 수치심, 그 밖에 어떤 것이든 일어나는 사건에 대한 논평이나 계획들로 나타날 수 있다.

우리는 탐구 과정을 통해서 두 요소의 형태를 분별하고 구분하는 법을 배운다. 우선 우리는 반응을 중심사건이 아닌 부차적 구성요소로 인식해야 할 필요가 있다. 부차적 구성요소를 인식하면 주요 구성요소가 무엇인지 분명히 알게 된다. 그래서 우리는 항상 탐구에 두 가지 구성요소를 모두 포함시키고자 한다. 반응을 알아차리지 못한다면, 우리는 결코 주요 구성요소가 무엇인지 알지 못한다.

우리가 주요 구성요소를 확인하고 온전히 현존할 때, 그것을 완벽하게 인식하고 충만히 느끼고 친밀해질 때, 일어나는 일은 펼쳐지고 변화하기 시작한다. 우리는 그 주요 구성요소가 뭔가 더 주요한 것에 대한 부차적 구성요소로 바뀌었음을 발견하게 될 것이다. 예를 들어 주요 구성요소가 공포심이라고 해보자. 그 공포를 온전히 느낄 때 우리는 아마도 공포심 아래에 분열되는 느낌이 놓여 있음을 인식하게 될 것이다. 그러면 분열의 경험은 주요 구성요소가 되고, 그 공포심은 부차적인 반응이 된다. 그리고 그 과정은 더 깊은 과정으로 계속 진행되며, 또 다른 주요 구성요소들이 드러날 것이다.

여정의 둘째 단계에서는 주요 구성요소가 본성의 현존 그 자체가 된다. 있는 그 자리를 탐구해 들어갈 때 우리는 이렇게 질문한다. "지금 이 순간 일어나는 현존의 특질은 무엇인가? 그것은 힘인가? 자비심인가? 무한한 자각인가?" 부차적인 구성요소는 에고의 구조와 패턴, 그리고 자기이미지와 그 현존의 특질에 연관된 반응이 될 것이다.

이 단계에서 펼쳐짐은 이미 일어나고 있다. 경험의 중심에는 현존이 있으며, 그 펼쳐짐은 하나의 특질로 일어나는 현존의 흐름이 된다. 펼쳐짐이 일어날 때 부차적 구성요소가 생겨나는데, 그것은 이슈들, 에고의 구조들, 이미지, 반응으로 일어나는 패턴들이다. 우리는 주요 구성요소, 즉 현존 그 자체와 자신이 분리되지 않도록 이 부차적 구성요소들을 잘 알아차려야 한다. 내면에서 일어나는 일을 직면할 때 우리의 경험은 종종 현존의 중심에서 멀어지기도 하고, 가까워지기도 한다. 하지만 현존의 감각은 항상 있는 그 자리를 알 수 있도록 실마리를 제공해준다. 우리가 현존을 경험할 때 있는 그 자리에 존재하기는 단지 현존을 알고 경험하는 것만이 아니라 현존 그 자체로 있는 것을 의미한다. 현존과 함께라면 있는 그 자리에 존재하기의 의미를 매우 쉽게 알수 있다.

셋째 단계에 들어갈 때 주요 구성요소는 현존이며, 부차적 구성요소는 그 현존과 함께 일어나는 특별한 현현들이다. 순수현존 그 외에는 모두 부차적 구성요소가 된다. 부차적 구성요소는 느낌, 몸, 여러 형태의 주변 환경, 다양한 빛의 특질이나 생각, 비전vision과 같은 내면의 현상, 혹은 본성의 측면들을 포함할 수 있다.(이러한 측면들은 **참본성**의 다양한 측면들이다. 명료함, 힘, 의지 혹은 자비심과 같은, 상황의 필요에 따라 반응으로 일어나는 차별화된 특질들이다.) 모든 모양과 형상들, 현현들은 부차적 구성요소가 되며 그것들은 항상 변화한다. 항상 현존이 그 바탕이다. 자신으로 존재하기는 현존으로 존재하는 것을 의미하지만, 여기에서 현존은 그 안에서 일어나는 모든 것과 분리되지 않는다. 우리의 경험 안에 일어나는 모든 것은 이 현존이 갖는 형상 혹은 표현이기 때문이다.

지금까지 우리가 확인한 핵심을 요약해서 다시 한 번 살펴보자.

경험의 두 구성요소

1. 주요 구성요소 : 개인적 경험 안에 일어나는 중심사건
2. 부차적 구성요소 : 그 중심사건에 대해 일어나는 반응과 응답

주요 구성요소와 부차적 구성요소의 본질과 그 펼쳐짐에 따른 여정의 세 단계 :

1단계. 현존의 발견을 향해 깊어가는 자각과 탐구의 수행

2단계. 경험의 중심에서 끊임없이 현존을 드러내는 자각과 탐구의 수행

3단계. 자발적으로 펼쳐지는 현존으로서 탐구, 자각, 경험과 함께 존재하기

지금까지 이야기해온 모든 것으로부터 추측해볼 수 있듯이, 있는 그 자리에 존재하는 수행은 여정의 세 단계 모두를 포함하는 수행이며, 우리가 여행하는 내면의 길 전체를 포괄한다. 그것은 현존, 자각, 탐구

라고 하는 수행 모두를 통합한다. 그래서 그 수행은 일상생활과 명상 수련을 포함하며, 더불어 모든 상황에서 자신으로 존재하는 수행을 포함한다. 삶의 경험 모두는 자각, 현존과 이해로써 있는 그 자리에 존재하는 수행의 변형들이다.

공격성이라는 장애물

자신으로 존재하기를 방해하는 모든 장애물은 세 가지 범주로 나눌 수 있다. 그것은 무지, 욕망, 공격성이다. 이 주요 범주들은 많은 영적 전통에서 알려져 있으며, 불교에서 탐貪·진嗔·치痴의 삼독三毒이라고 불리는 세 가지 주요한 뿌리이다. 그리고 하나 이상의 범주에 속하는 장애물들이 많다. 지금까지 우리가 탐험해온 간섭하기, 저항, 방어 등을 포함해서 대부분의 장애물들은 세 가지 모두의 조합이다. 실재에서는 이 세 범주가 모두 동일한 것의 다른 측면들이다. 이것들은 에고자아를 지지하는 세 범주이며, 우리는 그것을 에고의 삶 혹은 에고의 경험이라 부를 수 있다.

우리는 있는 그 자리를 알아볼 수 있게 하는 많은 본성의 측면들과 능력의 필요성을 알아차려왔다. 책의 앞부분에서 우리는 자각, 허용, 열려 있음, 확고함, 개입을 멈추는 능력 등을 살펴보았다. 장애물에 직면할 때마다 이들 현존의 특질 중 하나 혹은 그 이상이 도움이 될 수 있을 것이다. 나는 이제 서로 보충해줄 수 있는 두 가지 다른 특질을 소개하고자 한다. 그것은 **힘**과 **자비심**의 측면이다. 이 둘은 많은 사람들이 가장 고통스럽게 느끼는 범주인 공격성에 직면할 때 우리를 도와줄 수 있다.

지금까지 살펴보았듯이, 우리가 개입하고 저항하고 방어하는 주된 이유는, 우리가 열려 있거나 단순히 있는 그 자리에 존재하려 할 때 안전하지 않을 것이라는 **두려움** 때문이다. 오늘날 자신이 안전하지 않은 이유를 세상의 테러리즘 탓으로 돌리는 사람들이 많다. 하지만 사실 안전에 대한 결핍감은 우리 내면의 테러리즘의 결과이다. 그것은 내적인 파괴자이다. 우리의 주된 두려움은 열려 있고, 있는 그곳에 존재하려할 때 사람들이 자신을 얕잡아볼지 모른다는 것이다. 또 우리는 거부나 모욕을 당하거나, 공격당할까 봐 두려워한다. 또, 비판과 판단을 받거나, 수치심을 겪을까, 혹은 죄책감을 느낄까 두려워한다.

우리는 다른 사람들에게 그런 일을 당할 것을 두려워하며, 때때로 그런 일이 정말로 일어나기도 한다. 하지만 스스로 자신에게 그런 일들을 하는 경우가 더 많다. 이렇게 혼잣말을 해본 적이 있는가? "내가 정말 열려 있다면, 나는 무척이나 섬세하고 달콤하고 순수한 느낌이 들 텐데. 하지만 사람들이 그걸 알아챘다면 나를 아무짝에도 쓸모없다고 비판하지 않을까?" 혹은 이런 생각을 해본 적이 있지 않은가? '내가 그토록 달콤하게 순수하다면 나는 어쩔 줄을 모르게 될 거야. 나는 모욕을 당할지도 몰라. 그건 내가 강하지 않다는 뜻이야. 누군가가 나를 거부하거나 부끄럽게 만들지도 몰라.' 이런 걱정들은 보통 우리를 두렵게 하는 자기 내면의 테러리스트가 다른 사람에게 투사된 것이다.

이러한 투사들은 모두 **공격성**이라는 장애물의 한 예가 된다. 우리는 보통 공격성이 다른 사람을 죽이거나 상처 입히는 것이라 생각한다. 하지만, 내면의 여정에 있는 사람들에게 그런 것은 아주 작은 부분에 불과하다. 그들에게 공격성의 주된 형태는 **자기 자신에 대한 공격**이다. 열려 있음의 경험에서 주요 구성요소가 종종 **결핍감**과 연결되어 있기 때문에, 우리는 자신이 열려 있도록, 있는 그 자리에 존재하도록 허용하지 않는다. 우리는 결핍감에 대해 **스스로를** 공격할 것이다. '너는 절대 착하지 않아. 충분하지 않아. 너는 결코 어떤 것도 성취하지 못할 거야.'

그 순간 우리는 누군가가 자신에 대해서 그렇게 생각할까 봐 두려워하게 된다. 하지만 왜 늘 누군가가 우리를 좋은 사람이 아니라고 생각할 것이라 믿을까? 왜 우리는 사람들이 다르게 생각할 것이라고는 상상하지 못할까? 세상 사람들 모두가 똑같이 우리가 나쁜 사람이라고 생각할까 봐 염려하는 것과 다를 바가 없지 않은가. 우리를 그냥 조금 별난 사람이라고 여기는 사람들도 있을 텐데, 그런 생각은 왜 들지 않을까? 또, 어떤 사람들은 아마 우리를 순진하다고 생각하지 않을까? 아니, 우리는 모두가 우리를 부족한 사람이라 여길 것이라 믿는다.

분명한 것은, 이 모든 경우에 공통적인 요소는 우리가 사람들에게 **투사**하고 있다는 사실이다. 투사는 자신의 경험 안에 일어나는 주요 구성요소에 직면하기를 회피하는 하나의 방법이다. 우리는 자기 자신을 합리화하고 방어하며, 정당화한다. 그렇지만, 대체 누구에게 자신을 정당화한다는 말인가. 왜 우리가 **다른 사람 탓**을 해야 한단 말인가. 우리는 단지 있는 그 자리에 있기가 편안하지 않고, 그것을 느끼려 하지 않기 때문에, 자신의 반응을 다른 사람에게 투사함으로써 불편함을 그들의 책임으로 돌리는 것뿐이다. 우리의 초점은 자신에 대한 내면의 진실 대신 타인에게로 맞춰져 있다.

여기에서 우리는 슈퍼에고super-ego(초자아超自我)의 활동을 볼 수 있다. 슈퍼에고는 우리가 어린 시절에 가족과 사회 속에서 살아남기 위해 배웠던 기준에 따라 살아야 한다고 강요하는 에고 구조의 특별한 부분이다. 슈퍼에고는 판단, 비판, 조언, 경고, 부추기기, 위협, 그리고 생각, 느낌, 행동에 대한 반응에 있어서 자신을 징벌하는 다양한 방법을 통해 활동한다. 슈퍼에고는 자신에 대한 공격성이 표현되는 한 방법이며, 있는 그 자리를 발견하고 그곳에 존재하는 것을 방해하는 커다란 장애물이 된다. 슈퍼에고는 자기 자신으로 존재하기, **실제로 존재하기**를 막는 주된 장벽이다.

실제로 존재하기란 자신을 거대하고 강력한 존재로 경험하는 것을 의미하지만, 슈퍼에고는 그것을 받아들일 수 없다고 생각한다. 슈퍼에고는 이렇게 경고한다. "넌 사람들에게 너무 버거운 존재일 거야. 사람들은 너랑 같이 있고 싶어 하지 않아. 그들은 너를 떠나거나, 네가 너무 시끄럽고 공격적이라고 비판할 거야."

우리 모두는 이렇게 판단을 내리며, 모욕감, 수치심, 당황스러움, 죄책감, 무가치함, 결핍감 등을 느낀다. 이런 모든 느낌은 자신에 대한 공격성에서 기인한 것이다. 그래서 누군가가 "있는 그 자리에 존재하라."라고 말하면 아마도 이렇게 생각할지도 모른다. '왜 내가 있는 그곳에 존재해야 해? 나는 어디에도 있고 싶지 않아. 내가 특별히 어떤 곳에 있으면, 보통은 문제가 발생해. 누군가가 골치 아프게 만들지도 몰라.' 하지만 당신을 골탕 먹일 사람은 당신 마음밖에 없다.

그러므로 있는 그 자리를 발견하고 그곳에 존재하려고 한다면, 슈퍼

분명한 것은,

이 모든 경우에 공통적인 요소는

우리가 사람들에게 투사하고 있다는 사실이다.

투사는 자신의 경험 안에 일어나는

주요 구성요소에 직면하기를

회피하는 하나의 방법이다.

우리는 자기 자신을 합리화하고 방어하며, 정당화한다.

그렇지만, 대체 누구에게 자신을 정당화한다는 말인가.

왜 우리가 다른 사람 탓을 해야 한단 말인가.

우리는 단지 있는 그 자리에 있기가 편안하지 않고,

그것을 느끼려 하지 않기 때문에,

자신의 반응을 다른 사람에게 투사함으로써

불편함을 그들의 책임으로 돌리는 것뿐이다.

에고에서 오는 부차적 반응들을 알아차려야 한다. 그런 반응들은 공격, 거부, 모욕, 수치심, 죄책감, 얕보임, 평가절하, 비교 등등이다. 슈퍼에 고는 많은 방법을 동원하여 우리가 **실제로 존재하기**에서 멀어지게 하며, 사건지평선에 머물러 경험의 중심에서 일어나는 일을 볼 수 없게 만든다.

슈퍼에고 다루기

슈퍼에고의 공격은 우리를 너무나 무기력하게 만들기 때문에 우리는 그 공격들을 효과적으로 직면할 수 있는 방법을 알아야 한다. 슈퍼에고를 성공적으로 다룰 수 있는 세 가지 주요한 방법이 있다. 그 방법들은 우리가 이전에 논의했던 여정의 세 단계와 연결된다.

제1단계 : 공격성의 힘을 활용하기

첫째 방법은 여정의 제1단계에서 효과적이다. 제1단계에서는 우리의 자각이 강하지 않고 현존은 아직 충분히 발달되어 있지 않으며 탐구 또한 아직 능숙하지 않다. 그럴 때 우리는 자신을 직접 방어하면서 자신의 공격성을 가지고 그 힘과 에너지를 사용하여 슈퍼에고를 물리칠 필요가 있다. 그와 함께 있는 그 자리에 존재할 수 있는 공간을 창조해야 한다. 이런 식으로 우리는 의식적으로 자신을 방어한다. 슈퍼에고를 방어하는 보호벽을 만들어 저항하는 대신 공간을 창조할 수 있는 힘을 사용하는 것이다.

있는 그 자리에 존재하는 수행의 초기에는 끊임없이 슈퍼에고와 그의 전략을 알아차려야만 한다. 그리고 그것에 대항하여 방어하는 법을 배워야 한다. 기본적으로 우리는 슈퍼에고에게 이렇게 말할 필요가 있다. "네가 무슨 생각을 하든 내가 알 바 아니야. 꺼져버려." 자, 이제 우리가 결핍감을 느낀다고 하자. 그러면 슈퍼에고는 계속해서 우리가 어떠한 것도 이룰 수 없을 것이라고 주장할 것이다. 그때 우리는 이렇게 말할 수 있다. "좋아. 내가 아무것도 이룰 수 없다 하더라도 네가 대체 무슨 상관이야? 딴 데 가서 알아봐."

이 방법은 힘과 에너지와 자각을 가지며, 어떤 것에도 간섭하지 않는 것이다. 슈퍼에고는 우리를 가두어놓으려고 한다. 하지만 우리는 밖으로 확장할 필요가 있다. 이런 종류의 방어는 슈퍼에고를 혼란에 빠트리고 침묵시킬 뿐 아니라 우리의 에너지를 확장시키기도 한다. 이러한 방어로써 우리는 있는 그 자리를 인식하고, 아무런 개입 없이 거기에 존재할 수 있다.

제2단계 : 자각과 이해를 활용하기

슈퍼에고 작업의 제2단계는 우리가 힘, 대담함, 공격성으로 슈퍼에고에 대항하는 법을 배운 이후에 시작된다. 이러한 에너지는 우리가 자기 힘으로 만들어 활용할 수 있는 것이다. 이제 우리의 자각은 강하고 명료하며, 탐구 기술은 충분히 발달되어 슈퍼에고의 공격이 우리를 혼란스럽게 하거나 추락시키는 것을 막을 수 있다. 이 시점에서 자신을 방어하기 위해 공격성을 활용하는 것은 크게 중요하지 않다. 단지 공격을 인식하고 이해하는 것만으로도 거기에 직면할 수 있다. 우리는 슈퍼에고가 공격하고 있음을 알고, 왜 그런지를 이해하는 것만으로 그 공격을 용해시킬 수 있다.

제1단계에서는 정신분석의 오랜 역사가 밝혀왔듯이 이해만으로는 충분한 효과가 나타나지 않는다. 정신분석학자들은 슈퍼에고를 성공적으로 다루는 방법을 여태껏 발견하지 못했다. 정신분석을 한 지 15~20년이 지나도 사람들은 여전히 자신을 공격하고 죄책감을 느낀다. 당신은 아버지 때문에 이런 식으로 느끼고 있다… 당신의 어머니가 이러저러했기 때문에 그런 것이다… 와 같이 슈퍼에고 역동의 원인을 이해하는 것만 가지고는 그 공격을 멈추기에 충분하지 않기 때문이다.

슈퍼에고를 다루는 작업의 초기단계에서는 공격을 받는 가운데 그것을 탐험하고 이해할 만큼 자각과 현존이 충분하지 않다. 그래서 우리는 경험 안에서 일정한 공간을 가져야 할 필요가 있다. 그 말은 슈퍼에고로부터 어느 정도 공간을 확보해야 한다는 의미이다. 그래서 힘을 가지고 자신을 방어하는 법을 배우는 것이 중요하다. 하지만 어떤 사람들은 자신의 공격성을 두려워하기 때문에 그렇게 하기를 원하지 않는다. 혹은 자신의 부모처럼 자신을 공격하는 내면의 인물에게서 떨어져 나오는 것을 두려워하기도 한다.

그러나 제2단계에서는 우리가 현존과 자각 속에 좀 더 정립되어 있어서 그 공격들을 다루기가 쉬워진다. 이 단계에서는 공격이 그다지 시끄럽거나 강하지 않고, 더 쉽게 인식될 수 있다. 슈퍼에고와 그 기능을 인식하고 이해하는 것만으로도 공격들이 용해된다. 슈퍼에고 작업에서 자각과 이해를 활용하는 것은 제2단계에서의 중요한 초점이 된다.

제3단계 : 알아차림recognition을 활용하기

마침내 우리는 내면의 여정에서 제3단계에 도달했다. 그것은 비이원적인 현존과 그 현현의 상태이다. 이 단계에서는 슈퍼에고가 일어날 때 단지 그 공격을 인식하는 것만으로 보통 그것이 용해된다. 그 이상 더 많은 것을 할 필요는 없다. 왜, 그리고 어떻게 그 공격이 일어났는지 이해하려 애쓰는 작업은 하나도 필요치 않다.

다시 요약하면 :

- 여정의 첫 단계에서 우리는 공격성을 힘의 형태로 활용하여 슈퍼에고가 일으키는 경험의 조작에 맞서 방어해야 한다.
- 여정의 둘째 단계에서 슈퍼에고의 공격을 자각하고 작동 방식을 이해하는 것으로 보통 그 공격을 용해시키는 데에 충분하다.
- 여정의 셋째 단계에서는 어떤 공격이 진행되고 있음을 인식하는 것만으로 공격을 멈추는 데에 충분하다.

슈퍼에고를 다룰 때, 우리는 내면에 있는 이 강압적인 행위자가 경험을 조종하려 한다는 것을 배운다. 기본적으로 슈퍼에고는 우리가 이러저러하게 느끼도록 만들려고 애쓴다. "이건 괜찮아, 저건 괜찮지 않아. 이건 좋아, 저건 싫어." 그러나 슈퍼에고는 공격의 형태로만 나타나는 게 아니라 긍정적인 피드백으로서도 나타날 수 있다. 예를 들면, 등을 토닥여준다거나, 성취에 대해 자부심을 느끼게 한다거나, 자축한다거나, 에고를 약간 부풀려주는 등의 행위이다. 우리가 기억해야 할 중요한 것은 슈퍼에고가 하는 모든 행위는 부차구성요소라는 점이다. 그것은 사건지평선 안에 있는 반응들이다. 그러나 중심사건은 실제로 일어나는 일이다. 만일 내가 정말 자각의 상태에 있다면 내 등을 토닥여 줄 필요가 뭐가 있겠는가? 대체 누가 그렇게 하고 있는가? 만일 내가 자부심을 느낀다면 누가 자랑스럽단 말인가? 내가 의기양양하다면 그건 무슨 의미란 말인가? 그것의 진정한 의미는 내가 중심을 벗어나서 다시 주변으로 가고 있다는 것이다.

그러므로 우리는 소위 내면의 긍정적 논평에 대해서조차 자신을 방어할 필요가 있다. 슈퍼에고가 우리에게 "참 잘했다"고 말할 때, 우리는 이렇게 말할 수 있다. "누가 물어나 봤어?" 시간이 지나면 우리는 슈퍼에고가 하는 말에 신경 쓰지 않게 될 것이다. 마침내 우리가 슈퍼에고를 그런 식으로 다룰 수 있다면 다른 사람들이 우리를 인정하든 말든 관심 갖지 않게 될 것이다. 저항은 무의미하며, 인정받는 것과 인정받지 않는 것 또한 중요하지 않게 된다. 우리는 어떻게든 블랙홀 안으로 흡수될 것이기 때문에 그런 것들은 중요하지 않다. 바로 그곳이 우리가 평화로울 수 있는 자리이다. 사건지평선이 있는 곳은 그저 시끄러울 뿐.

자비심이 필요하다

위에서 우리는 슈퍼에고에 대해 짤막하게 살펴보면서 탐구를 할 때 자신에게 가혹할 필요가 없다는 것을 배웠다. 내면작업을 하는 가운데 슈퍼에고를 더 많이 인식할수록, 자기를 향한 공격성의 가혹함을 더욱더 알아차리게 된다. 시간이 지나면 우리는 부드러움과 자기에 대한 공감이 필요하다는 것을 이해한다. 자신이 약하다고 느껴질 때, 그 약함이 나쁘다고 느껴지게 말하지 않아야 한다. 그리고 자신을 판단하지 말아야 한다. 이해하고 친절하게 공감하는 것이 필요하다. 결핍감을 느낄 때, 자신을 비판하거나 다른 사람과 비교할 것이 아니라, 자신을 부드럽게 안아주어야 한다.

시간이 지나면 슈퍼에고의 가혹한 비판 대신, 우리는 동정심과 따뜻함, 친절한 가슴의 공감을 더 많이 경험한다. 우리의 탐구는 자신을 지각하고 인식하는 방식에 있어 더욱 부드러움을 띠기 시작한다. 우리는 있는 그 자리를 그저 인식하는 것만이 아니라, 친절함과 공감 속의 일체감을 갖고 인식하는 것이다. 그리고 우리의 반응은 필요에 따라 점점 더 알맞게 변화한다. 예를 들어 부끄러움을 느낀다면, "또 그러는군… 다른 느낌은 느낄 줄 모르지… 너는 언제나 부끄러워해. 도대체 넌 뭐가 잘못된 거냐?"라고 말하는 슈퍼에고의 말을 우리는 들을 필요가 없다.

"나는 늘 부끄러워. 다르게 좀 느꼈으면 좋겠어."라는 말에서부터, "나는 부끄러움을 느끼고 있어. 그게 너무 고통스러워."라는 태도로 바뀐다면 어떨까? 약간의 차이가 있지 않은가? 가혹함 대신 부드러움이 있고, 있는 그 자리를 정확하게 바라보며, 거기에 그저 존재할 수 있게 하는 내면의 자비심이 있다.

자신에게 친절할 때, 거기에는 따뜻함이 있고, 우리가 정말로 느끼는 것에 스스로를 기꺼이 드러내게 된다. 자비심은 어떠한 상태와 분위기에 있든지 우리가 있는 바로 그곳을 공감하는 인식이다. 그 결과 우리의 상황에 상응하는 올바른 태도가 찾아온다. 그래서 위에서 예를

든 것처럼, 부끄러움이 고통스럽다는 인식만이 아니라 거기에 부드러움과 따뜻함이 함께 있는 것이다. 우리는 있는 그 자리를 훨씬 더 안전하게 인식하고 거기에 존재할 수 있음을 느낀다.

용기가 중요하다

수행의 초기에 우리는 자신을 슈퍼에고로부터 방어할 필요가 있다. 그리고 그렇게 하기 위해서 우리는 공격성과 힘을 끌어올려야 한다. 사실 시간이 지나면 힘을 느끼는 것만으로도 아무것도 하지 않고서 슈퍼에고를 태워버릴 수 있다. 그렇지만 우리는 또한 친절함을 보완하는 기능 때문에도 힘이 중요하다는 것을 알게 된다. 우리는 친절함만 가지고는 길을 나아갈 수 없다. 왜냐하면 때때로 벌어지는 일이 우리를 두렵거나 혼란스럽게 만들기 때문이다. 아마도 미지의 완전히 낯선 일이 일어나기 때문에 있는 그 자리가 두려울 것이다. 혹은 우리가 여정을 계속할 때, 고통이나 상실감이나 분리감을 느낄 수도 있다. 그때에 친절함은 그다지 도움이 되지 않을 것이다.

그런 순간이 바로 우리에게 용기가 필요할 때이다. 한 번도 가보지 않은 곳으로 나아가려면 우리에게는 대담하고 용기 있고 모험심 있는 가슴이 필요하다. 내적인 여정이란 바로 한 번도 가보지 않은 길을 걷는 것이다. 단지 친절한 가슴만 갖고는 자신을 공격하지 않는 데에는 도움이 되겠지만, 지금 이 순간으로 들어가는, 새로운 영역을 향한 용감한 발걸음을 내딛을 수는 없을 것이다.

새로운 영역으로 들어갈 때 우리는 무슨 일이 일어날지 모른다. 우리는 미치거나 죽을지도 모른다. 블랙홀에 떨어질지도 모르고, 거기서 다시는 나오지 못할지도 모른다. 그래서 우리는 생각한다. '나는 여기 사건지평선 쪽에 계속 머물 거야. 누가 블랙홀 안으로 들어가고 싶겠나? 빨려들지도 모르는데. 내가 어떻게 될지 누가 알겠어?'

많은 사람들은 블랙홀이 웜홀의 시작점이라는 것을 알고 있다. 하지만, 블랙홀 안에 빨려 들어가면 다른 영역으로 나오게 된다는 사실을 아는 데에는 많은 연구가 필요했다. 자, 우리는 사라질 거라고 상상한다. 그런데, 누가 사라지고 싶겠는가? '나는 그냥 사건지평선 쪽에 머물러서 경험을 하고 싶어….'

"자, 뛰어들어 어떤 일이 벌어지는지 보자."라는 모험정신이 필요하다. 그러나 그 뛰어든다는 것이 어떤 행위가 아니라는 것을 기억하라. 그것은 오히려 무엇이든 일어나는 일을 용기와 대담함을 가지고 대하는 것에 가깝다. 자신이 거기에 대해 기꺼이 열려 있는 것이다.

그래서 자비심이 필요하다. 그러나 자비심은 모험정신을 가진 힘과 균형 잡혀야 한다. 그 정신은 미지의 것을 경험하고자 하는 마음이다. 우리는 무엇이 일어나기를 수동적으로 기다리기만 하지 않고, 매 순간 일어나는 일에 역동적으로 흥미를 가지는 힘과 생명력에 대해 말하고 있다. 우리는 미지의 어딘가를 향해 서슴없이 나아가려는 마음가짐을 이야기하고 있다. 사실은 아무 데도 가지 않는다. 우리는 그저 매 순간 있는 그 자리에 존재할 뿐이다.

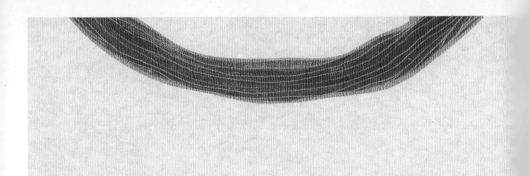

※

한 번도 가보지 않은 곳으로 나아가려면

우리에게는 대담하고 용기 있고 모험심 있는 가슴이 필요하다.

내적인 여정이란 바로

한 번도 가보지 않은 길을 걷는 것이다.

단지 친절한 가슴만 갖고는

자신을 공격하지 않는 데에는 도움이 되겠지만,

지금 이 순간으로 들어가는, 새로운 영역을 향한

용감한 발걸음을 내딛을 수는 없을 것이다.

균형을 유지하기

내적 수행은 군대 신병 훈련소가 아니다. 대담함이란 자신을 몰아세운다는 의미가 아니다. 그것은 우리가 자신을 어떤 특별한 곳으로 밀어붙이라고 요구하지 않는다. 지금까지 묘사해온 힘과 친절함의 균형 잡힌 조합은 우리가 수행에서 대담한 열려 있음을 키우려 한다는 것을 보여준다. 대담한 열려 있음 안에서 우리는 친절하고 강하며 용감하다. 때때로 친절함이 더 앞서기도 하고, 때로는 대담함이 앞서기도 한다. 대담함은 무모해지거나 가혹해지지 않으면서, 지속적으로 용기 있는 힘과 모험심으로 존재하는 것이다. 우리는 "자, 이 겁쟁이야. 이 안으로 뛰어들어보지그래?"라고 말하며 자신을 밀어붙이지 않는다. 그것은 내가 의미하는 용기가 아니다.

그때가 바로 친절함이 중요한 순간이다. 친절함은 조율한다. 있는 그 자리를 정확히 인식하는 것이다. 만일 우리가 또한 힘을 갖고 있다면, 우리는 자연스럽게 자신이 열려 있도록 허용할 것이다. 일어나는 모든 것에 열려 있으며, 그 순간에 존재하도록 자신을 허용한다. 그것이 무엇이든 간에 말이다. 용기와 자비, 확신과 부드러움을 동시에 갖출 수 있다면, 본질적인 힘과 친절함은 우리가 자신이 있는 곳에 존재하도록 도와줄 것이다. 그러한 특질들을 가지고 열려 있음으로써 우리는 주요경험과 함께 머물며, 내적인 공격성의 부차적인 반응에 의해 흩어지지 않고, 거기에 대해 염려하지 않는다. 그 특질들과 함께 우리는 대담한 열려 있음으로 채워지며, 그 대담한 열려 있음으로 우리는 더욱더 즉각적, 직접적인 실제로 존재한다.

탐구를 심화하기

이제 우리는 경험의 주요 구성요소와 부차적 구성요소를 어느 정도 이해하게 되었다. 또 경험과 장애물들을 탐험하고 그것과 함께 현존하기 위해 필요한 능력들을 알게 되었다.

자, **경험**에 대해 또 다른 탐험을 해보도록 하자.

15분 동안 탐구한다.

어떤 특별한 능력이나 장애물에 초점 맞추지 않고, 매 순간 그저 현존한다. 일어나는 일을 자각하고, 그 과정에서 있는 그 자리에 자신을 일치시킨다.

일어나고자 하는 것이 무엇이든 자연스럽게 현현되도록 허용하고 그것을 따른다.

주요 경험요소와 닿아 있을 때를 인식하라.

그리고 경험에 대한 반응이나 태도에 초점이 맞춰질 때를 자각하라.

그 차이를 느낄 수 있는가?

주요 경험요소와 함께 있을 때는 무슨 일이 일어나는가?

당신은 아마도 경험 속에서 변화를 관찰할 수 있을 텐데, 그것은 있는 그 자리가 깊어지고 확장됨을 보여줄 것이다.

　그렇게 하고 난 다음, 친절함과 용기의 특질이 어떻게 나타나는가를 탐구하라.

　친절함은 어떻게, 그리고 어디에서 나타나는가?

　그것은 소심함의 특질을 갖고 있는가?

　용기 혹은 대담함은 어디에서 나타나는가?

　그것은 가혹함의 느낌을 띠고 있는가?

chapter

7

진리를 따라 의미와 조화로

Following Truth to Meaning and Harmony

나는 당신이 경험을 더 잘 자각하고 이해해서 있는 그 자리를 알 수 있도록 격려해왔다. 그리고 있는 그 자리를 알게 되면 우리의 더 깊은 본성을 알고 또 그것으로 존재할 수 있다고 말해왔다. 그러나 우리의 본성은 실재 그 자체의 가장 깊은 본질과 분리되어 있지 않음을 명심하는 것이 좋겠다. 참실재는 순수존재의 비이원적인 하나됨oneness이다.

하지만 실재의 초월적인 본성인 모든 존재의 하나됨을 접하는 순간, 자신이 누구인지와 어디에 있는지는 중요하지 않은 것처럼 느껴지며, 그 하나됨 안으로 사라져버린다는 것을 알게 되는 사람들이 많다. 또 어떤 사람들은 실재의 **참본성**이 더 평범한 삶의 측면들에 대해서는 아무런 관심을 갖지 않는다는 경험을 한다. 우리의 친숙한 인격, 즉 에고는 진리를 막는 장애물일 뿐이어서 그것을 초월해야 한다는 관점을 가진 영적인 길이 많다.

후자의 입장을 취한다면, 매 순간 있는 그 자리를 알고 이해하는 것이 실재의 본성이기도 한 우리의 **참본성**과 특별한 관계를 갖고 있음을 어떻게 이해할 수 있겠는가? 이 장에서 우리는 본질적 진리와 부분적 진리에 대한 의문을 탐험하고, 이해의 끈을 통해 삶의 개인성이 실재의 비이원성과 어떻게 연결되는지를 살펴볼 것이다.

참본성을 향해 펼쳐지는 여정

실재 자체에는 여러 수준이 존재하지 않는다는 인식을 가지고 출발해보자. 실재, 존재하는 모든 것은 온통 **참본성**이다. 그것은 모두 하나이다. 그러나 우리가 **참본성**의 진리를 발견하는 단계들을 통과해가기 때문에 실재는 여러 개의 층으로 이루어진 것처럼 보인다. 실재는 너무나 지성적이고 광대하여 사람들은 완벽함의 여러 다른 단계들로서 실재를 인식한다. 실재는 인식의 각 단계들에 저마다의 진리가 있다는 것을 안다. 왜냐하면 인식 자체가 곧 실재이기 때문이다. 다만 그것은 완벽한 실재는 아닌 것이다.

우리가 실재를 완벽하게 볼 때만 진리를 얻을 수 있다는 뜻이 아니다. 진리의 모든 수준에서 이해와 의미는 존재한다. 각각의 부분적인 진리를 일별함으로써 우리가 알게 되는 것은 원초적인 실재, 원초적인 조화와 진리 그 자체에 닿아 있다. 그래서 우리는 자신이 걸어가야 하는 길, 또는 펼쳐짐이라는 느낌을 갖는다. 그 길은 있는 그곳에 존재하게 하는 경험의 흐름이며, 의미 있는 수행이라고 할 수 있는 그 흐름 속으로의 탐구이다.

이것은 우리가 어떻게 작업할 것인가에 관해 무엇을 말해주고 있는가? 지금껏 보아왔듯이, 있는 그곳에 존재하는 법을 배우는 수행은 무슨 일이 일어나고 있는가, 그 상황의 진리는 무엇인가를 발견하는 탐구이다. "나는 어디에 있는가?"라고 묻는 것은 "내 경험의 진리는 무엇인가?"라는 의미이다. 그리고 "내 경험의 진리는 무엇인가?"라고 묻는 것은 "나는 그것을 내 가슴에 의미 있는 방식, 내 가슴과 영혼을 성장시키는 방식으로 이해하기를 원한다. 나는 단지 설명만을 원하는 것이 아니다."라는 의미이다. 느껴지지 않는 설명은 의미 있는 것이 아니다. 의미 없는 설명은 우리를 성장시킬 수 없다.

우리가 경험을 가지고 작업하는 동안, 즉 경험 속으로 파고들며 탐구하고 그것과 함께 현존할 때, 경험에 퍼져 있는 현존과 자각은 경험 아래 놓여 있는 진리, 혹은 본성으로서 자신을 드러낸다. 그것이 바로 우리가 찾고 있는 것이다. 그리고 이해가 펼쳐짐에 따라 경험 속의 다양한 요소들이 상호연결된 조화로 느껴진다. 그 경험은 내재하는 원초적인 조화와 가까우며, 원초적인 조화는 모든 것의 하나됨을 드러내며 또한 그 하나됨 자체이다.

우리는 이런 식으로 깨달음을 향한 길을 묘사할 수 있다. 우리가 어디에 있는지, 누구인지를 이해하려는 열망은 평범한 경험에 대해 더욱더 많은 통찰을 주는 여정을 시작하게 한다. 점차 우리는 일상적인 경험의 관계를 실재의 더 깊은 수준으로 인식하게 된다. 일상적인 경험이 어떻게 **참본성**을 반영하고 있는지를 깨닫는 것이다. 마침내 우리는 개인적인 경험이 다름 아닌 **참본성**임을 알 수 있다. 그리고 우리는

우리가 실재를 완벽하게 볼 때만
진리를 얻을 수 있다는 뜻이 아니다.
진리의 모든 수준에서
이해와 의미는 존재한다.
각각의 부분적인 진리를 일별함으로써 우리가 알게 되는 것은
원초적인 실재, 원초적인 조화와 진리 그 자체에 닿아있다.
그래서 우리는 자신이 걸어가야 하는 길,
또는 펼쳐짐이라는 느낌을 갖는다.
그 길은 있는 그곳에 존재하게 하는 경험의 흐름이며,
의미 있는 수행이라고 할 수 있는
그 흐름 속으로의 탐구이다.

순수존재의 자각으로 나아간다. 순수존재는 비이원적 실재인 하나됨이다.

경험의 비이원적 바탕을 인식한다는 것은 근본적으로 오직 현존만이 존재함을 자각하는 것이다. 현존은 있는 그대로의 존재이며, 존재하는 모든 것은 현존이 취하는 형상이다. 실재는 하나로 통합된 광휘의 장이며, 그것은 우리가 갖는 다양한 지각들로 스스로를 분화한다. 그래서 **참본성**과 **참존재**는 사실은 진리 혹은 실재와 동일하다. 이러한 모든 용어들은 같은 것을 의미한다. 의식적인 온전한 자각의 상태 속에 있는 현존을 말한다. 이 상태에서 경험은 마음을 통해 걸러지지 않으며, 사물들은 정확히 있는 그대로 경험된다. 우리는 사물들의 본질을 보며, 그것이 **참본성**임을 인식한다. 그래서 **참본성**은 가장 작은 입자에 이르기까지 모든 것의 본성으로 드러난다.

이 말은 **참본성** 외에 아무것도 존재하지 않는다는 의미이다. **참본성**은 너무도 친밀하고 완벽하게 모든 것에 침투해 있어서 단 한 점도 남김없이 모든 곳을 차지하고 있다.

의미를 갖는다는 것

오직 **참본성**만이 존재한다는 인식은 다양한 영적 문화와 전통에서 여러 가지 방식으로 표현되고 있다. 베단타 수행자들은 실재인 것을 '그것'으로 언급하기 때문에 "나는 그것이다."라고 말할 것이다. 불교도들은 그것을 실재의 여여如如함이라 부를 것이다. 도가 수행자들은

"진정한 도는 말과 이름을 넘어서 있다."라고 할 것이다. 기독교 신비가는 "신은 우리가 알 수 없는 초월적인 모든 것의 하나됨이다."라고 말할 것이다. 이 모든 접근법들은 근본적으로 마음으로부터 실재를 분리시키는 방식으로, 그리고 마음이 정의할 수 없는 개념으로 실재를 설명하려고 시도한다. 실재는 그저 있는 그대로이다. 실재는 마음에 묶여있지 않은, 더 정확하게는 논증적인 마음과는 무관한 진리이다.

서양으로 와서 수피즘의 전통에서는, 수피sufi들이 **참본성**에 대해 사용하는 어휘는 '의미'라는 단어에 가까운 것으로 번역된다. 수피들은 또한 그것을 '진리'라고 부른다. 그러나 수피들이 모든 것의 바탕에 있는 **에센스**(본성)의 현존, **에센스적** 본성이라고 말할 때, 그들이 강조하고자 하는 것은 **의미**이다.

이것이 내가 수피즘을 서양전통으로 생각하는 이유 중의 하나이다. 수피들이 인도에서 왔다고 생각하기 때문에 수피즘을 동양에 연관시키는 사람들이 많다. 그러나 수피즘은 중동에서 나왔으며, 중동은 그리스와 함께 서양식 사고가 탄생한 곳이다. 그래서 수피즘 사고의 기원은 그리스와 중동의 토양에 뿌리내리고 있다.

수피즘은 **참본성**을 마음과 관련시키고, 그것을 "의미"라고 부른다는 사실 때문에 동양전통이라기보다 서양의 것에 더 가깝다. 그러나 수피들이 가리키는 것은 우리가 보통 '의미'라고 부르는 그것이 아니다. '의미'라는 뜻의 단어 **마나**ma'na는 본질적이고 중요한 어떤 것을 가리킨다. 우리가 오늘날 마음이라고 생각하는 그 마음이 아니라, 영혼과 가슴에 의미 있는 것이다. 그 이유는 일반적으로 수피들이 진정한 앎의 기관은 가슴이라고 말하기 때문이다. 그래서 **참본성**이 진정한 앎

knowing, 혹은 의미라는 이런 관점은 앎을 **초월**하는 것을 강조하는 동양의 전통과는 대조된다.

나는 '의미'라는 단어에 초점을 맞추고 있다. 그 단어가 있는 그곳에 존재한다는 뜻을 더 잘 이해하는 데 도움이 된다고 생각하기 때문이다. 깨달음의 상태에서 우리가 경험하는 의미는 개념적인 의미가 아니다. 그것은 바로 실재의 현존이다. 우리가 실재의 현존을 경험할 때, 그것이 존재의 의미이다. 영혼과 가슴에게는 그것이 중요하다. 혹은 이렇게 말할 수도 있을 것이다. 영혼과 가슴은 존재가 의미 있다고 느낀다. 존재는 의미를 갖는다. 존재가 가진 의미란 과연 무엇인가? 그것이 바로 **참본성**인 것이다.

이음매 없는 조화를 발견하기

비이원적인 자각의 상태에서 우리는 하나됨의 투명함과 빛남을 느낀다. 그리고 동시에 그 하나됨의 현현 속에서 이음매 없는 조화를 발견한다. 어떤 상황이든, 우리가 보통 좋음과 나쁨으로 구분하던 것이 하나의 흠 없고 우아한 조화로 경험된다. 그 조화는 단순하지만 아름답고, 미학적으로 고양시키며 영감을 준다. 더 나아가, 그 모든 것 사이의 조화는 또한 의미가 있다. 그것은 의미의 한 부분이다. 그래서 의미는 현존 그 자체이며, 조화 속에 있는 실재의 전체성이다.

우리는 조화의 인식과는 거리가 먼 곳에서부터 경험을 탐험하는 내면의 작업을 시작한다. 탐구 작업을 시작하기 전에는 삶은 공허하고 의미 없는 것으로 보이며, 우리는 불만족스러움을 느낀다. 우리는 의미와 중요성을 추구하고, 우리가 아직 인식하지는 못하지만 삶에 내재해 있는 가치를 추구한다. 경험 속에서 일어나는 일을 이해함에 따라 우리는 부분적인 진리와 의미를 발견하기는 하지만, 그것은 아직 궁극의 의미는 아니다. 그렇지만, 이해 그 자체가 우주와 진리 안의 조화를 반영하는 조화를 가져온다는 점에서 그 의미는 진리의 맛을 품고 있다.

심지어 작업의 시작 단계들에서도 경험에서 일어나는 일에 대한 통찰을 얻을 때, 우리가 보고 있는 진리는 어떤 면에서 의미가 있는 것이다. 이 첫 단계에서 그 의미 있음은 조화를 드러내고, 전에는 보지 못했던 다양한 경험요소들 사이의 상호연결을 드러내준다. 그래서 상호연결에 기반을 둔 의미는 경험 속의 진리에 근거해서 점점 더 커지는 조화로 느껴진다. 그 진리는 조화의 에센스이며 조화를 가능하게 해주는 **참본성**을 반영한다.

예를 들어 나약함의 이슈를 다룬다고 한다면, '나는 힘이 하나도 없어. 나는 거절할 수 없어. 나는 나 자신으로 있을 수 없어.'라고 생각할 수 있다. 첫 수준에서, 나 자신으로 설 수 있는 힘의 결핍이 나의 정체성이 다른 사람들로부터 진정으로 독립되어 있지 않다는 느낌과 연관되어 있음을 이해하게 된다. 그것이 나의 개인사의 한 부분이라는 것을 이해하면, 개인의 진리를 인식하는 것에 의해 경험 속에 조화가 찾아온다.

내면의 여정을 걷는 도중 어느 시점에서, 이 조화 혹은 이해가 에센스의 현존과 연결되어 있음이 더욱 분명해진다. 이러한 다음 단계에서 힘의 에센스가 일어나고, 나는 강하고 다른 사람들로부터 독립되어 있으며, 거절할 수 있는 자유를 느끼는 사람이 된다. 그 모두가 함께 맞아 떨어진다. 에센스 특질 자체의 일어남이 독립, 자기 확신, 자율성의 모든 문제에 해답을 주며, 또한 본래의 조화를 드러내주기 때문이다.

달리 말하자면, 둘째 단계에서 이런 명료함과 확장, 에너지, 그리고 능력들이 독립성의 느낌과 연관되어 있음을 알기 때문에 힘의 감각을 느끼게 되는 것이다. 그것을 나는 전에는 알지 못했다. 이제 내가 남편, 아내, 아이, 어머니로부터 독립해야 함을 이해하기 때문에 현존이 일어난다. 나는 진정한 독립을 느끼며, 그 속에서 나 자신으로 존재하는 데에는 어떠한 개념이나 신념도 필요치 않다는 점에서 마음에서 독립되어 있다. 내가 경험해온 모든 것은 이제 의미를 가진다. 모든 것이 의미가 통하고, 모든 것이 맞아떨어지며, 나는 진리를 보고 있다. 이제 내가 자각하고 있는 진리는 바로 의미로 **존재한다**. 그리고 그 의미의 중심은 에센스 현존 그 자체이다.

셋째 단계, 그리고 가장 의식적인 여정의 단계에서 나는 의미를 모든 것 안에 내재해 있는 것으로서 인식한다. 그 의미란 에센스의 현존이며, 모든 것의 본성으로 드러나고 있다. 그것이 **참본성**의 비이원적인 실재이다. 그래서 여정의 이 시점에서, 의미와 조화는 실제로 분리될 수 없다.

요약하자면 다음과 같다.

• 첫째 단계에서, 경험에 대한 이해가 의미를 드러냄에 따라 조화가 분명해진다. 상황을 이해하고 진리를 보게 됨에 따라, 당신은 더욱 자신으로, 더욱 실재인 것으로 느껴진다.

- 둘째 단계에서, 당신은 당신을 실재로 만드는 것이 무엇인가, 그리고 진리가 어디에서 오는가를 인식하기 시작한다. 에센스의 현존 자체를 인식할 때, 당신은 실제實際, 진리, 의미, 조화의 근원이 모두 **참본성**임을 본다. 왜냐하면 **참본성**이 절대적인 진실함이며, 더럽혀질 수 없는 실재성이기 때문이다.
- 셋째 단계에서, 현존은 모든 것의 본질과 의미로서 자신을 드러낸다. 그리고 당신은 삶을 현존의 조화로운 차별화로 경험한다.

상호연결성으로서의 조화

이해는, 상황 속에 함축되어 있지만 아직은 분명하지 않은 조화 harmony를 직접적으로 식별하는 것과 관련되어 있다. 우리는 아직 깨달음이 완전하지 않기 때문에 오직 상호연결성, 즉 사물들이 서로 어떻게 연관되어 있는지를 봄으로써 조화를 알 수 있다. 상호연결성이 의미 있음을 볼 때 우리는 조화를 느끼기 시작한다. '아, 어제 선생님과의 작업 후에 두려움을 느꼈다. 그리고 오늘 나는 비어 있음을 느끼고 있다… 이제 주의를 기울여보니, 내가 선생님에게 투사했다는 것을 알아차릴 수 있다… 그것 때문에 어머니와의 사건이 기억난다….' 우리는 그 일들을 어떤 지점에서 어떻게든 연결되도록 연관시킬 수 있다. 그 아래에 놓여 있는 조화를 식별하기 시작하기 때문이다. 우리가 하나의 인상을 다른 것에 연관시킬 때 이런 일이 일어난다.

비이원적인 깨달음의 상태에서 궁극적인 조화는 다름 아닌 존재하는 모든 것의 이음매 없는 연결성임을 살펴보았다. 당신은 모든 것이 동일한 실재를 현현하고 있음을 알 수 있다. 그리고 당신은 또한 어느 것도 다른 어떤 것을 모호하게 흐리거나 대체하지 않도록, 모든 것이 우아한 조화 속에 하나로 용해되도록 실재가 스스로를 현현한다는 것을 관찰할 수 있다. 이 우아한 조화는 모든 법칙, 또는 질서, 본질의 기초이다. 그래서 경험을 이해하는 방법 중 하나는 경험 안에 있는 질서를 발견하는 것이다. 우리가 하나의 요소를 다른 것과 상호 연관시킬 수 있을 때 이런 일이 일어난다.

또 하나의 예를 들어보자. 당신이 경험을 탐험하는 가운데, 현재로부터 오는 요소와 과거로부터 오는 요소 두 가지가 모두 일어나고 있다. 당신은 어제 교사와 탐구하는 과정에서 뭔가를 경험했다. 그것은 일주일 전에 작업할 때의 경험과 같거나 유사한 것이다… 그리고 그것은 10년 전 다른 작업의 경험과 상호 연결된다… 또 50년 전 아버지와의 관계에서 일어났던 어떤 일과 연결되어 있다. 이 모두가 이해 속에서 상호 연결될 때, 그것은 이제 당신의 경험 속에 더 많은 조화의 느낌을 가져다줄 수 있다.

대조와 비교를 통한 상호연관

탐구에 있어서 이해 과정의 주요 부분은 경험들 사이의 관계를 발견하는 것이다. 그렇게 하기 위해서 당신은 그 사건들을 나란히 놓고 그것들이 연관되어 있음을 볼 필요가 있다. 당신은 그것들을 비교하고 대조해야 한다. 그 일들은 얼마나 같고 얼마나 다른가, 그리고 만일 다르다면 어떤 점에서 다른가? 이렇게 대조함으로써 서로 연관시키는 과정에서 끊임없는 비교가 일어난다. 당신은 어제 일어난 교사와의 경험을 직장에서 일어난 일주일 전의 경험과 비교하고, 이전의 직장에서 10년 전에 경험했던 것을 30년 전 아버지와의 경험과 비교한다. 대조와 비교를 통해서, 어느 시점에서 당신은 사건들 사이의 유사성이 무엇인지에 대한 느낌에 도달한다. 또는 그것들 모두가 각각의 경험에 공통적인 뭔가를 가리키고 있다는 사실을 알게 된다.

이것으로부터 당신은 우리가 사물들을 대조하고 상호 연관시키며 비교하는 기능이 우리의 분별능력 속에 내재하고 있음을 볼 수 있다. 당신은 이렇게 말할 수 있을 것이다. "어제 나는 정말 겁에 질렸지만, 오늘은 조금 두렵기만 해. 어제 훨씬 더 겁에 질렸었지. 일주일 전에 나는 선생님에게 화가 났어. 그렇지만 그 화는 사실은 그 두려움에 연관되어 있다는 걸 볼 수 있어. 그리고 난 정말로 아버지가 두려웠어."

그래서 우리는 실험의 결과를 비교하는 과학자의 방식으로도 객관적인 평가나 판단을 할 수 있다. 우리는 이것이 저것보다 더 크다, 이것이 저것보다 더 작다, 이것은 저것보다 더 두렵다, 이것은 저것보다 더 살아 있다, 저것은 이것보다 더 강렬하다 등등과 같이 결정을 내릴 수 있다. 이 모든 비교는 이해에 있어서 필수적이다. 탐구 과정에 있지 않더라도 우리는 일상생활 중에 무슨 일이 일어나는지를 이해한다. 왜냐하면 우리의 마음은 항상 연결시키고 대조하고 판단하기 때문이다. 이렇게 하지 않으면 어떠한 지식도 없으며, 분명히 아무런 과학적인 지식도 일어나지 않을 것이다. 여기에서 우리가 알게 되는 사실은 비교하는 판단이 진리를 식별하는 데 있어서 중요한 부분이라는 것이다. 그리고 비교하는 판단은 과학적인 의미에서 늘 의미와 암시들의 인식으로 이어진다. 비교의 결과로 그런 일이 일어난다. 그 말은 현재의 패턴들을 이해하기 위해서 당신이 과거에 일어났던 일과의 관계를 이해해야만 한다는 뜻이다.

앞의 예에서, 30년 전에 어린아이로 아버지와 함께했을 때, 당신은 너무 어려서 홀로 설 수 없었다는 것을 알 필요가 있을 것이다. 하지만 이제 당신은 어른이고, 더 크고 강하다. 그래서 당신은 사물들을 다르게 볼 수 있다. 당신은 판단할 수 있는 능력을 가져야 한다. 그 특별한 진리를 보고, 그것의 의미와 암시를 인식할 수 있어야 한다. 이것을 우리는 상황에 대한 과학적 평가, 혹은 과학적 판단이라 부른다. "열한 살이었을 때 나는 아빠와의 관계에서 홀로 설 수 없었다. 이제 불혹의 나이에 나 자신의 평가에 따르면, 나 자신을 돌보고 진짜 나로 존재할 수 있는 능력이 그때보다 더 많아졌다는 것을 알 수 있다."

이런 식으로 탐구의 과정은 상호연결, 대조, 비교, 평가, 그리고 판단으로 연속적으로 움직여간다. 그러나 이 모두는 중립적인 것이다. 만일 경험을 과학적으로 살펴본다면 "어제 나는 오늘보다 더 겁에 질려 있었다."라고 말할 때, 당신은 어느 것이 더 좋다고 말하지는 않는 것이다. 오늘 겁에 덜 질리는 것이 좋다거나 그래야 한다고 느끼지 않는다. 당신의 진술은 오직 오늘보다 어제 더 겁에 질렸었다는 사실을 이해하기 위한 것뿐이다.

그 이유는, 만일 당신이 어제 더 겁에 질렸었다는 것을 알고 왜 그랬는지를 인식한다면, 그 두려움의 정도를 결정하는 요소들을 발견할 수

있기 때문이다. 만약에 대조, 비교하는 판단을 하지 않는다면, 당신은
'오늘보다 어제 더 많이 비어 있음을 느꼈으므로 그 두려움은 비어 있
음과 관련되어 있다.'라는 통찰에 도달하지 못할 것이다.

비교하는 판단에서 도덕적인 판단으로 변질되는 것

그렇지만 마음은 욕망과 불안정 때문에, 또는 박탈감 때문에 한 단
계 더 나아가서 판단한다. 마음은 에고와 선천적인 무지에 의해 정의
되기 때문에 이렇게 말한다. "나는 어제처럼 이 감정을 느끼고 싶지 않
아." 만일 실험실에 있는 쥐를 관찰한다면 나는 그들 중 한 마리가 다
른 날보다 오늘 더 많이 겁에 질려 있음을 보지만, 그것에 대해 중립적
인 위치를 쉽게 지킬 수 있을 것이다. 그러나 이제 나 자신에 대해 말
하자면, 그것은 개인적인 것이 된다. 나의 판단은 분리된 개인으로 존
재한다는 익숙한 감각에 의해 영향받고 있다. 평가하거나 판단할 뿐
아니라, 어떤 하나의 조건을 더 선호하는 일이 일어난다. 그것은 그 조
건을 원하는 대로 통제하려는 욕망이다.

이것이 바로 원래 중립적인 기능을 하는 비교하는 판단이 도덕적인
판단으로 바뀌는 방식이다. 우리는 어느 한 조건이 다른 것보다 더 훌
륭하고 바람직하다고 믿는다. 그뿐 아니라 우리는 자신이 선호하는 조
건이나 느낌을 따라야만 한다고 생각한다. 비교하는 판단은 그래서 있
는 그 자리에 존재하기를 막는 주요한 장애물이 되어버린다.

마음은 당연히 자신의 경험을 다른 느낌과 경험, 다른 사람들의 것

과도 비교한다. 아마도 당신은 명상을 하면서 배에서 뭔가 약간 부글부글하는 느낌을 느낄지도 모른다. 그것은 뭔가 이전에는 경험해보지 않은 것이다. 중립적인 반응은 이렇게 말한다. "어제와 비교해보니 흥미롭군. 어제는 부글거리지 않았는데 말이지." 하지만 부글거림을 느낄 때, 당신은 친구가 전에 명상을 했을 때 용암의 흐름을 체험했다고 말했던 일이 기억날지도 모른다. 그의 체험에는 강렬한 열과 빛남과 어마어마한 폭발이 있었다. 그래서 당신은 이렇게 생각한다. '내가 느끼는 것은 고작 부글거림뿐이란 말인가? 이거밖에 안 되나? 분명히 나한테 일어난 일은 그런 체험이 아니군.'

아니면 부글거림이 아니라 거대한 초신성의 폭발 같은 것을 경험할 수도 있다. 그러면 당신은 친구가 말한 용암 체험이 기억나면서 이렇게 생각하게 된다. '그 녀석이 체험한 건 아무것도 아니군. 이게 바로 진짜야!' 당신은 그 체험을 붙잡고 있다가 친구에게 누구의 체험이 더 멋진가, 하고 이야기하려고 한다. 정말 웃기는 이야기지만 그런 일은 늘 일어나고 있다. 우리는 경험을 가만히 놔두지 않는다. 문제는 우리가 그냥 비교하는 것이 아니라, 그것을 판단하면서 비교한다는 사실이다. 슈퍼에고는 관찰을 지배하고 우리는 결국 이렇게 말한다. "이것은 받아들일 만하다. 저것은 받아들일 수 없다." 모든 것이 좋은 것 혹은 나쁜 것, 더 나은 것과 그렇지 않은 것, 또 다른 사람의 경험보다 더 진보한 것, 그렇지 않은 것으로 보이고, 그 결과 우리는 있는 그곳에 존재하도록 자신을 허용할 수 없다.

우리는 보통 순수한 과학적인 통찰과 진리를 발견하지 못하는 경향이 있다. 욕망과 결핍, 불안정에 의해 쫓겨 다니기 때문에 경험에서 뭔가를 얻어내려는 경향을 갖는다. 우리는 경험이 단지 이전과 다르다고 중립적으로 인식하는 대신, 그것이 더 좋은지 나쁜지를 평가한다. 우리는 있는 그대로 차이를 인식할 때 우리가 이해하는 데 필요한 통찰을 얻는다는 사실을 보지 못한다. 우리는 경험에 간섭하고, 밀치고, 당기고, 저항하고, 방어하고, 집착하려 한다. 경험을 우리가 생각하는 더 나은 것으로 만들려고 한다.

그리고 그런 일은 당신이 자신을 친구와 비교할 때만 일어나는 것이 아니다. 아마도 당신은 깨달음을 묘사하는 고대의 성자가 쓴 위대한 가르침을 읽은 적이 있을 것이다. 그럴 때 당신은 그의 영적 수행의 이상을 복제하고 모방하려고 애쓴다. 당신은 쉬지 않고 명상해서 실제로 깨달을지도 모르지만, 매번 어떤 것을 경험할 때마다 이렇게 느낀다. '아니야, 이건 깨달음이 아니야… 충분하지가 않아.' 당신은 항상 명상 중에 일어나는 체험을 그 가르침의 표준에 맞추어 판단한다. 그렇지만 당신은 과학적인 의미에서 그것을 비교할 수도 있다. '그 스승은 이렇게 말씀하시지만, 나는 다른 식으로 느끼고 있다. 이것이 뭘까? 이 체험이 그의 말씀대로인지 아닌지 한번 살펴보자.'

관찰과 탐험이라는 과학적 방법을 사용하여 우리는 더 명료한 이해에 도달하며, 그 이해를 통해서 우리는 실제로 그 스승의 말씀에 더 가까이 다가갈 수 있을 것이다. 그렇지만 만일 "아니야, 이게 아니야. 내 경험은 좋지 않아."라고 한다면, 우리는 실망하고 좌절에 빠지게 될 것이다. 다른 한편, 모든 것이 잘되고 있다고 생각한다면, 우리는 자만심을 가지고 콧대를 치켜세우고 거드름을 피우며 아무도 당신에게 입바른 말을 못하도록 만들 수도 있을 것이다.

경험을 선물로 인식하기

우리는 상황에 대해서 늘 평가하고 도덕적 판단을 하기 때문에 경험이 우리에게 지금 이 순간 주어진 것임을 인식하기가 어렵다. "지금 나의 경험은 이 순간 우주가 나에게 주는 유일한 것이다. 그리고 사실 그것은 나에게 백퍼센트 꼭 맞는 것이다. 만일 그 경험을 정말로 받아들이고 이해하기 시작한다면, 나를 알기 위해 나에게 필요한 모든 것이 주어질 것이다." 당신이 지금 하고 있는 경험이 당신에 관한 모든 것이기 때문에 당신이 좋다고 생각하는 무엇이든, 당신이 나쁘다고 생각하는 무엇이든 당신에 관한 모든 것이 그 안에 있다. 친구가 한 경험을 따라 하는 것은 잠시 동안은 멋질지 모르지만, 그것은 당신에 관해 아무것도 말해주지 않기 때문에 그다지 영양가가 없다.

그래서 비교하는 판단이 슈퍼에고에 의해 지배될 때 당신은 지금 이 순간의 경험에 대해 감사하는 능력을 잃어버린다. 당신은 경험의 소중함을 인식하지 못하고, 그것이 자신을 이해하도록 돕기 위해 지금 이 순간 주어진 선물이라는 것을 알아보지 못한다. 당신은 경험이 참으로 원초적인 조화의 반영이라는 것을 모른다. 그래서 그 경험을 다른 쪽으로 밀어내버리려고 한다.

우리가 이상에 따라 살고자 애쓸 때마다 에고의 작동 속에 비교하는 판단이 내포된다. 에고의 이상이 성공이든, 지성이든, 사랑이라는 영적인 이상이든, 성숙이든, 깨달음이든 간에 우리는 늘 거기에 비교해서 자신을 평가하기 때문에 있는 그곳에 존재하지 못한다. 우리는 있는 그 자리가 괜찮지 않다고 판단한다. 그것은 마치 누군가가 당신에게 늘 '꺼져버려!' 하고 말하고 있는 것과 같다. 경험이 일어날 때마다 누군가가 당신에게 이렇게 말한다. "꺼져! 나는 네가 꼴 보기 싫어. 네 말은 듣기도 싫어." 사람들이 이렇게 말한다고 상상해보라. 당신이 나타날 때마다 그런 일이 일어난다면 당신은 다시는 나타나고 싶지 않을 것이다.

하지만 당신은 그것에 대해서 이렇게도 접근할 수 있다. "나는 나 자신을 허용함으로써 조화가 지금 이 순간 나의 경험에서 스스로 드러나려 하고 있음을 알 수 있다. 만일 경험을 감사하고 있는 그대로 허용한다면, 내가 경험의 진리를 발견할 수 있도록 허용한다면, 진리는 스스로 펼쳐져서 나에게 오기로 되어 있는, 의미 있는 조화를 드러내줄 것이다."

그 무엇이라도 이상과 표준이 될 수 있다는 점을 자각하는 것이 중요하다. 자신의 과거의 경험, 다른 사람의 경험, 선생님의 상태, 책에서 가르치는 개념 등 무엇이든 우리가 여정에서 만나는 것들이 모두 이상과 표준이 될 수 있다. 이 모두가 비교하는 데 유용하고 우리가 상황을 이해하는 데 도움이 될 수 있으나, 항상 판단하는 부정적인 방식으로, 또 경험에 대해 폭력적인 방식으로 비교해서 자신을 평가하는 것은 전혀 도움이 되지 않는다.

우리가 지금까지 말해온 것을 고려해볼 때, 당신은 판단을 멈추어야 한다고 생각할지도 모른다. 그러나 나는 "판단하지 말라."고 말하는 것이 아니다. 만약 우리가 판단을 멈추려고 애쓴다면, 우리는 거기에 있는 판단을 볼 수 없을 것이다. 그 대신에 우리가 해야 할 일은 수행을 계속하는 것이다. 판단이 일어나면 우리는 그것을 자각 속에서 껴안는

깨달음의 상태에서 우리가 경험하는 의미는

개념적인 의미가 아니다.

그것은 바로 실재의 현존이다.

우리가 실재의 현존을 경험할 때,

그것이 존재의 의미이다.

영혼과 가슴에게는 그것이 중요하다.

혹은 이렇게 말할 수도 있을 것이다.

영혼과 가슴은 존재가 의미 있다고 느낀다.

존재는 의미를 갖는다.

존재가 가진 의미란 과연 무엇인가?

그것이 바로 참본성인 것이다.

다. 판단을 억압하지 않을 때, 그리고 있는 그대로 바라볼 때, 우리는 자유로워지려고 애쓰지 않고도 판단으로부터 자유로워진다.

자각은 판단도 껴안을 수 있을 만큼 충분히 크다. 그래서 만일 우리가 기꺼이 판단을 경험 속의 다른 일처럼 바라보고 이해한다면 그것과 싸울 필요가 없을 것이다. 판단과 싸우는 것은 그저 간섭하는 또 하나의 방식일 뿐이다. "이것은 경험해서는 안 돼."라고 말하는 것과 같다. 그것은 또 다른 형태의 거부이며, 있는 그곳에 존재하지 않는 것이다.

지금까지 진리의 식별을 도와주는 중립적인 과정이 어떻게 진리를 못 보게 하는 장애물로 왜곡될 수 있는지 살펴보았다. 있는 그 자리에 존재하기는 어떤 일이 일어나든지 선호나 판단 없이 그것과 함께 있음을 의미한다. 모든 상황과 조건에서 우리는 자신의 경험에 흥미를 가지고 거기에 열려 있으며, 자신을 그저 존재할 수 있게 허용할 수 있다. 이렇게 하면 상호연결성과 의미가 드러난다. 그리고 궁극적으로 우리가 살고 있는 현실 속에 내재된 조화가 드러난다. 이렇게 해서 우리는 바로 지금 이 순간 우주가 나에게 주고 있는 선물을 기꺼이 받아들일 수 있다.

당신 안에서 비교하는 판단이 어떻게 작동하는지를 발견하기

시간을 갖고 앉아서 매 순간 일어나는 자신의 경험과 함께 있으라.

그리고 경험들이 일어나고 사라질 때 마음이 응답하는 방식을 관찰하라.

비교하는 판단이 언제 효과적이고 기능적인 방식으로 작동하는지 살펴보라. 그것이 어떻게 당신을 안내하여 경험의 진리를 보게 하는가?

언제 당신이 일어나는 느낌, 사고, 혹은 욕망에 대해서 중립적 관찰에서 도덕적 입장으로 바뀌는지 알아차려라.

경험과 함께 있는 느낌에 무슨 일이 일어나는가?

무엇이 다시 중립적인 위치로 돌아와서 단순히 판단 없이 일어나는 경험과 함께 존재하도록 만들어주는가?

당신의 경험 중에 판단하는 경향이 더 많이 일어나는 특별한 분야가 있는가?

chapter

8

진실한 받아들임을 발견하기

Finding True Acceptance

우리는 지난 장에서 식별 능력이 에고의 욕구에 의해 비교하는 평가 혹은 판단으로 변질되면 그 능력은 위험해진다는 점을 살펴보았다. 그것은 우리의 존재에게, 또 참으로 존재하고 자신으로 존재하는 능력에 치명적인 것이 된다. 왜냐하면 그것이 있는 그 자리에 존재하지 못하게 하기 때문이다.

우리가 비교하는 판단에 매달릴 때, 그다음 단계는 자신의 경험을 부정하는 것이 된다. 우리는 경험의 장 안에서 일어나는 모든 것을 뭔가 다른 것과 비교한다. 그리고 우리는 더 낫다고 생각하는 다른 것으로 대체하고 싶어 한다. 그 말은 어떤 것이든 경험 속에서 일어나는 일을 원하지 않는다는 뜻이다. 마치 신이 우리에게 보낸 선물을 '수취인 불명'이라고 표시해서 반송하는 것과 같다.

보통 우리는 그런 내면의 활동이 분리되어 있음을 자각하지 못한다. "내가 원하는 건 이게 아니야." 아니면 "이건 아니잖아." 경험에 대해서 이렇게 말할 때마다 그것은 바로 우리의 한 부분에 대해서 말하고 있는 것이다. 그것이 우리의 한 부분임에도 우리는 쓰레기통에 던져버리려고 한다. '이 따위는 소용없어. 다른 어떤 것이 필요해. 나는 이걸로는 만족할 수 없어. 내가 원하는 게 아니면 나는 받아들일 수 없어. 나한테 가장 좋은 것, 더 바람직하고 이상적이라고 생각하는 것, 내가 찾고 있는 바로 그것이어야 해.'

만일 당신이 중립적이고 객관적인 비교하는 판단을 넘어서 도덕적인 비교하는 판단으로 옮겨간다면, 당신은 "이게 아니야."만이 아니라 "꺼져버려."라고도 말하는 것이다. 당신은 모든 경험을 특별한 상태, 결과, 혹은 목표를 얻기 위해 평가하고 표준에 맞추어 판단할 뿐 아니라, 자신의 경험을 거부하는 근거까지 만들어내고 있는 것이다.

그래서 비교는 평가뿐 아니라 밀쳐내는 것도 포함한다. 그것은 편견이다. 있는 그곳에서 일어나고 있는 어떤 중요한 것을 거부하면서 어떻게 있는 그곳에 존재할 수 있겠는가? 어떤 일이 일어나든 그것은 당신의 경험이 일어나고 있는 모습이다. 경험을 거부한다면 당신이 어떻게 그곳에 존재할 수 있겠는가?

그와는 대조적으로, 객관적인 평가나 비교하는 판단은 이상화idea-lization하는 것과는 관련이 없다. 그저 경험을 바라보고 이렇게 말한다. "좋아, 이것은 어제와는 다르구나." 아니면 "이것은 그 사람의 경험과는 다르네." 그러면서도 거기에는 밀어냄이 없다. 당신은 경험에 대해 어떠한 행위도 하지 않는다. 경험이 어떻게 다른지를 인식할 수 있기 때문에 당신은 그것을 있는 그대로 존재하게 할 수 있다. 당신은 그 경험을 수용할 수 있는 공간을 가짐으로써, 있는 그곳에 존재할 수 있게 된다.

경험의 거부는 곧 자기 거부이다

경험을 거부rejection하게 만든다는 점에서 비교하는 판단은 위험한 것이다. 그보다 더 중요한 것은 경험을 거부하는 것이 본래 '자기 거부'라는 사실이다. 우리의 경험은 자신의 한 부분이기 때문이다. 모든 **경험**이 다름 아닌 자신의 의식 속에 일어나는 형상들이라는 점을 기억하라. 그 모든 것이 동일한 자각awareness으로부터 일어난다. 같은 존재가 다양한 형상으로 자신을 현현시키고 있는 것이다. 여기서는 작은 거품으로 일어나고, 저기서는 화산의 분출처럼 일어날 수도 있다. 그러나 화산 폭발이든 작은 거품이든, 또는 강렬한 햇살이든, 모든 경험은 단지 영혼의 가능성이 현현하는manifest 것이다. 우리가 거기에 대해 "아니야!"라고 말한다면, 그것을 집어 던져버리길 원한다면, 실제로 우리는 **자기 자신을 거부**하는 것이다. 우리는 의식과 자각에게 아니라고 말하고 있다. "이 의식은 제대로 작동하고 있지 않잖아. 없애버려야겠어."라고 말하는 격이다.

그래서 의식 속에 일어나는 어떤 것에 대한 거부는 자동적으로 자기 거부가 된다. 자기를 거부한다면, 우리가 어떻게 자신으로 존재할 수 있겠는가? 우리가 어떻게 자신과 함께 현존할 수 있겠는가? 누군가가 당신을 거부한다고 상상해보라. 그때 그곳에 있는 것이 쉽겠는가? 거부당하는 느낌을 받을 때 그것은 어떤 느낌일까? 아무렇지도 않을까?

당신은 이렇게 말할지도 모른다. "아, 저 사람이 나를 거부하는 걸 알지만, 대수롭지 않아."

하지만 거부당하는 것은 인간에게 작은 일이 아니다. 거부당하는 것은 누군가가 "너는 아니야."라고 하는 말보다 더 깊이 파고들어온다. 거부는 그 자체로도 참기 어려운 데다가, 누군가가 이렇게까지 말하는 것과도 같다. "나는 너를 더 이상 원하지 않아. 너와는 끝났어." 그렇기 때문에 우리는 항상 자신이 거부당하지 않으려고 분주하게 애쓴다.

당신은 아마도 첫 데이트를 준비했던 때를 회상할 수 있을 것이다. 하루 종일 더 괜찮은 헤어스타일을 찾느라 애쓰고, 뭘 입어야 할지 걱정했다. 멋져 보이기 위해 온갖 것들을 준비하는 동안 그 걱정이 얼마나 끔찍했던지 기억해보라. 왜 그랬을까? 거부당하고 싶지 않았기 때문이다. 당신은 사랑받는 것은 꿈도 꾸지 못하고, 그저 거부당하지만 않았으면 하고 생각했다.

거의 모든 사람들이 끊임없이 어떤 형태로든 거부rejection에 대처하고 있다. 사람들은 대부분 늘 자신의 **감정**을 거부한다. '지금 나는 화가 나… 화내면 안 되는데. 무기력함이 느껴져… 아, 끔찍해. 사랑이 느껴져… 이런 느낌이 들면 안 되는데. 그 사람은 결혼했잖아!' 우리가 원하지 않는 어떤 일이 일어날 때, 우리는 모두 그것을 거부한다. 우리는 그것을 경험하고 싶어 하지 않으며, 무관심해지고 싶어 한다. 우리는 그런 느낌들을 마치 바닥에서 먼지를 쓸어내듯 처리하고 싶어 한다. 그러나 더러운 먼지라고 생각하는 그것은 바로 **우리 자신**이다. 그 무엇도 우리의 의식 바깥에 존재하지 않기 때문이다. 경험은 호주머니 안의 내용물처럼 집어던질 수 있는 것이 아니다. 경험은 실제로 호주머니의 직물 그 자체다. 그래서 만일 경험을 집어던지려 한다면 당신은 자기 자신인 그 직물을 찢어버리고 있는 것이다.

자신 안에 있는 어떤 것을 거부하면 할수록, 당신은 자신을 더욱더 조각나게 만든다. 왜냐하면 그것이 바로 **당신**이기 때문이다. 증오든 좌절이든, 사랑이든 자만심이든, 다른 무엇이라도 상관없다. 그것을 당신이 밀쳐버리거나 쓸어버리고 제거하려고 한다면, 그 결과는 영혼을 찢는 엄청난 일이 된다. 당신이 비록 알지 못한다 해도, 당신에게 그러한 영향을 끼친다.

거부는 쉽게 이해되지 않는다는 점에서 대단히 고통스럽다. 우리가 왜 그토록 그것을 회피하려고 하는지 알고 있는가? 우리는 누군가에게 거부당하는 것이 모욕적이라고 느낀다. 거부당하는 것은 무시당하고 위축되는 것이다. 사람들은 거부를 느낄 때, 당황하거나 자괴감을 느낀다. 왜 그럴까? 왜 거부당하는 경험은 그토록 우리를 황폐하게 만들까?

거의 모든 사람들이 겪게 되는 최초의 거부는 유아기에 젖을 토했을 때 일어났다. 그 오래전 옛날이 기억나지는 않겠지만, 당신은 아마도 먹거나 마시고 있는 어떤 것을 토했던 경험이 있을 것이다. 거부의 원형은 맛이 없어서 뭔가를 토하는 것이다. 좋지 않은 느낌이 들어 당신은 그것을 토해낸다. 그것이 **거부**다.

뭔가를 토하는 것은 어떤 경험일까? 그렇게 할 때 당신은 어떻게 느끼는가? 토하는 것은 중립적인 편안한 행동이 아니다. 그것은 "이제 제발 떠나주세요."라고 공손하게 요청하는 것이 아니다. 토할 때 당신의 온몸은 경련을 일으킨다. 그것은 본능적이며 **폭력적**이다. 거부 안에는 뭔가 끔찍해 보이는 것을 제거하려는 강렬한 욕망이 있다. 그것은 일종의 강한 혐오이다. "웩! 나한테 가까이 가져오지 마! 저리 치워!"

이제 누군가가 그런 폭력적이고 밀쳐내는 강렬한 에너지를 당신에게 보내고 있다고 상상해보라. 그것은 모욕적이며 우리에게 상처를 준다. 그래서 거부는 그토록 마음을 황폐하게 만든다. 그렇기 때문에 우리는 거기에서 **도망**치려고 한다.

우리는 그 거부의 태도를 이해해야 한다. 그것은 단순한 정신적 경향성이 아니다. 영혼이 자신의 일부를 거부할 때, 그 태도는 우리가 어떤 것을 토하게 만드는 폭력적인 반응을 반영한다. 우리는 그런 폭력적인 반응을 무의식적으로 두려워한다는 사실, 그리고 외면적인 거부(타인들의 거부)만이 아니라 내면적인 거부(자신의 슈퍼에고의 거부)도 회피한다는 사실을 인정하고 이해할 수 있다. 얼마나 싫은지 알기 때문에 우리는 그것을 **토한다**.

경험 속에서 뭔가를 거부할 때 우리는 자신의 일부를 토해내려는 것이다. 우리는 그것을 제거하려고만 하는 것이 아니라, 토할 때와 비슷하게 폭력적인 감정적 행위로서 그것을 꺼내어 던져버리려고 하는 것이다. 당신은 자신의 일부를 토해내려고 한다. **거부**는 그처럼 지독한 일이다. 바로 그것이 비교하는 도덕적 판단에 있어서 끔찍한 점이다. 그것은 자신으로부터 뭔가를 떼어내는 근거가 되며, 자신의 영혼을 손상시키는 길이 된다. 거부, 부인 또는 충분하지 않다고 생각하는 것을 경멸하는 행위는 경험에 대해 갖는 초연한 입장이 아니라, 자신에게 해를 끼치는 폭력적이고 **파괴적**인 행위이다.

영혼은 이 공격적인 상처를 주는 태도에 대해 어떻게 반응할까? 그 반응은 첫 데이트에서 만날 사람이 당신을 거부할 것이라고 생각할 때 당신이 일으킬 반응과 같을 것이다. 당신은 어떻게 반응할까? 우선 당신은 **불안**해진다. 그리고 그 불안이 더 심해지면 당신은 꽁무니를 빼게 될 것이다. 데이트 상대는 기다리고 있지만 당신은 나타나지 않는다. 아니라면 당신은 마지막 순간에 전화를 해서 핑계를 댈 것이다. "미안해요. 오늘 밤에는 못 가겠어요… 다음 주에 만나면 어떨까요?"

나중에 친구가 왜 그랬냐고 물으면, 당신은 이렇게 말할 것이다. "모르겠어. 아마도 너무 겁이 났나 봐."

그러면 친구는 이렇게 말한다. "뭐가 그렇게 겁이 났어? 대체 무슨 일이 일어날 거라고 생각한 거야? 기껏해야 그녀가 너를 거절하는 일밖에 더 있겠어?"

그러면 당신은 이렇게 반응한다. "'기껏해야'라니 무슨 소리야…?!"

경험을 거부하는 경향을 가진다면, 우리의 일부분은 이 예에서의 사람과 같이 느낄 것이다. "나는 나타나지 않을 거야. 나는 숨어서 나를 덮어버릴 거야. 아니면 나는 그런 사람이 아냐, 나는 이런 사람이야, 하며 꾸며낼 거야." 우리가 계속해서 이렇게 한다면, 얼마 후에 우리는 내면에서 무슨 일이 일어나는지를 더 이상 자각하지 못하게 된다. 경험의 일부분이 너무나 **억압**되어 드러나지 않기 때문에 우리가 그것을 자각하는 것은 불가능하게 된다. 아니면 못 알아볼 정도로 위장하거나 **방어**하기 때문에 우리는 그 진짜 모습을 자각할 수 없게 된다. 자각하지 못하면 우리는 이해할 수 없다. 이해하지 못하면 완전히 거기에 존재할 수 없다. 완전히 존재하고 현존할 수 없으면, 우리는 **자신으로 존재**할 수 없다. 자신으로 존재할 수 없으면 우리는 **실제實際로 존재**할 수 없다.

자신을 거부한다면 실제로 존재할 수 없다. 간단한 이치다. 내면에서 일어나는 무슨 일이라도 **거부**한다면 실제로 존재할 수 없는 것이다.

성자들은 끔찍한 생각을 하지 않는 사람들이 아니다. 그들은 세상에서 가장 나쁜 생각도 할 수 있지만, 단지 그 생각에 대해 어떤 행위도 하지 않는다. 생각을 행동으로 옮기지 않는 것이다. 나쁜 생각을 하면서 "웩!" 하고 토하는 성자를 상상해보라. 도대체 그런 사람이 무슨 성자란 말인가. 그러나 우리는 성자들이 끔찍한 생각을 하지 않으리라고 여긴다. 그리고 만일 우리가 나쁜 생각을 하거나 뭔가 해로운 일을 한다면 성자들은 우리를 인정하지 않을 거라고 생각한다.

그렇다면 경험을 **거부**하는 대신 우리는 무엇을 할 수 있을까? 물론, 가장 먼저 할 일은 '거부를 거부하지 않는 것'이다. **자각**하지 않는다면 당신은 다시 퇴보할 수 있음을 기억하라. '젠장, 또 거부하고 있어. 끔찍하다. 끔찍해! 네 꼴을 좀 봐. 또 경험을 거부하고 있잖아. 허용하고, 마음을 열고, 영적으로 존재해야 하는데, 그러고 있지 않잖아. 치욕적이야!' 우리의 수행은 그 거부를 **자각**하고 있는 그대로 인식하는 것이며, 우리가 제2장에서 논의했던 것처럼 거부가 진실한 특질로 변형되도록 **허용**하는 것이다.

물론, 거부의 경험은 우리가 자각해야 할 많은 암시를 갖고 있다. 이 이슈들은 우리가 거부당하는 방식, 누가 우리를 거부하는가, 그리고 그 거부를 우리가 어떻게 내면화하는가에 관한 것이다. 거부를 느낄 때 우리는 자신을 경험하는 방식의 어떤 **패턴**들, 그리고 우리가 거부하는 자, 혹은 거부당하는 자 가운데 어느 쪽과 더 많이 **동일시**하는지를 알

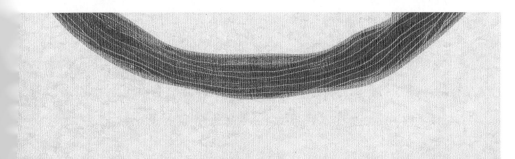

자신 안에 있는 어떤 것을 거부하면 할수록,

당신은 자신을 더욱더 조각나게 만든다.

왜냐하면 그것이 바로 당신이기 때문이다.

증오든 좌절이든, 사랑이든 자만심이든, 다른 무엇이라도 상관없다.

그것을 당신이 밀쳐버리거나 쓸어버리고 제거하려고 한다면,

그 결과는 영혼을 찢는 엄청난 일이 된다.

당신이 비록 알지 못한다 해도,

당신에게 그러한 영향을 끼친다.

아차릴 수 있을 것이다. 우리가 경험을, 그리고 의식 속에 무엇이 일어나는지를 탐구하면 할수록, 상당히 거친 비난에서부터 아주 미묘한 퇴짜 놓기에 이르기까지 모든 거부의 활동들을 더 많이 알아차리게 될 것이다.

체념으로서의 받아들임

이 시점에서 당신은 아마도 경험을 거부하는 대신 할 수 있는 최선의 대안이 그 반대의 행위라고 생각할 것이다. 거부의 반대는 무엇인가? **'받아들임**acceptance'이다. 당신은 일어나고 있는 경험을 바라본다. 자신의 약함이나 증오나 취약함을 바라보면서도 이제는 그것을 거부하지 않고 그저 받아들인다. 그렇지만 우리는 이 점을 좀 더 자세히 들여다보면서 **그 아래에** 무엇이 있는지 발견할 필요가 있다. 대부분의 사람들에게 '받아들임'이란 이런 의미이다. "다 그런 거지 뭐. 거기에 대해 아무것도 할 수 있는 게 없으니까 그냥 받아들이는 게 낫겠어." 그러나 그것은 이런 의미를 함축한다. "아직 그것이 마음에 들진 않지만, 어떻게 할 수 없기 때문에 받아들일 수밖에 없어." 그런 형태의 받아들임은 거부의 반대인 것처럼 보이지만, 실제로는 그 안에 **거부가** 숨어 있다. 그 말에는 이런 뜻이 들어 있다. '나는 그저 옳은 일을 하려고 애쓰는 중이야. 내면에서는 사실 이 경험을 거부하고 있지만, 좋은 수행자가 되고 싶으니까 받아들인 것처럼 행동해야겠다.'

진실한 받아들임은 어떠한 거부의 태도도 담지 않는다. 그것은 모욕적인 것이 아니며, 폭력적인 토해냄도 아니고, 영혼 안에서 어떠한 밀쳐냄도 일으키지 않는다. 그것은 그저 있을 뿐이다. 뭔가가 일어날 때 당신은 도덕이나 선호에 따른 판단으로 반응하지 않는다. 당신은 그저 그 느낌이나 경험을 있는 그대로 인식한다. 좋은 느낌이든 좋지 않은 느낌이든 **있는 그대로** 인식한다. 당신은 그 느낌을 현존과 자각으로 경험한다. 당신의 만족감은 그 느낌이 자신이 세워놓은 특별한 표준에 맞는지 그렇지 않은지에 달려 있지 않다.

그래서 내 말은 받아들임을 거부의 해독제로 사용하라는 뜻이 **아니다.** 왜냐하면 '해독제'라는 말에는 거부와 판단의 태도가 내포되어 있기 때문이다. 왜 그럴까? 거부하는 대신 받아들인다는 것은 정말로는 이렇게 말하는 게 되기 때문이다. "거부하지 않는 편이 낫겠어. 그래서 나는 그것을 받아들일 거야. 밀어내지는 않겠다는 거지. 나는 그냥 **체념**하고 말겠어."

집착으로서의 받아들임

우리는 또한 체념이 아닌 다른 형태의 받아들임을 경험할 때도 많다. 경험을 좋아할 때 그런 일이 일어난다. 우리는 어떤 것을 받아들이고 있다고 생각하지만 사실 그 **경험에 집착**하고 있을 때가 많다. 경험이 좋다고, 혹은 바람직하다고 판단할 때 무슨 일이 일어나는가? 우리는 그것을 '받아들인다'고 말한다. 우리는 받아들임이 거부의 반대라고 말할 수 있지만 그 경우에 그것이 정말 의미하는 것은 무엇일까? 우리는 일반적으로 좋은 느낌의 경험과 감정을 거부하지 않는다. 그러나 그것이 진실한 받아들임일까?

내가 지금 참으로 신성함을 느낀다거나, 그저 겸손한 느낌을 갖고 있다고 해보자. 아마도 나는 얼마 전에 착한 일을 했기 때문에 자신에 대해 따뜻하고 사랑스런 느낌을 가지고 있을지도 모른다. 당연히 나는 그 느낌 중 어떤 것도 거부하지 않을 것이다. 집착하는 받아들임이 바로 여기에서 일어난다. 나는 나 자신에 대해서 그렇게 느끼기를 **원한다.** 나는 거기에 뭔가를 걸고 있다. 내가 이기적이거나 거만하거나, 무엇이든 순수하지 않고, 신성하지 않다고 생각하는 것보다 그 상태를 '더 좋은 것'으로 판단할 것이다. 그래서 경험을 밀쳐내는 대신 나는 거기에 **집착**하고 있다. 나는 나 자신을 위해 그 경험이 유지되기를 원하며, 떠나기를 바라지 않는다.

진실한 받아들임

사람들이 진실한 받아들임을 아는 경우는 대단히 드물다. 그 부분적인 이유는 '받아들임'이라는 말이 보통 '거부'의 반대로 보이기 때문이다. 뭔가를 거부하지 않는다면, 나는 그것을 받아들이고 있음이 틀림없다. 거부는 **밖으로** 밀치는 것이다. 받아들임은 체념적이든, 집착하는 방식이든 뭔가를 **안으로** 들여놓는 것이다. 만일 내가 뭔가를 밖으로 던져버리지 않는다면, 그 대신에 나는 그것을 먹어치워 버린다. 나는 밀어내거나 들여놓으며, 거부하거나 받아들인다. 이 둘은 보통 우리가 **경험**

과 관련을 맺는 두 가지 방식이다.

참본성의 받아들임은 이와는 상당히 다르다. 진실한 받아들임은 어떤 것도 붙잡거나 집착하지 않는다. 진실한 받아들임은 이렇게 말한다. "나는 **나로 존재**하는 게 행복해. 지금 좋은 음식을 먹든 나쁜 음식을 먹든 중요하지 않아. 다 괜찮아. 나는 모든 경험과 **함께** 여기에 있을 수 있어. 흥미로운 일이야. 맛이 끔찍할 수도 있고 좋을 수도 있지만, 나는 거기에 완전히 열려 있어." 이 경우에는 어떤 특정한 방식으로 그것을 판단할 필요가 없다.

비교하는 도덕적 판단 없이 진실로 경험을 받아들인다면, 나는 거기에 대해 실망하지 않을 것이다. 또한 거기에 대해 기쁘지도 않을 것이다. 만족하지도 불만족하지도 않는다. 나는 거기에 대해 특별하게 뭔가를 느낄 필요가 없다. 그저 있는 그대로의 그것이 괜찮다.

사람들이 받아들이고 있다고 생각하는 경우, 대부분 좋은 느낌의 뭔가에 **집착**하려고 하거나, 좋지 않은 느낌의 뭔가에 대해 다른 방법을 몰라서 어쩔 수 없이 **체념**한 것이다.

후자의 경우는 사람들이 물질 세상에 있는 어떤 것과 투쟁할 때 종종 일어난다. "나는 마침내 내 몸무게를 받아들이기로 했어." 이 경우에 받아들임이란 무슨 의미인가? 대부분의 경우 그것은 이런 뜻이다. '나는 살을 빼려고 애쓰고 또 애썼지만 소용이 없었어. 차라리 그대로 유지하는 게 낫겠어. 할 수만 있다면 살을 뺐겠지. 하지만 나는 더 이상 아무것도 못하겠어.' 그것은 진실한 받아들임이 아니라 체념이다.

진실한 받아들임은 내 몸무게가 달라져야 한다는 **판단**이 아니다. 진실한 받아들임은 이렇게 말한다. "이것이 있는 그대로의 모습이니까 나는 그것을 경험하고 온전히 함께 있는 것에 흥미가 있어. 나는 전적으로 현존하며, 에너지와 흥미, 삶에 대한 열정을 가지고 여기에 존재하고 있어." 체념하는 받아들임은 열정이 줄어들게 한다. 그것은 참본성의 태도가 아니라, 실제로는 살아 있음이 없는 거부, 즉 힘 빠진 거부인 에고의 태도이다. 그와 마찬가지로 집착하는 받아들임 또한 진실한 받아들임이 아니다.

우리가 진실한 받아들임이라고 부르는 것은 만족하는 자각content-ed awareness에 가깝다. 그것은 자신에게 만족하는 자각이다. 그 자각은 자기 안에 일어나는 일을 판단하고 거부하느라 바쁘지 않다. 진실한 받아들임은 어딘가에 관여하지 않으며, 사물들이 있는 그대로의 모습에서 달라져야 한다는 어떠한 욕망에도 집착하지 않는다.

수행을 해나감에 따라 우리는 이러한 경험에 대한 반응, 즉 거부, 체념적 받아들임, 집착하는 받아들임을 알아차리고 이해하는 데에 더욱 능숙해진다. 그에 따라 우리는 점점 더 있는 그대로의 경험과 함께 있을 수 있다.

그래서 우리는 수행을 '자각과 함께 현존하는 것'이라고 말한다. 자각과 함께하는 현존presence with awareness은 거부하지도 않고 집착하지도 않는다. 경험 속에서 단순히 현존하고 자각할 때, 우리는 일어나고 있는 진실한 상태를 인식하기 시작한다. 경험과 함께하면서 우리는 내적인 태도가 점점 더 단순해지고, 더 미묘해지는 것을 알아차린다. 우리는 열려 있음, 상처받기 쉬운 상태, 그리고 미묘한 만족감이 있는 허용을 느끼기 시작한다. 이런 식으로 우리의 현존이 일어난다는 사실은 경험이 바로 **참본성**의 표현임을 드러내준다. 의식의 이러한 특질은 우리가 좋아하는 어떤 특별한 일이 벌어지기 때문에 일어나는 것이 아니다. 진실한 받아들임은 거부하거나 집착하는 경향성인 반응들에 영향받지 않으면서 반응들과 함께 현존하는 결과로서 저절로 일어난다.

우리가 복숭아를 제대로 다루는 데 꼭 필요한 것은 바로 이러한 받아들임이다. 제3장에서 우리가 얘기했던 복숭아가 기억나는가? 그 복숭아가 상해서 치워놓지만 당신은 그 느낌을 거부하지 않는다. 그 맛을 거부하지 않는 것이다. 맛이 어떤가는 아무 관계가 없다. 그 맛은 썩은 맛일 수도 있고 달콤한 맛일 수도 있다. 당신은 그 맛을 느끼지만, 자신으로 존재하는 것, 참모습으로 존재하는 것은 변하지 않는다. 내면의 균형은 그대로 유지된다. 당신은 어떠한 밀침과 당김에도 관여하지 않는다. 밀치거나 당긴다면 당신은 자신을 나누게 될 것이다.

거부는 영혼을 분열시킨다. 거부는 이렇게 말한다. "나는 여기에 있고, 내 안에 있는 이 경험을 거부해. 그것을 나와는 다른 뭔가로 만들거야." 이것이 바로 거부이다. 우리 안의 뭔가를 우리의 일부가 아닌 '다른 것'으로 만드는 것이다.

우리는 이제 거부가 비교하는 도덕적 판단에 동반될 때 판단은 과학적인 중립성을 잃고 에고 속에 자리 잡게 된다는 사실을 더 분명하게 볼 수 있다. 과학적 중립성은 선호하는 태도가 없는 비교하는 판단을 의미한다. 일종의 평정심인 균형 잡힌 중립성으로써 우리는 살아 있게 되고, 자각하게 되고, 의식적이 된다. 왜냐하면 우리는 탐사하고 있고, 흥미를 느끼고 있기 때문이다. 우리의 태도는 열려 있고, 진리를 추구

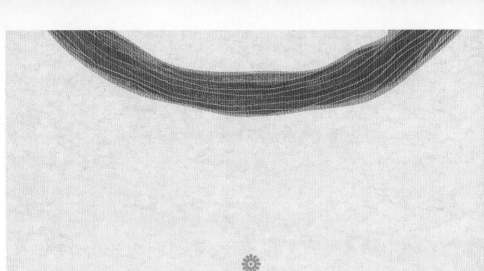

❀

우리가 진실한 받아들임이라고 부르는 것은
만족하는 자각에 가깝다.
그것은 자신에게 만족하는 자각이다.
그 자각은 자기 안에 일어나는 일을
판단하고 거부하느라 바쁘지 않다.
진실한 받아들임은 어딘가에 관여하지 않으며,
사물들이 있는 그대로의 모습에서 달라져야 한다는
어떠한 욕망에도 집착하지 않는다.

하는 길에서 만족할 수 있게 자신을 허용한다. 그리고 우리는 수행하고 있는 작업 안에서 모든 탐험의 기초로 다시 돌아간다. 경험이 무엇이든 거기에 함께 현존하기와, 경험에 대한 진리를 발견하기에 관심이 있다. 일어나는 무엇이든 거부하거나 집착하지 않는 법을 배우면 우리는 그 작업을 최대한 온전하게 해낼 수 있을 것이다.

진실한 받아들임을 식별하기

이 연습은 당신이 경험 속에서 받아들임과 거부가 어떻게 기능하는지를 탐험하도록 도와줄 것이다. 이 세션에서 당신은 지금 이 시간에 일어나는 매 순간의 과정을 따라가게 될 것이다.

당신이 무엇을 경험하든, 있는 그곳에 존재하는 것이 목표이다.
최소한 15분 동안 경험이 펼쳐지는 대로 따라가보라.

당신은 특별한 받아들임의 경험을 하려고 애쓰지 않는다. 사물들을 바라보고 비교하면서 그것들을 이해할 수 있다. 그러나 거기에 대해 전혀 아무것도 할 필요가 없다. 당신은 단지 경험할 뿐이다. (15분 연습)

탐구를 마치고 나서, 다시 돌아보며 무슨 일이 일어났는지를 살펴보라.

당신이 경험을 회상할 때, 언제 그리고 어떻게 여러 가지 요소들이 일어났는지 알아차려보라.

거부가 활성화되어 있었는가?
언제 체념하는 받아들임을 경험했는가?
언제 집착하는 받아들임이 나타났는가?
어떤 생각, 느낌, 지각이 거부의 경험으로 이어졌는가?

당신은 진실한 받아들임으로 태도를 바꾼 적이 있는가?
그 일은 어떻게 일어났는가?
당신은 어떤 요소에 가장 빈번하게 개입했는가?
받아들임과 거부가 일어나는 과정에 있어서
당신은 어떤 패턴을 관찰하게 되는가?

chapter

9

증오 그리고 존재하기 위한 힘

Hatred and the Power to Be

본성이 본래 스스로에게 아무것도 하지 않기 때문에 자신으로 존재하고, 있는 그 자리를 발견해서 단지 거기에 머무르는 수행이 **참본성**을 표현한다는 사실을 우리는 이제 더욱 명료하게 보기 시작한다. **참본성**은 모든 것을 현현하면서도, 그 순수함에 있어서 완전히 안정되어 동요가 없으며 나눠지지 않은 채로 있다. **참본성**은 완벽한 고요이자 평화이다. 만일 우리가 자기 자신을 바꾸려고 하지 않고, 있는 그곳에 존재한다면, 경험 안에서 이 **참본성**이 자연스럽게 현현될 것이다. 그렇지만 경험을 변화시키려는 내적인 행위들은 종종 **참본성**이 현현되는 것을 막는다. 수행에서 우리의 작업은 대부분 자신을 변화시키려는 끊임없는 시도들을 드러내준다.

이 모든 내적 활동은 두 가지 근본적인 방식으로 우리가 자신으로 존재하는 것을 어렵게 만든다. 첫째, 간섭은 우리의 참모습이 일어나는 것을 막는다. 일어나는 일을 우리가 껴안지 않기 때문에 경험은 **참본성**

을 펼치고 현현할 기회를 얻지 못한다. 우리의 행위는 **참본성**이 자신의 자연스러운 역동을 표현하고, 단순히 그리고 자연스럽게 자신을 드러내지 못하게 막기 때문에, 우리는 **참본성**을 지각하거나 인식하지 못한다.

둘째, 우리가 수행을 통해 내면의 상태를 변화시키려 할 때, 자신에 대해서 **참본성**의 방향과는 본질적으로 아주 다른 방향을 취하게 된다. 우리는 이러한 내적 행위의 편을 들면서 **참본성**에서 분리된다. **참본성**은 단지 '있음'이다. 내적인 활동에 의해서 우리는 분리되고, 자신의 참모습과는 다른 어떤 것이 된다. 자신이 있는 자리를 떠나게 되는 것이다. 어떤 의미에서 우리는 자기의 본성을 내던지고 늘 자신을 변화시키려고 애쓰는, 활동하는 존재가 된다.

우리는 경험이 본성을 드러내도록 허용하지 않기 때문에 뭔가를 성취해야 한다는 관점을 갖게 된다. 우리는 이렇게 생각한다. '깨어남은 어떤 원인에 따른 결과일 거야. 그리고 그 원인은 나의 노력이지. 내가 이렇게 저렇게 하면 그 결과가 일어날 거야.'

그러나 그 생각은 깨어남이 본래 우리의 모습이고, 당신은 자신을 성취할 수 없으며, 자신을 추구할 수 없다는 진리와 상충된다. 당신은 지금 일어나고 있는 경험을 바꾸어야만 참자기가 되는 것이 아니다. 당신은 이미 당신 자신이다. 단지 경험 안으로 이완해 들어가기만 하면 된다. 그렇게 할 때 당신은 자신의 **참본성**을 알아차리게 될 것이다.

내적 행위의 덫

우리는 **참본성**으로 존재하기를 가로막는 주된 장애물인 내적 행위가 여러 가지 모습으로 나타난다는 것을 보아왔다. 그것은 저항, 통제, 방어 등의 형태로 나타난다. 또한 우리는 자신을 있는 그대로 허용하지 않고 경험을 변화시키고 이상에 따르고자 하는 다양한 행동들을 살펴보았다. 이런 모든 행동들은 자기 거부를 내포하고 있으며, **참본성**이 자신의 모든 광휘로 자연스럽게 드러나는 것을 막는다.

우리는 또한 내적 행위와 외적 행위가 어떻게 관련되어 있는지 살펴보았다. 그 복숭아가 기억나는가? 복숭아가 썩었다는 것을 발견할 때, 당신은 그냥 그것을 옆으로 치울 수도 있고, 많은 내적 행위를 일으키면서 치워버릴 수도 있다. 당신은 이미 자신의 경험에서 외적 활동을 할 때마다 내적 활동이 함께 따라 일어남을 알고 있을 것이다. 우리가 그냥 앉아 있을 때조차도 끊임없는 활동이 늘 일어나고 있다. 우리는 이것을 끊임없는 생각, 계획, 뭔가를 알아내려는 시도 등으로 경험한다. 그러나 단지 생각에 빠져 있는 것보다 더 근본적인 어떤 일이 일어나고 있다. **참존재**가 위축되고 분리되는 움직임을 우리가 일으키고 있다. 거기에는 망설임과 일종의 내적 머뭇거림이 있다. 이 내면의 분주함을 우리는 에고의 활동이라고 말한다. 그것은 생각의 낌새와 흥분된 에너지적인 특질을 가진 내적 활동이다. 에고의 활동에는 **참존재**의 현현인 부드러움과 자발성, 애씀 없는 흐름이 결핍되어 있다.

강박적 행동 배후의 힘을 찾아내기

이제 한 단계 더 나아가서 이런 행위가 강화되고 습관적이 될 때, 무엇이 작용하는지 관찰해보자. 예를 들어 당신이 불안정을 느낄 때, 특별한 상태나 결과에 도달하려는 욕망이 강해질 때, 혹은 내적 행위에 직접 도전할 때 흥분하는 특질을 띠게 된다는 것을 관찰했을 것이다. 그것은 상당히 빠르고 지속적이고 심지어 강박적으로 될 수 있다. 당신은 그것을 멈출 수 없다고 느낄지도 모른다. 강박적인 행위는 늘 생각하고 행동하고 계획하면서 자기 혼자 돌아가는 에너지이다. 이런 일은 당신이 실제로 있는 곳이 아닌 다른 곳에 도달하려고 다양한 노력을 기울일 때 일어날 수 있다. 그런 경우는 다음과 같다.

- 삶에서 자신을 개선하려는 시도를 두드러지게 반복할 때
- 바람직하게 여기는 내적 상태를 만들거나 유지하려고 자신을 밀어붙일 때
- 이상, 개념, 기억, 다른 사람과의 비교, 혹은 영적인 가르침에 따라 달라지려고 애쓸 때
- 특별한 느낌이나 생각이 일어나지 않도록 멈추려고 분투할 때
- 어떤 주제나 사람에 대해 지속적이고 재빠르고 흥분된 생각, 계획, 감정적 행위를 경험할 때
- 특별한 목표를 향해 내몰리면서 그것을 얻기 위해 점점 더 큰 노력을 기울이게 될 때
- 자신에 대한 끊임없는 불만족과 실패 혹은 결핍감을 느낄 때

이 패턴들 중 하나 혹은 여러 개가 당신의 경험을 지배할 때, 당신은 이전에는 보지 못한 아주 중요한 뭔가를 알아차릴 수 있게 된다. 그것은 당신의 내면 상태를 변형시킬 수 있는 무엇이다. 경험의 강렬함에 의해서 이 강박적인 내적 행위에 힘을 부여하는 중심 에너지가 드러날 수 있다.

우리는 친절함을 가지고 수행하는 것이 가장 효과적임을 살펴보았다. 친절함은 우리에게 도움이 된다는 면에서 자비롭고, 또한 존중과 사랑의 특질도 갖고 있다. 이러한 특질은 **참본성**이 자신의 가능성들을 현현할 때 드러내는 **참본성**의 에너지를 반영해주는 것이다. 사랑은 경험의 자연스러운 흐름에 에너지를 공급한다. 그와 대조적으로, 특히 에고가 강박적이 될 때 에고의 행위는 본질적으로 사랑과는 아주 다른, 에고에게 힘을 주는 에너지를 드러낸다. 주의 깊게 관찰하면 우리는 자신을 변화시켜 개선하고 다른 모습으로 존재하려는 끊임없는 강박적인 시도가 사실은 자기혐오에서 힘을 얻고 있음을 발견한다. 이것을 살펴보는 것이 어렵고 고통스러울 수 있지만, 우리가 자신을 얼마나 비판하고 판단하고, 공격하고 거부하며, 밀고 당기는지를 생각해보라. 그 배후에 무엇이 있을까? 왜 우리는 자기 자신에게 그토록 폭력적일까?

자신의 행동을 계속해서 탐구하면, 우리가 끊임없이 하는 내적 행위가 폭력의 한 형태임을 인식하게 될 것이다. 우리는 그것을 슈퍼에고의 행위라고 부르거나 다른 용어로 묘사할 수도 있겠지만, 그것이 폭력적이라는 사실은 변함이 없다. 상처를 주고, 우리를 내면에서 분열시키고 끊임없이 본성을 공격하기 때문에 그런 행위를 폭력적이라고 말할 수 있다.

대부분 우리는 어떤 상황의 진리를 인식하려 하지 않는다. 하지만 그 폭력을 더 많이 알아차린다면, 우리는 진리를 기꺼이 보려고 하기 전에는 폭력이 멈추지 않는다는 사실을 더욱 잘 자각하게 된다. 우리는 그것을 자각하든, 하지 않든 그 사실을 믿지 않으려 할 것이다. 그러나 내면 깊이에서 자신을 증오하지 않는다면, 우리는 폭력적으로 자신을 다루지 않을 것이다. 증오는 모호하고 감추어져 있다 하더라도 파괴적인 에너지로서 내면에서 작동하고 있다. 증오가 이 고통스러운 행동에 힘을 부여하는 폭력의 원천이다.

증오를 인식하기

만약 우리가 증오가 연료이며 동력이라는 것을 아직 분명히 알지 못한다면 자신에게 이렇게 질문할 수 있다. "나에 대한 냉혹한 무시가 없다면, 어떻게 내가 나를 거부할 수 있겠어? 내 안에 그 거부의 영향에 관심이 없는, 냉혹하고 무감각한 에너지가 없다면, 어떻게 내가 경험을 거부하고 저항하고 조작할 수 있겠어?"

이 알아차림을 소화시키기 위해서, 지난 장들에서 우리가 발견해온 것들을 잠시 생각해보자. 그러면 이를 더 잘 이해하는 데 도움이 될 것이다. 우리의 많은 작업이 경험에 대한 부정적인 반응들의 영향과 본질을 이해하는 데 도움이 된다. 조작, 통제, 저항, 방어, 판단, 비교, 거부 등 이 모두가 우리가 원치 않는 경험을 제거하려는 시도이다. 이 관점에서 증오가 우리의 모든 부정적인 반응의 궁극적인 표현이고 이 행동

자신의 행동을 계속해서 탐구하면,

우리가 끊임없이 하는 내적 행위가

폭력의 한 형태임을 인식하게 될 것이다.

우리는 그것을 슈퍼에고의 행위라고 부르거나

다른 용어로 묘사할 수도 있겠지만,

그것이 폭력적이라는 사실은 변함이 없다.

상처를 주고, 우리를 내면에서 분열시키고

끊임없이 본성을 공격하기 때문에

그런 행위를 폭력적이라고 말할 수 있다.

들의 뿌리라는 것을 알 수 있다.

내면의 증오를 어떻게 확인할 수 있을까? 그것은 모호할 때가 많다. 그렇지만 강박을 느낄 때 증오를 인식하기가 가장 쉽다는 것을 발견하게 될 것이다. 그 때문에 증오가 있다면 강박 또한 존재한다. 우리는 증오의 대상에게 의식을 빼앗기고 있다. 누군가가 감정적으로 당신에게 상처를 준다고 해보자. 아마도 당신은 '어떻게 하지? 어떻게 하면 저 사람에게 복수할 수 있지?'라고 생각하며, 강박적으로 행동하는 자신을 발견하게 될 것이다. 온갖 이미지들이 마음속을 휘젓고, 그에게 할 수 있는 가장 파괴적인 일을 찾아내려고 애쓰거나, 그에게 일어날 수 있는 최악의 일을 상상하는 것을 멈출 수 없을 것이다. 아니면 당신은 계속 그 상황에서 공정함과 정당함, 보복 등에 대해 끊임없이 강박적인 생각을 하게 될 것이다. 그 모든 생각과 음모의 배후를 살펴보면 거기에서 증오가 발견될 것이다.

우리는 느낌에 대해 다른 표현을 사용하기를 원하는 경향이 있다. 그 표현에 좀 더 편안함을 느끼기 때문이다. 우리는 이렇게 말한다. "나는 그 사람을 공격하고 싶은 마음이 많이 느껴져." "나는 그를 참을 수 없어." 혹은 "나는 그녀에게 정말로 화가 나." 아니면 당신은 그것을 좀 더 긍정적인 표현으로 바꾼다. "음, 나처럼 다른 사람이 상처받지 않도록 보호하는 것이 나의 책임이야." 그러한 것들이 사실일 수는 있지만, 당신이 강박적이 되면 그 이슈는 사실상 하나의 증오이다.

만일 이것이 에고의 행위에 힘을 부여하는 증오임을 알아차리면, 그것은 실제로는 통제할 수 없고 역동적인 삶의 흐름에 대한 증오임이 분명해진다. 내적 작업의 영역에서 이 증오는 우리 자신과 자신의 경험을 향해 있다. 그래서 우리는 증오를 인식하고 이해할 필요가 있으며, 증오가 나타나는 모습과 그것이 경험을 변화시키려고 애쓰는 모습을 알아차려야 한다. 경험을 거부하고 변화시키며 더 나은 것으로 만들고 싶다고 말할 때 그 내적인 충동은 실제로는 경험을 제거하고 파괴하려는 것이다. 왜냐하면 당신은 그 경험을 원치 않기 때문이다.

이 증오가 실제로 무엇인지를 이해하려고 하기 전에, 증오를 바라보는 사회의 일반적인 관점에 우리가 얼마나 영향받고 있는지를 자각하는 것이 중요하다. 거의 모든 사람들이 증오는 나쁘고 잘못되었고 악하다고 교육받아왔다. 증오는 다른 사람들과 자신을 해치기 때문에 피해야 한다고 배웠다. 그러나 우리가 살펴보았듯이, 있는 그대로의 자신과 함께 존재하려면 모든 경험에 대해 더욱 열려 있고 받아들이는 태도가 필요하다. 이 태도는 존재하고 느끼고 행동하는 특정한 방식을 지지하는 것이 아니다. 이 태도는 탐험하도록 용기를 불어넣는 것이다. 그래서 가장 진실한 의미에서 자기 증오를 받아들이는 것은 그것이 좋다거나 옳다고 말한다는 의미가 아니다. 그 증오와 함께 있으면서 아무런 판단 없이 탐험할 수 있다는 것이다. 또, 알아차리고 이해해야 할 모든 것은 **참본성**의 지혜를 통해 드러날 것이라는 믿음이다.

증오가 무엇인지 식별하기

그렇다면 증오란 무엇인가? 만일 그 배후에 있는 것을 보고자 하면, 우리는 증오가 어려움을 제거하려는 시도라는 것을 알아차리게 될 것이다. 증오는 우리에게 상처를 주고, 우리를 막고, 원하는 것을 얻지 못하게 하는 것에 대해 앙갚음하려는 시도이다. 증오는 장애물과 좌절의 원천을 제거하려는 노력이다. 그래서 증오는 본래 원한을 갖고 있지만, 또한 그 상황을 바로잡으려는 시도이기도 하다. 당신은 상황을 균형 잡으려 한다. 그리고 당신에게 상처를 주는 원천을 제거할 때만 그런 일이 일어날 것이라 생각한다.

분명히 이 증오와 원한의 경험은 개인과 사회의 관계에서도 일어나지만, 여기에서 우리는 내면에서 증오가 어떻게 작용하는가에 초점을 맞춘다. 증오는 좌절감의 원천이 되는 모든 경험에서 우리가 터뜨리는 에너지이다. 그래서 분노이든 슬픔이든, 나약함이든 결핍감이든, 혹은 심지어 사랑이나 친절함 같은 긍정적인 느낌이라도 좋아하지 않거나 받아들일 수 없을 때 우리는 그것을 파괴하려 한다. 그것이 못마땅하다고 느끼기 때문이다. 그러나 이것은 더 깊은 이슈이다. 그러한 못마땅한 경험이나 느낌 때문에 우리는 얻고자 하는 것을 얻지 못하고, 행복하지 않다고 결론 내린다. 우리는 자신에게 이렇게 말한다. "이 경험은 내가 원하는 게 아니야. 그래서 이것 때문에 나는 행복하지 않아. 이것은 나의 적이야. 그러니까 제거해야겠어." 그렇다면, 어떻게 그것을 제거할까? 그 방법은 증오하는 것이다. 증오는 에고가 적을 제거하려 할 때 가장 즐겨 쓰는 방법이다.

증오는 가슴과 사랑이 없고, 감수성과 친절함과 관대함의 조율이 없기 때문에 모든 것을 파괴할 수 있는 특별한 에너지이다. 증오는 대단히 효과적인 파괴의 도구이다. 그것은 감수성과 조율을 희생시키고, 자각과 의식을 희생시킨 대가이다. 증오는 감수성을 제거함으로써 파괴한다. 증오는 우리의 자각을 감소시키고 제한하며 무기력하게 만든다.

에고 죽이기라는 신화

내적 작업에서 증오가 일어날 때 우리는 자각이 상실됨을 알 수 있다. 수행이 깊어짐에 따라 우리는 에고의 현상들이 영적 자각을 막고 있음을 인식하기 시작한다. 에고의 현상들은 우리의 이슈, 위축, 저항, 갈등, 동일시이며, 간단히 말해서 에고자아이다. 우리의 배움은 이제 에고자아가 단순하게 존재하기를 가로막고 있음을 인식할 수 있을 만큼 충분하다. 이제 증오는 자아를 파괴하려는 시도로 나타난다. 그리고 우리는 그렇게 하면서 영적인 진리에 헌신한다고 생각하는 것이다!

너무나 많은 영적 교사들이 깨달음의 길은 에고를 소멸시키는 과정이며, 에고의 죽음이 모든 문제의 해답이라고 가르쳐왔기 때문에, 우리는 이 가르침이 함축하고 있는 참뜻을 아직 살펴보지도 않았던 것이다. 에고의 죽음이란 무엇을 의미하는가? 그 말은 보통 우리에게 이런 의미이다. "에고를 제거하라. 에고를 소멸시켜라. 자아를 파괴하라. 우리에게, 영적인 구도자에게 자아는 적이다."

길을 가로막고 있는 적에게 우리는 무엇을 하겠는가? 우리는 적을 제거하기 위해서 할 수만 있다면 무슨 일이든 할 것이다. 우리가 원하는 열반(니르바나)에 도달할 수 있도록 적을 없애버리기 위해서 무슨 짓이든 하려 들 것이다. 우리는 최종적인 해방을 찾고 있다. 그 장애물이 사라지면, 즉 위축과 좌절, 이슈와 무지, 에고와 자아가 사라지면, 우리는 깨달음을 얻으며, 행복하고 평화로울 수 있으리라고 믿기 때문이다.

여기에서 우리는 동일한 경향성이 나타내는 특정한 표현을 보고 있다. 그 경향은 경험이나 자신에 대해서 마음에 들지 않는 것이 있으면 무엇이든 제거하려는 욕망이다. 그 경향성이 극대화될 때, 사람들은 의식적으로 자신을 미워해서 우울증을 겪거나 심지어는 자살의 지점까지 이르게 된다. 그러나 일상의 도전, 심각한 심리적 위기, 혹은 영적인 수행, 그 어떤 것을 다루더라도 모든 에고의 행위 안에는 본래 미묘한 증오가 있다. 그 증오는 늘 행복과 '최종적인 해방'을 얻으려 시도하는 내적 행위를 불러일으킨다.

한번 생각해보라. 우리는 왜 자신을 바꾸려고 하는가? 더 좋은 기분을 느끼기 위해서이며, 궁극적으로는 깊이 이완하기 위해서이다. 악당들을 제거하거나 복수하는 데 초점을 맞춘 영화들을 생각해보라. 주인공이 마침내 악당을 죽이거나 감옥에 집어넣을 때 무슨 일이 일어나는가? 평화와 이완이다. 그러나 그것은 오직 영화가 끝날 때만 가능하다. 주인공이 끊임없는 활약을 멈추고 마침내 휴식하는 것은 오직 영화가 끝날 무렵 몇 분 동안이다. 영화 전체는 주인공이 그저 휴식하고 이완할 수 있는 지점에 도달하는 것에 맞춰져 있다. 두 발을 테이블 위에 올리고 맥주를 마신다. 그렇게 하기 전까지는 그는 적에 대한 강박증을 가지고 있다. "나는 저 녀석을 제거해야 해. 나는 내가 할 일을 끝내야 돼. 그러지 않으면 어떤 평화도 없을 거야." 이 말은 우리가 확신하는 평화와 휴식에 도달할 수 있는 방법을 완벽하게 표현하고 있다.

우리는 이러한 강박증이 인류사회 전반에 깊이 각인되어 있음을 본다. 예를 들어, 그토록 많은 살인, 강간과 학대에 대한 뉴스를 들을 때,

나는 종종 그 희생자의 가족이 그 범죄자가 최고형을 구형받아야 한다고 가장 열렬히 주장하는 것을 보게 된다. 그것이 심지어 사형이라 하더라도 말이다. 그 가족들은 노골적으로 이렇게 이야기한다. "우리는 만족을 원합니다." 그리고 법은 그것을 지지하고, 사회 자체도 그들의 입장을 지지한다.

만일 부당한 대우를 받았다면, 그 사람에게 상처를 입히고, 보복하고, 처벌하려는 욕망은 정당하다는 관념은 우리 사회에서 제도화되어 왔다. 심지어 착하고 평범한 사람들조차도 "만족을 얻을 때까지 나는 쉴 수 없어. 그자는 내 아이를 죽였어. 그래서 나는 그를 감옥에 처넣거나 사형대에 올려놓아야만 해. 오직 그렇게 할 때만 나는 만족할 수 있어." 왜 그것이 만족스러운지가 늘 나에게는 의아스럽다. 다른 사람을 죽이거나 최대한 고통받게 하는 것 속에 만족이 어디에 있단 말인가?

우리는 그것이 증오가 원하는 것이기 때문에 만족스러울 것이라고 생각한다. 그것이 바로 우리 안에 활동하고 있는 증오이다. 우리를 해치는 것, 불행을 야기하는 것은 무엇이든 제거하는 것만이 자신과 함께 평화 속에 살 수 있는 유일한 길이라고 믿는다. 우리는 그 마음의 평화, 니르바나로 돌아가기를 원하기 때문이다. 우리는 우리에게 상처 입히는 것을 제거하고, 그것에 대해 잊어버린 채 이완하고 계속해서 삶을 살고 싶어 한다.

증오는 그렇게 도처에 퍼져 있다. 부당한 대우를 받거나 좌절을 느낄 때 우리는 타인들을 증오한다. 그리고 우리가 타인을 향해 느끼는 것은 필연적으로 우리 자신을 향해서도 느끼게 된다. 왜 그럴까? 누군가를 증오한다는 것은 그들이 우리를 상처 주고 모욕하거나 좌절시켰 증오는 그렇게 도처에 퍼져 있다.
부당한 대우를 받거나 좌절을 느낄 때
우리는 타인들을 증오한다.
그리고 우리가 타인을 향해 느끼는 것은
필연적으로 우리 자신을 향해서도 느끼게 된다.
왜 그럴까?
누군가를 증오한다는 것은
그들이 우리를 상처 주고
모욕하거나 좌절시켰다는 사실을 증오하는 것이다.
우리는 이런 느낌들을 더 이상 경험하지 않으려고
그것을 제거하고 싶어 한다.
그 말은 우리가 실제로는
자신의 느낌을 증오한다는 의미이다.
우리는 그것이 다른 사람에 의해 일어났다고 믿는다.
그래서 어떤 대상에 대한 증오는
그 대상이 우리에게 일으킨 느낌을 증오하는 것이며,
그러므로 우리는 자신을 증오하는 것이다.

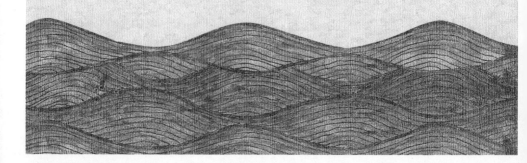

다는 사실을 증오하는 것이다. 우리는 이런 느낌들을 더 이상 경험하지 않으려고 그것을 제거하고 싶어 한다. 그 말은 우리가 실제로는 자신의 느낌을 증오한다는 의미이다. 우리는 그것이 다른 사람에 의해 일어났다고 믿는다. 그래서 어떤 대상에 대한 증오는 그 대상이 우리에게 일으킨 느낌을 증오하는 것이며, 그러므로 우리는 자신을 증오하는 것이다.

더 깊은 곳에서 증오는 자기 증오를 암시한다. 증오 그 자체가 이미 이원성을 반영하기 때문이다. 내가 있고 타인이 있으며, 혹은 내가 있고 내가 증오하는 것이 있다. 그것은 또한 자아 내부의 이원성이 될 수밖에 없다. 진리 안에서 우리는 이원성이 아니며 존재의 표현이다. 그러므로 어떤 것을 증오한다면 우리는 자기 자신, 우리의 자각을 둘로 나누고 있는 것이다. 우리는 자기 의식의 한 부분을 증오하고 있다. 그리고 자신을 본성의 단일성에서 분리시키고 있는 것이다. 다른 식의 설명은 불가능하다.

증오를 발견하기

타인과 자신에 대한 증오에 관련된 이슈를 더욱더 자각함에 따라 우리는 많은 단계와 인식들을 통과해간다. 우리가 자신을 노골적으로 증오한다는 사실을 인식하게 되는 것은 내적 수행의 더 깊은 단계에서만 일어난다. 다음에 나오는 진술들과 관련하여 당신이 어디에 있는지, 그리고 당신의 진실이 무엇인지 확인해보라. 어떤 것들은 순차적이고, 또 어떤 것들은 겹치기도 한다.

- 나를 무시한 사람에 대해 나 역시 그 사람을 무시하거나 외면하고 있다. 그러나 내가 그를 실제로 증오한다고 믿지는 않는다.
- 그 사람을 인정하지 않으려는 생각이 점점 강박적이 되고 있다. 그리고 나는 사실 그 사람을 증오하고 있음을 인식한다.
- 나는 그 사람에 대한 증오를 인식한다. 그러나 그를 증오하면서 또한 나 자신도 증오하고 있음은 인식하지 못한다.
- 나는 노골적으로 드러난 자기 증오는 볼 수 없지만, 자신을 거부하고 판단하고 공격하고 비판하며, 변화시키고 개선하려고 애쓰는 경향을 알아차릴 수 있다.
- 나는 내적 행위가 강박적으로 바뀌었다는 것을 알아차린다. 나는 자신을 거부하고 판단하고 비판하며, 변화시키고 개선하려고 애쓰는 것을 멈출 수 없다.
- 나는 내가 그 특별한 애씀을 직면하고 있음을 자각하고 있다. 그리고 나는 여전히 나를 변화시키려는 노력이 정당하다고 믿는다. 그것이 마음의 평화를 얻기 위한 주요한 수단이라고 믿고 있다.
- 나는 내적 행위의 결과로서 주로 어떤 흥분된 내면상태가 지속되고, 그 역동을 멈출 수 없다는 느낌이 일어남을 인식하기 시작한다.
- 나는 에고의 끊임없는 활동이 평화를 가로막는 주요한 장애물이라고 인식한다. 그것은 나의 적이다. 나는 에고를 제거하고 싶어한다. 나는 영적인 수행이 에고를 제거하여 내가 자유로워지도록 도와줄 수 있다고 믿는다.

- 나는 끊임없는 흥분상태, 내가 나에 대해서 늘 뭔가를 하고 있다는 사실에 대해 너무나 좌절감을 느낀다. 나는 그것을 멈추기 위해 어떠한 것도 할 수 없다. 그래서 나는 결코 이완과 평화를 얻을 수 없다.
- 나는 내면에서 진행되는 멈출 수 없는 행위를 증오하며 그것을 파괴하고 싶다. **나는 나 자신을 증오한다.**
- 나는 이 사실을 전에는 자각하지 못했다. 그러나 이제 증오가 스스로를 드러냈기 때문에, 나는 증오가 늘 있어왔다는 것을 알아차리고 있다.

증오의 원인

우리는 에고, 즉 자아가 문제라고 말할 수 있겠으나, 그 에고나 자아란 단지 우리의 의식 속에서만 현현되는 것이다. 증오가 어떻게 기능하는가를 이해하기 위해서는 그것이 어떻게 생겨났는지를 아는 것이 도움이 된다. 일반적으로 말해서 증오의 원인은 두 가지 층에서 기원한다. 내가 심리역동이라 부르는 첫째 층은 개인의 역사에 관련되어 있다. 어린 시절부터 우리는 충분히 사랑받지 못했다. 아마도 우리는 미움받고, 무시당하고, 모욕당하거나 우리가 존재하지 않는 것처럼 취급받았을지도 모른다. 또 우리는 죄책감을 갖거나 자신이 나쁘다는 느낌을 가졌고, 우리가 당한 일이나 우리가 행한 일들에 대해서 자신을 미워했을지도 모른다. 우리가 타인으로부터 배운 많은 것들과 환경과의 상호작용을 통해 내면에서 발달하는 그 좌절감 때문에 많은 증오가 일어난다. 증오의 모습은 삶의 환경에 따라서 다양하게 나타나지만, 누군가가 그 증오의 영향을 벗어나는 일은 좀처럼 일어나지 않는다.

둘째 층은 의식이 어떻게 작용하는지를 모르는 이해의 결핍과 관련된다. 우리는 자유를 막는 장애물과 내면의 평화를 가로막는 장벽이 있음을 인식할 수 있다. 그것은 분투하지 않으면서 그저 자기 자신으로 존재하기를 불가능한 일처럼 보이게 한다. 그렇지만 우리가 보아왔듯이, 장애물들의 기능을 이해하지 못하기 때문에 우리는 제거하는 것만이 유일한 방법이라고 믿어버린다. 우리가 물질세상에서 행동하는 것처럼 그 장애물을 제거하거나 소멸시키려고 한다. 그것이 우리가 평화와 고요를 얻고, 고통에서 해방되는 유일한 길이라고 생각한다. 그렇게 하는 것은 고통과 좌절감을 지속시킬 뿐임을 우리는 알지 못한다. 우리는 자신을 둘로 나누고, 내면에서 파괴적인 방식으로 행동한다. 우리의 행위는 우리를 자신으로부터 떼어놓으며, **참본성**이 순수함과 풍부함으로 스스로를 드러내는 것을 막는다. 그래서 우리는 깨달음, 자유, 니르바나를 얻는 것에 대한 잘못된 정보와 잘못된 시도 속에 갇혀버린 것이다.

우리는 실재가 어떻게 작용하는지에 대해 무지하다. 그리고 우리가 그것을 배우는 데는 많은 시간이 걸린다. 그렇지만 시간이 흐르고 수행이 깊어감에 따라, 일어나는 일을 관찰하고 **참본성**에 관해 배우는 것에서 지혜가 일어나기 시작한다. 우리는 장애물을 제거하려는 내적 행위가 실제로 장애물을 제거할 수 있는 **참본성**의 힘을 모방한다는 사실을 알아차리기 시작한다. 무지, 동일시, 장벽, 저항 같은 장애물들이 분명히 존재하기 때문에 **참본성**의 힘이 필요하다. 우리는 에고의 방식은 소용없다는 것을 배워야 한다. 궁극적으로 에고는 증오에 뿌리박고 있고, 증오는 분열시키는 힘이기 때문이다.

분열시키려는 에고의 전략은 우리를 무감각하게 만든다. 그것은 정말로 **참존재**에게서 멀어지게 한다. 그러나 일단 에고의 불가능한 시도를 보게 된다면, 우리는 **참존재**의 능력을 알아차리는 기회를 갖게 된다. 우리는 일어나고 있는 일을 명료하게 드러낼 수 있고, 우리에게 장애물에 대한 정확한 이해를 주는 **참본성**이 가진 힘을 자각할 수 있다. 그 힘은 장애물이 무엇을 하는지, 왜 거기에 있는지를 이해하게 해준다. 우리가 완벽한 현존의 직접성과 자각의 정확한 명료함을 갖고 그 장애물을 있는 그대로 인식한다면, 그 자각 자체가 순수한 고요와 순수한 평화의 현존으로 나타날 것이다. 평화의 현존만으로 모든 흥분이 가라앉는다. 평화는 아무것도 할 필요가 없다. 단지 그 현현만으로 모든 갈등이 녹아 사라지고, 장애물들은 그 고요와 나누어질 수 없는 이해를 통해 그저 용해된다.

그 때문에 이 가르침은 그 자리에 그저 존재하기, 아무것도 하지 않기, 그리고 느낌의 직접성과 함께 현존하고 거기에 단지 열려 있기를 계속 강조하고 있는 것이다. 만일 우리가 느낌의 직접성과 함께 존재하고 아무것도 하지 않는다면, 어떤 시점에서 아무것도 하지 않음이 그 스스로의 힘을 드러낸다. 이 힘은 우리가 행위를 그만두는 것만이 아니라, 완전한 고요의 현존을 경험하게 한다. 이것이 비행위, 즉 무위無爲의 에센스이며, 바로 평화인 것이다. 단지 고요의 실체와 평화의 현존 그 자체가 무지를 소멸시킨다. 그러나 이 **소멸**annihilation은 순수한 무위와 고요 속에서 일어나는 감사와 사랑의 행위인 것이다.

증오가 하는 소멸은 파괴하고 자각을 둔하게 만들고, 억압하고 나누는 행위이다. **참본성**은 실제로는 소멸시키는 것이 아니다. 왜냐하면, 다른 어떤 것을 쓸어버리는 일이 아니기 때문이다. 거기에는 이원성이 없다. **참본성**에 의해 일어나는 소멸은 **참존재**가 내면에서 드러내는 정확한 인식과 이해에 더 가깝다. 우리의 태도에는 내적인 흥분이 없다. 어떠한 장애물이 일어나든지 간에 우리는 그것을 알아보고 이해한다. 그러나 우리는 거기에 반응하면서 에너지를 주지 않는다. 그래서 그것은 저절로 고요해지고, 다시는 나타나지 않는다. 우리는 이것을 용해됨으로 경험하지만, 실제로 일어나는 일은 장애물에 힘을 부여하는 에너지가 사라지는 것뿐이다. 그 장애물은 역동성을 잃고, 단지 일어나기를 멈춘다.

이 시점에서 우리는 자아, 에고의 침묵이 **참존재**의 고요와 분리되어 있지 않다는 사실을 알아차린다. 그리고 우리는 에고가 성취하기를 원했지만, 밀쳐내고 파괴하는 에고의 방법으로는 결코 도달하지 못했던 상태에 있음을 발견한다. 그저 일어나는 일에 대한 명료한 자각과 함께 있는 것만이 효과가 있다.

우리는 **참존재**와 그 힘에 대해 무지하지만, 그것은 우리 안의 어딘가에 존재한다. 그래서 어떤 수준에서는 그것이 무엇인지를 알고 있다. 이 힘에 무지하기 때문에 우리는 다른 힘, 증오를 만들어내려고 한다. 증오는 진실한 힘의 왜곡이자 모방이다. 증오의 목표는 고통과 장애물을 제거하는 것이다. 그리고 우리는 증오가 우리와 **참존재** 사이에 있는 장애물들을 제거해주리라고 믿는다. 그렇지만 우리가 보아왔듯이 투쟁하고 거부하고 적을 쓸어버림으로써 제거하려 할 때, 우리의 노력은 그 폭력과 흥분과 분리를 지속시킬 뿐이다.

그렇다면 이 파괴적인 내적 행위를 어떻게 멈출 것인가? 첫째, 당신은 이 태도들에 들어 있는 저항과 거부와 증오를 인식할 필요가 있다. 증오는 거부를 일으키는 에너지이기 때문에, 그 에너지가 있는 한 거부는 멈추지 않을 것이다. 그러므로 당신은 증오를 자각할 필요가 있다. 거부, 저항, 방어를 대할 때와 같은 방식으로 증오와 자기 증오를 대해야 한다. 증오를 거부하는 것이 아니라, 있는 그대로 인식하는 것이다. 증오를 거부하거나 그것이 당신을 지배하게 하는 대신, 당신은 그것을 있는 그대로 껴안는 자각이 되어야 한다.

증오를 껴안는 법을 배우라. 그것과 함께 있으라. 안에서 또 밖으로부터 최대한 그것을 느껴라. 증오를 알고, 그 에너지와 힘을 느끼고, 그와 관련해서 일어나는 모든 연관성들을 인식하려고 하라. 증오를 만든 개인사 안으로 탐구해 들어가고, 또한 그것을 이해하라. 마침내 증오를 완벽하게, 그 온전한 에너지와 힘을 느낄 수 있을 때까지 탐구를 계속하라. 판단이나 거부를 통해 그것을 모호하게 만들지 않는다면, 경험 속에서 일어나는 다른 어떤 것과 마찬가지로 증오는 자연스럽게 자신의 본성을 드러낼 것이다. 증오는 용해되며, 진실한 것이 드러난다.

그 진리는 **에센스의 힘**으로 나타난다. 그것은 진리와 평화와 고요의 힘이다. 이것은 익숙한 자아의 반응과 무지에 의해 흔들리거나 방해받지 않으며 **존재하기** 위한 거대한 침묵의 힘이다. 지배하거나 통제하지 않으며, 단순히 참모습으로 존재하는 힘이다. 단순히 자신으로 존재하는 가운데 사랑과 자유를 가져다주는 **참본성**의 힘인 것이다.

자기 증오를 확인하기

이 연습의 목적은 내면의 수행 가운데 무의식적으로 작동하는 증오를 호기심을 가지고 기꺼이 바라보는 데 있다. 이렇게 하기 위해서, 당신은 자신을 변화시키고 교정하고 개선하고 깨닫게 하려고 시도하는 방식들을 탐험한다.

당신이 하고 있는 모든 내적 행위들을 고찰하라. 즉, 자신을 표준과 비교하고, 행동을 분석하며, 감정적 반응을 다루려 하고, 내적 과정을 멈추고, 자각을 제한하는 행위 등이 그것이다.

당신을 변화시키거나 성장시키기 위해 필요한 것이 무엇인지에 대한 신념, 그리고 그것과 함께 그 아래에 놓여 있는 의도들에 대해 숙고하라.

당신이 있는 그대로의 자신에게 얼마나 기꺼이 열려 있는지, 혹은 자신의 이상에 스스로를 맞추려고 얼마만큼이나 애쓰고 있는지를 알아차려라.

탐구 과정 중에 일어나는 내적인 가혹함, 잔인함, 혹은 냉담함의 느낌에 주의를 기울여라. 또한 탐험하는 가운데 일어날 수 있는 불편함, 두려움, 혹은 부끄러움을 알아차려라.

어떠한 공격성이 내적 과정의 일부로 드러나더라도, 그 조작, 판단, 공격, 거부 등을 기꺼이 바라볼수록 당신은 거기에 힘을 부여하는 에너지를 더 많이 인식할 수 있다.

그 증오가 거부, 무시, 폭력, 강박, 흥분, 후퇴, 냉담, 느낌의 결핍 등으로 드러나는 것을 자각하고, 또한 순수한 증오가 직접 소멸시키는 강렬한 힘으로 현현되는 것을 자각하라.

자기 증오의 어떤 한 요소를 인식할 수 있을 때, 그것을 자각하는 것은 당신에게 어떤 느낌인지 알아차려라.

당신은 자신을 판단하지 않을 만큼 충분히, 증오를 증오의 현존으로 이해할 수 있는가?

만일 증오와 함께 있을 수 있는 공간이 있다면, 자신과 함께 현존하는 가운데, 단지 그 경험과 함께 있을 때 무슨 일이 일어나는지 바라보라.

chapter

10

무지와 직접적인 앎

Ignorance and Direct Knowing

이 책의 첫 부분에서 우리는 있는 그 자리에 존재하는 수행 가운데 깨달음을 가로막는 장애물들이 어떻게 일어나는지 탐험해보았다. 우리는 공격성, 집착, 방어, 저항, 거부, 자기혐오 등의 내적 활동들이 있는 그대로, 있는 그 자리에 존재하기를 방해한다는 것에 초점을 맞추었다.

그럼에도 이 활동들 중 어떠한 것도 무지無知와의 관련성을 인식하기 전에는 완전히 이해되지 않는다는 사실이 아직 분명히 드러나지 않았다. 예를 들어, 증오가 일어날 때 거기에는 심리역동이나 개인사적으로 습득된 이유가 있지만, 그것이 유일한 이유는 아니다. 증오는 단지 우리가 무지하기 때문에 일어나기도 한다. 즉, 우리는 마음과 의식이 어떻게 작동하는지를 모른다는 것이다.

그 때문에 우리는 무지라고 할 수 있는, 모든 에고의 삶과 에고의 주요한 뿌리를 조사해야 할 필요가 있다. 우리가 진실로 존재하고 자신으로 존재하기를 어렵게 만드는 장애들을 자각할 필요가 있듯이, 무지가 이런 상황을 조장한다는 점도 알아야 한다. 모든 내적 활동과 관련된 태도들 아래에 무지가 깔려 있음을 발견할 때, 우리는 무지가 있는 그 자리에 존재하기를 막는 근본적인 장애물이라는 것을 깨닫는다.

무지가 없다면 이런 활동이 계속되기 어려울 것이다. 무지가 사라지면 통찰과 자기-앎이 일어난다. 우리는 무지가 어떻게 작동하는지를 명료히 이해해서 통찰, 명료함, 앎, 그리고 상황에 대한 진리의 인식으로 변형되게 해야 한다. 깨달음은 실재에 깨어나 실재를 있는 그대로 인식하고, 실재와 함께 존재하는 것을 뜻한다. 그래서 깨달음은 보통 자기-앎, 자기-각성, 밝게 비춤, 명료함으로 이해된다.

이전 장에서 우리는 우리에게 있는 자신에 관한 신념, 개념, 입장, 동일시, 구조들을 가지고 작업했었다. 그리고 이러한 것들이 진정한 자신이 아님을 보아왔다. 또한 무의식과 무의식의 이슈들에 대해 작업했고, 경험의 진리를 알기 어렵게 만드는 경험 속의 일들이 무의식의 부분들과 어떻게 연관되어 있는지를 보아왔다. 그래서 비록 자각하지 못했다 할지라도, 우리가 탐구해온 많은 부분은 실제로 여러 환경 속에서 나타난 무지를 탐구해온 것이었다. 이제 무지의 상황 속으로 좀 더 깊이 들어가보자.

후천적 무지

우리는 두 종류의 무지를 이해하고 인식함으로써 더 이상 그것들에 지배되고 정의되지 않아야 한다. 일단 있는 그대로 무지를 보게 되면, 그것은 더 이상 장애물로 작용하지 않는다.

첫째는 '**후천적 무지**learned ignorance'라고 부른다. 그것을 또한 **발달된 무지**, 혹은 **축적된 무지**라고도 부를 수 있다. 때로 '**개념적 무지**'라는 말도 사용되는데, 그것은 마음이 발달할 때 우리가 개념화conceptualization하는 능력을 얻고, 인간에게만 존재하는 특별한 무지를 발달시킨다는 의미이다. 일반적으로 말하면, 동물들은 그런 형태의 무지를 갖지 않는다. 후천적 무지는 습득해서 개발시켜야만 하기 때문이다.

주로 이 무지는 지식으로서 발달한다. 우리 자신과 세상에 대한 지식의 대부분은 실제로 후천적 무지이다. 그것은 단지 사실이 아니기 때문에, 또 실재 그대로를 반영하지 않기 때문에 무지이다. 우리는 진실이 아닌 온갖 신념과 개념들을 갖고 있다. 우리는 자신에 관해, 또 사물들의 활동, 일이 일어나는 원인들에 대해 입장과 철학, 이념을 가지고 있는데, 그중 많은 부분은 정확하지 않다. 물론 무지를 알아보는 것은 쉽지 않다. 우리는 무지를 자신의 지식이라고 여기기 때문이다.

심지어 실험적으로 증명된 과학적 지식조차도 후천적 무지의 한 부분이다. 비록 그것이 유용하고 어떤 의미에서는 올바르다고 할 수 있지만, 있는 그대로의 진실한 모습은 아니다. 그러나 일반적으로 말하자면, 우리의 문제는 과학적 지식의 정확성과는 관계가 없다. 우리가 누구인가, 실재는 무엇인가, 관계란 무엇인가, 모든 일이 어떻게 일어나는가, 마음은 어떻게 작동하는가 등에 관한 개인적인 지식이 문제다.

예를 들면, 증오, 힘, 공격성이 우리에게 자유와 평화를 가져올 것이라고 믿는 사람들이 많다. 그러나 그런 일은 일어나지 않는다. 이러한 무지는 물리치기가 아주 어렵다. 사실은 어떠한 무지라도 물리치기는 쉽지 않다. 많은 사람들이 당신이 사실이라고 믿는 것을 틀렸다고 말한다 해도, 당신은 그들의 말을 믿지 않는다. **정말** 사실이라고 믿기 때문에 당신은 계속해서 그것이 사실인 양 행동한다.

그래서 후천적 무지는 내적, 외적 행동의 많은 부분의 바탕을 이루고 있다. 그 흔한 예가 비교하는 판단이다. 우리는 무엇이 좋은지, 무엇이 나쁜지를 알고 있다고 생각한다. 우리는 **이것이** 일어나야 하고, 혹은 **저것이** 일어나지 말아야 한다고 생각한다. 이러한 가정은 우리가 지식이라고 부르는 무지에 근거하고 있다. 우리는 무슨 일이 일어나야 할지를 믿을 뿐 아니라, 또한 이렇게도 생각한다. '나는 그것이 어떻게 하면 일어날 수 있는지 알고 있어. 천사나 하나님을 상상하기만 하면 돼.' 혹은 '나는 정치적으로 개입해야 하고, 좀 더 명상하며 의식적으로 호흡하고, 깊이 탐구하고, 가난한 사람들에게 먹을 것을 주어야 하고, 학교로 다시 돌아가야 해…' 그런 생각은 끝없이 이어진다.

후천적 무지의 특성을 요약하자면 다음과 같다.

- 후천적 무지는 실재에 관한 축적된 지식이다. 우리는 그것을 진리라고 여겨서 내적, 외적 활동의 근거로 만든다.
- 후천적 무지는 또한 개념적 무지라고도 불린다. 우리는 사물들을 개념화하고, 개념은 지식이 되며, 그 지식은 후천적 무지가 된다.
- 많은 부분이 과학적으로 정확하다고 하더라도 후천적 무지는 실재의 모습이 아니다. 그것이 실재의 반대가 아니라, 실재의 근사치라는 의미이다.

- 자신과 의식에 관한 지식, 영혼과 자각이 어떻게 작동하는가에 관한 지식에 있어서 우리가 실재라고 여기는 것은 그저 진실이 아닐 뿐이다. 그것은 진리와 정반대일 때가 많다.

우리가 보아왔듯, 내적 작업의 많은 부분은 우리가 진짜라고 여겨왔던 모든 동일시, 구조, 신념, 입장, 그리고 자기 이미지를 꿰뚫어 보는 것으로 이루어져 있다. 예를 들어 우리는 자신이 어떤 역사를 가진 개인이며, 각자의 역사를 가진 다른 개인들과 상호작용한다고 믿는다. 우리는 시간, 공간 속에서 움직이는 몸이라고 믿으며, 그것을 지식이라고 여긴다. 우리는 그것을 과학적으로 증명할 수 있기 때문이다. 그러나 내적 자각의 작업을 통해서 우리는 언젠가 이것이 후천적 지식, 즉 후천적 무지, 축적된 무지라는 것을 자각하게 된다.

우리는 자신이 진리라고 여기는 것이 거짓이며, 전체적인 진리가 아니거나, 생각과는 다른 의미를 가지고 있다는 것을 자각하게 된다.

선천적 무지

또 다른 무지는 더 근본적이고 미묘해서 다루기가 훨씬 더 어렵다. 그것을 '선천적 무지innate ignorance'라 부른다. 그러나 우리는 후천적 무지의 많은 부분을 작업하고 나서야 비로소 그것을 무지라고 인식하기 시작한다. 신념과 개념, 입장과 패턴들을 더 많이 밝혀내기 전에는 선천적 무지를 확인하기 어려울 것이다. 하지만 후천적 무지를 아무리 많이 작업한다 하더라도, 그 과정에서 일어나는 자각만으로는 실재와 더 직접적으로 접촉할 때 경험했던 명료함, 열려 있음과 직접성이 드러나지 않는다. 이때가 바로 선천적 무지를 인식하기 시작할 시점이다. 선천적 무지는 또한 원초적 무지라고도 불린다. 이것은 우리가 모든 동물들과 공유하는 무지이며, 습득된 무지가 아니라, 세상에 나올 때부터 우리와 함께 있던 것이다.

후천적 무지는 마음과 에고, 즉 모든 구조와 표상, 이미지와 패턴, 자신과 실재에 관한 신념, 개념들의 발달과 직접 연결되어 있다. 그렇지만 후천적 무지의 발달은 더욱 근본적인 무지, **참본성**에 대한 무지에 근거하고 있다.

우리는 **참본성**을 모르는 채 세상에 온다. 우리는 자신이 누구인지 모른다. 그 말은 **참본성**을 경험하지 않는다는 뜻이 아니다. 또한 우리가 **참본성**을 느끼지 않는다는 말도, **참본성**을 지각하지 않는다는 말도 아니다. 그것은 바로 우리가 **참본성**을 이해하지 못한다는 의미이다. 우리는 **참본성**이 무엇인지 알지 못하며, **참본성**의 의미와 중요성을 모른다. 우리는 **참본성**이 우리의 참모습임을 모르는 것이다.

동물들은 **참본성**이면서도 그것을 알지 못한다. 갓난아기는 거의 순수한 **참본성**이지만 역시 그것을 모른다. 유아기에 우리는 **참본성**을 느끼고 감각하고 맛보지만 그것이 자신의 참모습임을 모른다. 본성의 중요성을 알기 위해서, 깊은 통찰로 본성을 식별하기 위해서, "이것이 나다! 이것이 세상의 본질이다. 이것이 바로 진리다."라고 인식하기 위해서 우리는 먼저 후천적 무지를 발달시켜야만 한다.

후천적 무지, 선천적 무지와 **참본성** 사이의 관계를 다음과 같이 요약해보자.

- 후천적 무지는 선천적 무지에 근거를 둔다. 선천적 무지가 없으면 후천적 무지를 발달시킬 수 없다.
- 우리는 선천적, 즉 근본적 무지를 인식하기 전에 후천적 무지를 발달시켜야만 한다.
- 우리는 선천적으로 무지하다. 우리는 **참본성**을 모르기 때문에 자신에 관한 개념을 형성하는데, 그것은 후천적 무지의 한 부분이 된다.
- 만일 처음부터 자신이 누구인지를 알았다면, 우리는 자아 감각을 발달시킬 필요가 없었을 것이다. 그러나 우리는 자신이 누구인지를 몰라서 자아 감각을 발달시키고 그것을 믿으며, 선천적 무지 때문에 그것이 진리라고 여긴다.
- 후천적 무지를 작업함에 따라 우리는 **참본성**을 경험하기 시작한다. **참본성**을 온전히 이해하기 위해서 우리는 선천적 무지를 통과해 들어가야 한다. 선천적 무지를 통과해 들어가기 위해서는 **참본성**을 온전히 이해할 필요가 있다.

선천적 무지에 도전한다는 것은 어떤 범주로도 분류할 수 없는 뭔가를 인식하는 법을 배운다는 뜻이다. 그것은 마치 다른 세상의 어떤 것을 처음 보는 것과 같다. 당신은 뭔가를 보고 경험하지만, 그것이 미묘하거나 늘 함께 있다면 무엇인지 알아차리지 못할 것이다. 당신은 자신이 보고 있는 그것의 중요성을 깨닫지 못한다. 예를 들어 따뜻한 기후에 사는 사람이 멀리 북극지역을 방문한다면 눈을 그냥 눈으로만 볼 것이다. 그렇지만 대부분의 시간을 눈과 함께 살고 있는 원주민들은 눈의 차가움과 건조함, 질감과 밀도 등의 다양한 변형에 익숙하며 눈의 다양한 형태들을 본다. 그들은 눈의 다양한 형태를 그저 눈이라는 단 하나의 이름으로 여기지 않는다. 오직 시간이 흘러서 경험이 쌓여야만 그 방문자는 다양한 종류의 눈을 인식할 수 있을 것이다.

어른이 되어서도 당신은 안내자 없이, 혹은 배우고자 하는 진실한 호기심이 없이는 **참본성**이 무엇인지 알지 못한다. 만일 당신이 너무 어리다면, 인식할 만한 능력이 아직 갖추어져 있지 않기 때문에 본성이 무엇인지 모를 것이다. 분별하고 이해하는 능력을 갖기 위해서는 어느 정도 마음의 발달이 필요하다. 그렇지만, 마음이 발달하면서 또한 후천적 무지도 함께 커진다.

분별력을 발달시키기

에고는 마음과 함께 발달한다. 에고가 발달하면 우리의 분별력도 자라난다. 아기들은 이미 어느 정도 분별력을 가지고 있지만, 사물을 분별하는 어른들의 능력에 비하면 훨씬 더 미숙하다. 어른들은 자신의 존재와 그 중요성, 그리고 다른 사물들과의 관계를 인식한다. 아기들의 분별은 그저 인식하는 능력일 뿐이다. 그 모두는 기본적으로 장착된 인식이며 본능적인 신호들이다. 그러나 아기들에게 발달심리학자들이 생각해온 것보다 훨씬 이른 시기에 작동하는 앎이 있음을 이제 우리는 알고 있다.

마음이 분별능력을 발달시키는 데는 시간이 걸린다. 정확한 시기에 대해서는 연구자들의 의견이 일치하지 않지만, 이 발달이 단계적으로 일어난다는 데는 의견이 일치한다. 우리는 모두 내재하는 무지를 가지고 삶을 시작한다. 우리는 자신이 존재한다는 것을 알지만, 자신이 무엇인지 알지 못한다. 경험하면서도 우리는 무엇을 경험하는지 모른다. 보면서도 무엇을 보고 있는지 모른다. 시간이 지나면 우리는 사물들이 무엇인지를 배우고, 또한 어떻게 인식하고 분별하는지를 배운다. 이 모두가 개념화의 능력을 발달시킨다.

이런 일이 어떻게 일어나는 것일까? 우리는 사람들이 알고 있는 일상적인 것들을 알게 됨으로써 그 능력을 발달시킨다. 가장 분명한 거친 수준, 즉 물질적 수준에서의 현상은 처음에는 매우 다양하다. 그래서 우리는 자신의 몸을 알고 다른 사람들을 알며, 물리적 환경 속에서 사물들을 아는 것으로써 시작한다. 그리고 점점 더 미묘한 앎이 이어서 일어난다.

우리가 보아왔듯, 습득된 개념적 지식을 발달시킬 때 그것은 실제로 후천적, 개념적 무지인 것이다. 왜냐하면 그것이 우리와 처음에 함께 있었던 **참본성**을 모호하게 만들기 때문이다. 후천적 무지는 참모습으로부터 우리를 가리고 떼어놓는다. **참본성**을 인식하고 경험 속에서 만나기 위해서 우리는 후천적 무지를 꿰뚫어 볼 필요가 있다. 하지만 **참본성**을 이해하기 위해서는 선천적 무지를 극복해야만 한다.

참본성을 이해하기

우리는 어떻게 **참본성**을 이해하게 되는가? 그리고 **참본성**을 이해한다는 것은 어떤 의미인가?

참본성을 이해하는 데는 세 가지 측면이 있다. 첫째, 우리는 **참본성**이 무엇인지를 알아야 한다. 둘째, **참본성**을 외부에 있는 것이나 추상적인 것이 아닌 자신의 본성으로 인식해야 한다. 셋째, **참본성**과 그 밖의 현현들, 즉 생각, 느낌, 몸, 우리가 보는 대상들 등등과의 관계를 이해해야 한다. **참본성**이 무엇인지를 아는 것, 그것이 우리의 참모습이라고 아는 것, 그리고 **참본성**과 현현된 모든 것과의 관계를 아는 것이 완전한 이해이다. 그것이 깨어남이며 깨달음이다.

이 세 단계는 한 단계, 한 단계 우리를 더욱 완벽한 이해로 이끌어준다. 이해의 각 단계는 그 이전의 단계보다 더 어렵다. 그래서 우리는 **참본성**을 인식하면서도 그것이 우리의 참모습임을 모를 수도 있다. 또는 **참본성**을 인식하고 자기 자신으로 알면서도 **참본성**이 다른 모든 것과 어떻게 관련되어 있는지를 모를 수도 있다. 이 세 단계를 좀 더 자세히 살펴보자.

첫째 단계는 **참본성**이 무엇인지 인식하는 것이다. 생각과 느낌, 감각과 에너지 같은 경험의 더 친숙한 요소들에서 **참본성**을 구별해내는 것을 의미한다. 우리는 본성이 지각에 어떻게 영향을 주고, 우리와 경험과의 관계에 어떻게 영향을 주는지를 알 필요가 있다. 우리는 **참본성**이 경험의 근본적인 본질임을 알고, 그것이 어떤 의미인지를 이해해서 **참본성**으로 인식해야 한다.

둘째 단계는 자신을 **참본성**으로 이해하는 것이다. 그것은 어른의 수준에서 우리의 참모습을 완전히 분별하고 통찰하는 것을 의미한다. 첫째 단계에서는 **참본성**을 인식하면서도 그것이 자신임을 모를 수도 있다. 당신은 그것이 신이라고 생각할 수도 있고, 하늘에서 내려온 천사라고 생각할 수도 있다. 당신은 이 현존을 비어 있고 가볍고 빛나는 것이라고 경험한다. 하지만 그것이 자신이 아는 '자기'와는 너무나 다른 느낌이라서 아마도 빛나는 천사임이 분명하다고 생각한다. 당신은 그 현존을 인식하지만, 그것이 자기라는 것을 모른다. 자신을 **참본성**으로 이해하는 것은 '이것이 나의 본성이다.'라고 인식함을 말한다. 그리고 그것은 생각을 통해서가 아니라 경험을 통해서 일어난다.

셋째 단계는 **참본성**이 모든 것의 본성이며, 모든 것을 현현하고 있음을 아는 단계다. 우리는 사물들이 어떻게 본성과 연결되어 있는지를 모르기 때문에 사물들이 어떻게 작용하는지 이해하지 못한다.

참본성과 다른 모든 것과의 관계를 알면, 우리는 사물들이 작용하는 방식을 인식하고 이해하게 된다. 모든 일이 어떻게 일어나는가? 행위란 무엇인가? 행위가 어떻게 일어나는가? 행위와 비행위inaction는 어떤 관련이 있는가? 이런 것들을 이해하는 것은 삶의 지혜를 얻는 데 필수적이다. 그냥 그저 앉아서 명상만 한다면, **참본성**과 다른 모든 것과의 관계를 알 필요가 없을 것이다. 그러나 우리는 앉아만 있는 게 아니라 살아가고 있다. 마음은 생각과 느낌과 함께 기능한다. 우리는 삶의 모든 부분에 존재하는 그 관계들을 이해해야만 한다.

참본성을 이해하는 데는 세 가지 측면이 있다.

첫째, 우리는 참본성이 무엇인지를 알아야 한다.

둘째, 참본성을 외부에 있는 것이나 추상적인 것이 아닌

자신의 본성으로 인식해야 한다.

셋째, 참본성과 그 밖의 현현들,

즉 생각, 느낌, 몸, 우리가 보는 대상들 등등과의

관계를 이해해야 한다.

참본성이 무엇인지를 아는 것,

그것이 우리의 참모습이라고 아는 것,

그리고 참본성과 현현된 모든 것과의 관계를 아는 것이

완전한 이해이다.

그것이 깨어남이며 깨달음이다.

무지를 통과해 참본성으로 들어가기

우리는 무지에 대해 논해왔고, 그것이 깨달음, **참본성**을 아는 것, **참본성**의 자유 속에 사는 것에 장애물로 작용한다는 것에 대해 이야기해왔다. 탐구 수행은 근본적으로 우리가 무지를 꿰뚫어 보고, 그것을 무지로서 인식하는 것을 도와준다. 우리가 무지를 알아차리면, 무지는 참지식, 진리에 대한 지각으로 변형될 것이다.

이런 일이 일어나게 하는 과정은 무엇일까? 우리는 항상 경험 속에서 무엇이 진실인가를 바라봄으로써 탐구를 시작한다. 예를 들어, 나를 무시하는 한 친구의 태도가 마음에 들지 않는다는 것을 알아차린다고 해보자. 그 진실을 탐험함으로써 나는 그것이 어머니가 나를 무시했던 태도와 비슷하기 때문에 싫어한다는 것을 알게 될지 모른다. 나를 무시하는 그 태도가 '나는 무가치하다'고 느끼게 만들었던 것이다. 그래서 그 친구와의 관계에서, 나는 상처받은 아이이고 그 친구는 나의 어머니라고 믿는다. 우리는 자신의 느낌에 대해 설명해주는 좀 더 세부적인 원인들을 살펴볼 수 있다. 우리가 처음에 보게 되는 진리는 무엇이 진실이 아닌가에 관한 것이다. 우리는 거짓을 거짓으로 인식하게 된다. 자기이미지와 친구에게 과거 어머니와의 관계를 투사한 것을 알아차림에 따라, 그 둘 다가 진실은 아니라는 것이 분명해진다. 그 친구는 어머니가 아니고, 나 또한 무가치한 아이가 아니다. 나는 정말로는 더욱 살아 있고 직접적인 어떤 존재이며, 그 존재는 실재이고 본래의 가치를 갖춘 현존이다.

이를 통해 우리는 진리를 인식하게 되고, 경험하고 있는 것이 무엇인지를 알며 그 진리가 **참본성**임을 인식하게 된다. 그것이 단순한 경험이 아니라 우리의 참모습임을 발견한다. 진리가 거짓 혹은 후천적 무지를 드러낼 때, 그 진리와 함께 존재하는 많은 단계와 경험들은 **참본성**이 우리의 본성으로 드러나는 데에 필요한 과정들이다. 진리를 향한 사랑이 우리의 안내자가 되어야 한다. 궁극적으로 이 과정과 함께 머묾으로써 우리는 이해의 셋째 단계에 도달한다. 그 단계에서 우리는 **참본성**이 모든 것을 움직이고 있으며, 모든 것의 근원임을 알게 된다.

이러한 발견은 어떻게 일어날까? 그저 있는 그 자리에 존재함으로써 가능하다. 여정을 통틀어 우리가 탐구를 하든, 명상을 하든, 일상생활을 하든, 우리는 현존하고 자각하기, 그저 있으면서 어떠한 것에도 아무것도 하지 않는 법을 배운다. 이러한 태도는 **참본성**을 초대하여 **참본성**이 스스로를 드러내도록 한다. 또 **참본성**이 우리의 참모습이라는 것을 보여주며, 다른 모든 것이 **참본성**과 어떤 관련을 맺고 있는지를 밝혀준다.

직접적인 앎

우리가 보아왔듯이, 어떤 의미에서 우리의 수행은 자기 앎에 관한 것이며, 자기를 밝히는 것이다. 그것은 깨달음이며 앎knowing이다. 여기서 말하는 앎은 관념적인 것이 아니다. 관념적인 앎은 항상 개념적인 무지가 된다. 심지어 우리가 진실한 무엇을 안다고 하더라도, **참본성**에 관한 뭔가를 깨닫는다고 할지라도, 그것이 개념화되고 정리되는 순간 **참본성**은 이미지가 된다. 우리가 그 이미지를 실재로 여긴다면, 또는 그 이미지를 통해서 실재를 본다면 그것은 또 하나의 장막이 된다.

그것은 무지가 된다.

그래서 여기서 말하는 앎은 직접적인 것이 되어야 한다. 그런 이유로 우리는 자각하는 것뿐만이 아니라 온전히 현존해야 한다고 말한다. 당신이 경험하고 있는 의식이 자각의 장 전체를 가득 채워야 한다. 의식은 어떤 것이든 베일이나 필터 없이 경험해야 한다. 증오, 거부, 저항, 분노, 행복, 광대함 등 당신이 느끼고 있는 것이 무엇이든, 그것이 자각의 전체를 채우도록 허용해서 직접적이고 완벽하게 느끼는 것이다. 그리고 그러한 느낌, 일어나는 일의 경험은 무엇이든 그것에 대한 앎에서부터 분리되지 않는다. 왜냐하면 당신은 논증적인 마음을 통해 개념적으로 **참본성**을 알 수 없기 때문이다.

그럼에도 불구하고 논증적인 마음의 발달은 내재하는 자각의 분별 능력을 발달시키는 데 필수적인 단계이며, 일상의 일들을 수행하는 데에 유용하다. 하지만 논증적인 마음은 깨달음을 위해 필요한 앎은 아니다. 깨달음에 필요한 앎은 더욱 감각적인 앎이며, 경험적인 앎이다. 나는 그것을 직접적인 앎, 또는 즉각적인 앎이라 부른다.

서양에서는 그 앎에 해당하는 '그노시스gnosis'라는 말이 있다. 그노시스란 '앎'이란 뜻이다. 그노시스는 **참존재**를 통해서, 느낌과 앎의 경험이 분리되지 않는 직접적인 접촉을 통해 아는 것이다. 그래서 우리는 언어를 정밀하게 다듬어서, 더욱 조율된 정확한 분별력으로 그 용어들을 이해해야 한다. 우리는 무지에 대항하는 직접적인 앎, 그노시스의 본질을 봄으로써 그것이 비이원적인 앎이라는 것을 알아차릴 수 있다. 우리는 지각과 마음의 평범한 앎을 지배하고 있는 이원성을 넘어간다. 그러면 **참본성**을 인식할 수 있는 가능성이 더욱 커진다.

그렇기 때문에 우리의 탐구 수행은 경험 속으로 탐험해 들어가는 것이다. 그래서 우리의 명상은 **참존재**의 직접성이며, **참존재**는 존재성, 현존, 그리고 현존을 가득 채우는 자각이다. 현존을 가득 채우는 자각은 직접적인 앎, 그노시스를 인식할 수 있는 가능성을 열어준다. 그러한 인식 능력이 발달할 때, 그리고 우리가 **참본성**을 경험할 때, **참본성**이 우리의 참모습임을 인식하고, 모든 것의 본성임을 인식할 수 있다.

당신이 보지 못하는 것은 발달하지 않는다. 경험의 어떤 부분을 있는 그대로 인식하지 않으면 그것은 스스로를 완벽하게 드러내지 않을 것이다. 자신의 **참본성**을 아는 인간의 잠재력은 갓난아기나 동물들에서는 자각될 수 없다. 갓난아기나 동물들은 **참본성**을 있는 그대로 인식할 수 없기 때문이다. 우리는 **참본성**이 펼쳐질 수 있도록 그것을 인식할 필요가 있다. 우리가 **참본성**을 인식하고 이해할수록 **참본성**은 자신의 가능성을 더 많이 드러낸다.

그러므로 우리가 **참본성**을 보고, 알고, 인식하고, 분별하면, **참본성**은 있는 그대로의 자신의 모습을 더 많이 드러낼 것이다. **참본성**은 자신의 보물들, 온전함, 그리고 완벽함을 드러낸다. 그러한 앎은 우리를 해방시켜준다. 우리가 참모습을 보고, 우리가 무엇을 하고 있는지, 사물들이 어떻게 작용하는지를 알도록 도와주기 때문이다. 현명해진다는 말의 의미가 바로 이것이다. 우리가 언제 경험을 거부하거나 개입하는지를 더욱더 지속적으로 인식할 수 있게 되며, 거부나 개입을 더 잘 멈출 수 있게 된다. 우리는 점점 더 우리의 참모습, **참본성**으로 존재하도록 자신을 허용할 수 있다. 수행을 하면서 우리는 현명해지는 법을 배운다. 우리는 경험을 직접적으로 이해함으로써 지혜를 배우고 있다.

그노시스란 '앎'이란 뜻이다.

그노시스는 참존재를 통해서,

느낌과 앎의 경험이 분리되지 않는

직접적인 접촉을 통해 아는 것이다.

그래서 우리는 언어를 정밀하게 다듬어서,

더욱 조율된 정확한 분별력으로

그 용어들을 이해해야 한다.

우리는 무지에 대항하는 직접적인 앎,

그노시스의 본질을 봄으로써

그것이 비이원적인 앎이라는 것을 알아차릴 수 있다.

우리는 지각과 마음의 평범한 앎을 지배하고 있는

이원성을 넘어간다.

그러면 참본성을 인식할 수 있는 가능성이 더욱 커진다.

후천적 무지와 직접적인 앎을 인식하기

조용한 장소를 찾아 당신의 주변에 있는 세계를 고찰하라.

먼저 자신을 열고 감각과 지각에 초점을 맞추면서 외면과 내면의 실재를 직접적으로 자각한다. 경험 속에서 색채, 모양, 질감, 감각, 패턴들을 그저 알아차려라.

경험 속의 모든 대상들을 인식하는 당신의 일상적인 방식을 자각해보라. 하지만 경험의 내용물에 개입하지 않고, 지각하는 자각에 머물러 있도록 한다.

그런 다음, 당신의 개념, 신념, 실재에 관한 지식들이 그 직접적인 경험에 어떻게 영향을 끼치는지 살펴보라.

당신이 자각하고 있는 것의 내용에 초점을 맞출 때 무슨 일이 일어나는가?

마음의 개념들이 경험을 더 생생하게 만드는가?

개념들이 세부적인 내용물들을 채우고 있는가?

마음의 개념들이 당신의 주의를 특정한 방향으로 이끌거나 집중시키는가?

그런 개념들이 당신을 직접성으로부터 멀어지게 하는가?

당신이 직접적인 지각의 경험에 머물러 있을 때, 경험에 대한 앎과 이해에 어떤 일이 일어나는가?

앎과 이해가 개념이 없을 때는 사라지는가?

그것이 마음속의 앎과는 다른 방식으로 나타나는가?

익숙한 마음의 앎(후천적 무지)과 더욱 직접적인 경험적 앎 사이에 있는 특질의 차이를 고찰하라.

chapter

II

마음의 필터에서 자유로워지기

Freedom from the Filters of the Mind

있는 그 자리에 존재하기를 근본적으로 방해하는 무지에 대해 토론함으로써 우리는 새로운 영역에 도달했다. 이제 우리는 이 새로운 영역을 더욱 완전히 탐험하고자 한다. 우리는 경험에 대한 반응에 초점을 맞추는 대신, 경험하는 방식에 내재하는 장애물들을 조사할 것이다. 이런 장애물들은 주요사건에 대한 반응인 거부, 개입, 조작, 그 밖의 다른 부차적인 현현들의 활동이 아니다. 오히려 장애물은 우리가 실제로 경험하는 것, 있는 그 자리, 우리가 누구인가와 실재 그 자체에 대해 오해하거나 잘못 지각하는 것이다. 이런 장애물에 주의를 기울일 때, 우리는 경험의 부차적인 현현으로부터 일차적인 현현으로 초점을 옮기게 된다. 일차적인 현현은 경험 그 자체가 실제로 일어나고 지각되는 것이다.

지금까지 탐험해온 것을 다시 한 번 살펴보자. 그러면 이 새로운 영역으로의 전환이 더욱 분명해질 것이다.

우리는 계속해서 '아무것도 하지 않기', '있는 그 자리에 존재하기'를 가리키고 있다. 이것은 같은 것을 말하는 두 가지의 다른 방식이다. 각각은 우리 자신에 대해 뭔가를 분명히 보여준다. '아무것도 하지 않음'은 어떤 내적 행위에도 개입하지 않음을 의미한다. '있는 그 자리에 존재함'은 자기중심적인 행위가 없음이 바로 우리가 말하는 현존 혹은 **참존재**라는 사실을 가리킨다. 경험에 대해 참으로 아무것도 하지 않기를 배운다면 우리는 단순히 거기에 존재하게 된다. 역으로, 있는 그 자리에 참으로 존재하게 된다면 우리는 경험에 대해 아무 행위도 하지 않게 될 것이다.

우리는 경험에 간섭하는 몇 가지 방식을 논의했었다. 그 방식들은 경험을 가만히 내버려두지 않는 것, 그것을 바꾸려고 하는 것, 개선하려고 하는 것, 판단하고 거부하고 밀치고 당기려 하는 것 등이다. 이런 장애물들을 더욱 자각하는 것이 어떤 행위를 한다는 뜻이 아님을 알아차려야 한다. 우리는 단지 수행을 돕기 위해 분별을 더욱 발달시키고 있다. 우리는 오직 있는 그 자리에 정말로 머무는 것이 무슨 의미인지를 배우고 있을 뿐이다. 매 순간 현존하고 자신으로 존재하기를 배우는 것이다.

우리는 우리가 알고 있다고 믿는 것, 즉 습득된 무지가 모든 개입의 기초가 된다는 것을 논의해왔다. 우리의 행위와 인간관계가 우리가 진리나 실재라고 생각하는 것, 그러한 개념, 신념과 동일시들에 근거하고 있음을 살펴보았다.

그러나 우리가 조사해온 이 모든 행위들은 종종 미묘할 수도 있지만, 더욱 명백하게 확인될 수 있는 경향이 있다. 그리고 그것들은 또한 부차적인 현현으로서, 우리가 지각하는 경험에 대한 다양한 반응들이다. 하지만 훨씬 더 알아차리기 힘든 간섭의 또 다른 범주가 있다. 그것은 일차적 현현과 분리되지 않고 그 안에 존재하는 간섭으로서 우리가 즉각적으로 일어나는 것을 지각하는 방식이다. 그 방식은 축적된 지식이 자신으로 존재하기에 장애물이 되는 두 번째로 주요한 것이다. 그런 일은 의식적으로, 혹은 무의식적으로 경험을 조종하려고 애씀으로써 경험에 개입하는, 그래서 경험이 저절로, 또 자발적으로 일어나는 것을 막는 훨씬 더 미묘한 방식을 통해서 일어난다.

그 미묘한 방식은 드러나지 않는 내적인 활동을 말한다. 우리가 동일시해온, 더 드러나 있고 거친 내적 활동들에 따라가지 않음에 따라 그 미묘한 개입을 점점 더 많이 자각하게 된다. 그 활동은 마음이나 의식이 경험에 개입하면서 경험에 영향을 주고, 경험을 형성하는 방식이다. 이제 이 방식이 어떻게 작동하는지 살펴보자.

과거의 베일들

우리는 투사, 혹은 판단의 움직임을 바라볼 수 있으며, 증오와 거부를 듣고, 느낄 수 있다. 그러나 위에서 말한 두 번째 범주의 활동은 쉽게 확인되지 않는다. 처음에는 우리가 그런 행위를 하면서도 단지 있는 그 자리에 존재하며 아무것도 하지 않는다고 생각할 것이다. 그러나 여러 상황들에서 우리의 반응을 알아차리고 관찰해보면 '있는 그 자리에 존재하기'의 많은 부분이 여전히 간섭의 결과임을 알아차릴 수 있다.

　이런 종류의 간섭은 왜 그렇게 지각하기 어려울까? 부분적으로는, 겉으로 더 잘 드러나는 간섭들은 간헐적으로 일어나므로 알아차리기가 더 쉽기 때문이다. 다른 종류의 간섭은 더욱 잠재의식적인 것이며, 때로는 무의식적이고 항상 일어나고 있는 내면의 행위이다. 그것이 일상적으로 현현되는 형태는 끊임없는 사고과정이며, 거의 지속적인 내적 대화이다. 왜 그것이 일어나는지는 분명하지 않지만, 우리는 때로 그것을 내면의 흥분된 에너지적인 특질로 알아차릴 수 있다. 우리가 주의를 기울이든 기울이지 않든, 그런 간섭은 경험에 영향을 주고, 축적된 지식에 따라 경험을 형성한다. 그것은 우리의 무지에 근거하고 있다. 그래서 경험은 자유롭게, 저절로, 정확히 있는 그대로 현현되지 못한다. 더 정확히 말하자면, 있을 수 있는 가능성대로 현현되지 못한다.

　예를 들어보자. 당신이 다른 사람과 함께 있다고 해보자. 그것은 대단히 격렬한 상황일 필요가 없다. 어떠한 상호작용이라도 당신이 익숙한 패턴을 재현하고 있음을 드러내줄 것이다. 당신은 그 사람과 자기 자신을 어떤 특정한 방식으로 바라본다. 그리고 두 사람이 어떤 관계를 맺는가에 대해서도 특정한 방식으로 느낀다. 하지만 당신의 경험이 단지 일어나고 있는 것처럼 보일지라도, 또 당신이 그 사람과 있는 그 자리에 존재하고 있다고 믿을지라도, 실제로 그것은 당신의 축적된 기억과 지식에 의해 형성되고 있다.

　당신이 거의 모든 상호작용을 경험하는 방식은 과거의 어떤 사람에 대한 내면화된 경험을 재현하는 것이다. 당신은 이전의 관계를 현재의 관계에 투사하고, 그 베일을 통해서 현재의 상호작용을 지각하고 있다. 사건은 자유롭게 저절로 일어나지 않는다. 당신이 그것을 만들어내고 있다. 당신은 그것을 특정한 방식으로 형성하고 있다. 그리고 이것을 알 수 있는 하나의 사실은 누군가는 그 사람을 당신처럼 경험하지 않으리라는 것이다.

당신은 자신이 특정한 방식으로 존재하려고 애쓰고 있음을 알아차리지 못한다. '나는 나의 본래 모습으로 존재할 뿐이야.'라고 생각하겠지만, 그것은 자발적이고 자유롭게 일어나는 경험이 아니다. 그 경험은 당신의 개인사적인 지식, 습득된 지식에 의해 결정된다. 그 지식은 당신이 누구인가, 다른 사람들은 어떠한가, 그리고 실재란 무엇인가에 관한 모든 신념과 개념들이다. 경험은 당신의 일상적인 축적된 지식에 의해 영향받고 있다.

모든 미묘한 간섭을 바라보며, 우리는 다음과 같이 알아차릴 수 있다.

- 경험은 자유롭게 일어나지 않는다. 우리는 축적된 신념과 이해를 가지고 지각함으로써 경험의 자발성에 간섭한다.
- 특히 우리의 경험은 잠재의식의 정신적 과정에 의해 형성된다. 그 것은 기억, 사고, 그리고 과거에서 온 정보에 따라 일어나는 반응 등의 끊임없는 활동이다.
- 다른 사람들과의 관계에서 우리는 자신이 누구인가와 다른 사람들에 대한 이미지를 경험 위에 덧씌운다. 그리고 관계 그 자체에 특별한 느낌을 덧입힌다. 그 결과 최소한 경험의 한 부분은 과거

의 조건에 의해 만들어진다.

• 우리는 특별한 경험을 눈에 띄게 거부하지 않기 때문에 우리의 행동을 간섭이라고 여기지 않는다. 그러나 우리가 실제로 거부하는 것은 일어나는 경험들의 자발성인 것이다. 이것은 정확히 있는 그 자리에 존재하고자 할 때 가지게 되는 난점이다. 우리는 경험을 조종하려고 한다. 경험을 조종하려고 애쓰는 것만이 아니라 실제로 경험을 조종하고 있다. 과거를 통해 경험을 바라봄으로써 우리는 경험을 형성하고 있다. 경험은 과거지식의 필터를 통해 부분적으로 형성되고 있는 것이다.

• 이것은 우리가 관찰해야 할 더 미묘한 내적인 활동이다. 왜냐하면 이 활동은 거의 지속적이고, 잠재의식적이거나 무의식적인 많은 부분으로 이루어진 정신적 과정이기 때문이다. 기억하기, 상상하기, 특별한 이미지나 형상을 부여하기, 필터링하기, 투사, 그리고 다른 잠재의식적인 정신적, 감정적 작동 등이 그것이다.

이것으로부터 우리가 경험을 있는 그대로 존재하고 자유롭게 스스로 나타나도록 허용하는 대신, 끊임없이 경험을 창조하고 있다는 것을 알 수 있다. 그래서 모든 에고의 경험은 본질적으로 현재의 경험에 간섭하는 것이다. 여기에 또 다른 예가 있다.

당신이 '나는 파트너에 대해 화가 난다. 그것이 내가 정말로 있는 곳이다.'라고 느낀다고 해보자. 그 말은 진실인 것처럼 보인다. 그리고 아마도 그럴 것이다. 그러나 그 사람에게 화를 내면서 당신은 그 상황에다가 과거의 누군가와의 관계를 투사하고 있는지도 모른다. 당신은 젊어지고 온 기억에서 그 관계를 끌어내어 그 순간에 갖다 붙인 것이다. 당신은 그 순간에 거기에 힘을 실어주었고, 계속해서 힘을 실어주고 있으며, 그것이 계속 머물게 하려고 애쓰고 있다. 그래서 그 상황은 당신이 여전히 가지고 다니는 과거에 부합하는 것이다.

그처럼 당신은 자신의 스토리를 가지고 있다. '나는 이 사람이 나에게 상처를 줬기 때문에 화가 난다.' 하지만 그 상황을 탐험해보면, 대부분의 경우 우리는 그 문제를 올바르게 보고 있지 않다는 것을 발견하게 된다. 그리고 우리가 보는 것이 사실이라 하더라도 우리는 어느 정도 실제로 일어나지 않은 일을 그 경험에 투사하고 있다. 우리는 최소한 부분적으로 망상 속에 있는 것이다.

또 다른 말로 하면, 우리가 자신의 경험에 대해 뭔가를 하고 있다는 것이다. 그러나 그것은 우리가 보통 행위라고 여기지 않는 행위이다. 우리는 이렇게 말한다. "나는 이 사람에게 정말로 화가 난다고 생각할 수밖에 없어." 그렇지만 그 생각 자체가 그 순간에 대한 간섭이다. 그것은 반응이고 기억이다. 우리는 실재라고 생각하는 특별한 프로그램을 활성화하고 있는 것이다.

그것은 어떤 수준에서는 우리의 현실이다. 하지만 그 현실과 정말로 함께 존재하기를 허용한다면, 그 현실을 온전히 느끼고 현존한다면, 우리는 진실 속으로 더 깊이 들어갈 수 있으며, 그 경험은 자신의 **참본성**을 드러내기 시작할 것이다. 우리는 자신의 분노가 마음의 작동, 투사, 감정전이, 자신에 대한 이미지라는 것을 보기 시작한다. 다른 말로 해보면, 화를 내는 그 경험이 일어나기 위해서는, 자신과 파트너가 어떤 특정한 사람이라는 것을 우리가 믿어야만 하는 것이다. 만일 우리가 그 신념들을 놓아버린다면 현실은 변형될 것이다. 우리는 그 신념들을 놓아 보낼 수 있다고 믿지 않을지도 모른다. 그것이 사실일 수도 있다. 그러나 중요한 자각은 우리의 현실이 부분적으로는 과거에서 온 정신적 신념에 근거하고 있다는 것이다. 그래서 우리는 경험의 정신적 특질을 볼 수 있게 된다. 그것의 비어 있는 특질, 즉 현존의 결핍을 드러낸다. 우리가 경험하고 있는 현실은 완전한 직접성이 결핍되어 있기 때문이다.

그런 이유로 현존과 함께하는 자각이 우리의 수행으로 강조되고 있다. 우리의 수행은 있는 그 자리를 자각하고 현존하는 것이다. 만일 우리가 오직 자각하기만 하고 진실로 현존하지 않는다면, 우리는 경험이 만져질 수 있고 의식으로 가득 찰 수 있다는 사실, 또한 어떤 일이든 일어나고 있는 일에 직접적으로 닿을 수 있다는 사실을 놓칠 수 있다.

그러면 경험을 투명하게 이해하기, 또 진정으로 우리의 **참본성**으로 존재하기를 향해 어떻게 나아갈 수 있을지 정리해보자.

- 어떤 사건 혹은 관계를 경험할 때, 우리는 보통 경험하고 있는 일에 대해 반응한다.(이것은 이차적 현현이다.) 그 반응은 판단, 저항, 거부, 조작 등등이다.
- 이러한 간섭을 멈출 수 있을 때, 우리는 실제로 일어나고 있는 일(일차적 현현)을 더욱더 자각하게 되며, 그 일을 이해하기 시작한다. 지금 일어나고 있는 온전한 직접적인 경험이 아님을 아는 것이다. 완전히 만져질 수 있고, 직접적이면서 살아 있는 경험을 하지 못하게 하는, 경험에 씌워진 여러 층의 베일들이 있다는 것을

인식한다.

- 우리는 있는 그곳에 존재한다고 생각하지만, 처음에는 분명하게 드러나지 않는 내적 행위들에 몰두하고 있다. 우리는 무의식적으로 **참존재**에서 분리된다. 혹은 약간의 분리감을 느끼고 있으면서도 그 문제에 있어서 어쩔 수 없다는 느낌을 가질지도 모른다.

- 만일 경험과 함께 현존하기만 하고 그것과 싸우지 않는다면, 경험은 스스로를 드러내기 시작하며, 우리는 마음이 그 순간 경험에 간섭하고 있음을 보기 시작한다.

- 신념과 개념이 개입되어 있음을 봄에 따라 우리는 경험의 정신적 특질, 그것의 비어 있음과 실재의 결핍을 보게 된다.

- 우리는 매 순간 자신이 어떤 사람이라는 신념을 덧입힌다. 다른 말로 하면, 무슨 일이 일어날 때마다 우리는 과거에서 가져온 투사에 근거한 특정한 방식으로 반응한다. 그 투사는 우리가 그 순간에 특정한 사람으로 존재하게 만든다.

- 더 큰 명료함과 이해, 현존의 자각이 일어남에 따라, 우리는 있는 그 자리에 존재한다고 생각할 때도 아직 자신으로 존재하고 있지 않음을 인식하기 시작한다. 우리가 몰두하고 있는 것이 그 순간에 대한 마음의 반응과 투사임을 알게 된다.

- 특히 우리는 일차적 현현을 간섭하는 내적 활동을 보기 시작한다. 그것은 우리가 그 순간에 일어나는 실제의 내용이라고 믿어온 것이다. 우리는 자기 이미지, 아이덴티티, 에고 구조, 개인사에서 오는 프로그래밍, 투사들을 자각하게 된다. 이 모든 것이 간섭이다.

- 경험의 내용이 투사이며 하나의 입장임을 인식함으로써 일어나

고 있는 일을 이해함에 따라, 자각의 빛은 우리의 경험을 매 순간의 진실한 실재로 변형시킨다. 그와 동시에 우리는 우리가 믿는 자신의 모습이 아닌 참모습으로 변형될 것이다.

직접성의 결핍을 드러내기

이 이슈들을 작업해나감에 따라, 자신이 누구인지 모르기 때문에 무지가 계속된다는 사실이 분명해진다. 그러면 우리가 자신으로 존재하기를 막는 이러한 내적 활동들을 어떻게 이해하고 작업해야 할까?

위에서 말했듯이 그 활동은 잠재의식적이고, 대부분 무의식적이기 때문에 지각하기가 아주 어렵다. 전통적으로 행해온 방법 중 하나는 앉아서 하는 명상이다. 명상은 의도적으로 어떤 내적인 활동에도 말려들지 않는 방법이다. 결국 마음은 고요히 가라앉고 흥분은 안정될 것이며, 그 안정과 고요는 우리의 경험에 더 많은 직접성을 가져다줄 것이다. 실제로 명상은 먼저 직접성의 결핍을 드러내준다. 그런 다음 더 많은 직접성을 가져다줄 것이다. 그런 이유로 명상 중에 우리는 사고, 반응, 내면의 흥분 등의 정신적 과정 때문에 현재의 순간에서 분리되는 것을 피할 수 있다.

있는 그곳에 존재하고 경험 안으로 탐구해 들어가는 주요한 수행에 있어서, 당신은 경험의 직접성과 함께 작업하는 것이 가장 좋은 방법임을 발견하게 될 것이다. 직접성은 경험의 진리를 꿰뚫어 볼 수 있는 자각과 의식의 특질을 가져다준다. 당신은 경험에 관여하면서 그 안으로 탐구해 들어간다. 그 경험은 무엇인가? 그 경험의 본질은 무엇인가? 매 순간 경험을 특정하게 존재하게 만드는 것은 무엇인가?

우리는 생각, 느낌, 그리고 이미지와 투사의 내용들을 볼 수 있고, 대조와 과학적인 비교, 판단을 통해 이 요소들과 과거에 경험했던 것들 사이의 연결성을 지각할 수 있다. 예를 들어 당신은 이렇게 볼 수 있을 것이다. '아, 엄마가 나한테 멍청하다고 소리칠 때마다 내가 엄마에게 반응했던 것과 비슷하게 지금도 느끼고 있구나.'

이런 연결을 함으로써 우리는 모든 경험에 공통적인 점을 인식한다. 경험들이 정말로는 지금 이 순간의 것이 아니며, 과거에 의해 채색된다는 것이다. 우리는 의식이 경험 주변에 둘러친 장막을 볼 수 있다. 그것은 간섭의 장막이 되어버렸다. 우리는 **참존재**의 역동이 완전히 자유롭지 않다는 것을 인식하고, 경험을 있는 그대로 생생하게 일어나도록 초대하는 온전한 열려 있음이 부족하다는 것을 인식한다. 경험이 둔탁함과 어둠을 만드는 낡고 케케묵은 필터들을 통해 일어난다는 것이 느껴진다.

우리는 종종 평범한 경험 안에서의 '여기에 존재하기'에 대해 이야기한다. 물론 우리는 어떤 의미에서 정말 여기에 존재하고 있다. 하지만 직접적인 에센스의 현존감이 없는 자기발견의 첫 단계에서 '여기에 존재하기'는 어떤 의미일까? 그 말은 내가 느끼고 있는 그대로를 느끼면서 그것을 변화시키려고 공공연하게 애쓰지 않음을 의미할 뿐이다. 그러나 나는 아직 거기에 존재하지는 않는다! 만일 '나'라는 것이 단지 나에 대한 개념일 뿐이라면 내가 어떻게 거기에 존재할 수 있겠는가? 내가 할 수 있는 것은 오직 일어나고 있는 일을 자각하고 느끼고 인식하면서 그것과 싸우지 않는 것뿐이다.

그렇지만, 경험과 싸우지 않는 법을 진실로 배운다면, 경험은 내가 거기에 존재하지 않는다는 것, 내가 정말로 현존하지 않는다는 것을 드러내기 시작한다. 내가 경험과 싸우지 않으며 경험을 자각하고 있다는 것, 그리고 나는 벗어나려고 애쓰지 않는다는 것은 진실이다. 그래서 나의 주의는 어딘가 다른 곳으로 벗어나지 않으면서도 동시에 정말로 여기에 존재하지 않을 수도 있다. 나는 여기에 있는 것의 진리, 지금 이 순간의 진리에 진정으로 발을 내려딛지 않은 것이다. 나는 그저 경험 위에 떠돌고 있다. 마음속, 정신적 현실 어딘가에 있는 것이다.

경험의 구상화

경험의 정신적인 내용을 조사해볼 때, 우리는 경험이 마음속의 모든 지식인 이미지, 반응, 투사들로 이루어져 있음을 알아차리기 시작한다. 좀 더 단순하고 심오하게 말하자면, 우리의 경험은 대부분 **구상화** reification로 이루어져 있다. 구상화는 우리가 경험하거나 생각한 것이 마음의 구조 안에서 하나의 대상이 된다는 것을 말한다.

예를 들어, 우리가 자신을 경험하기 위해 의지하는 몸의 이미지는 몸의 구상화이다. 그리고 우리가 아는 누군가가 지나가는 것을 볼 때, 우리는 그 사람을 어떤 이름의 꼬리표로 동일시해서 특정한 시간/공간의 존재로 보게 된다. 그것이 바로 구상화이며, '그 사람은 누구이다.'라는 틀에 가두어놓은 개념이다. 그러나 그 사람은 시간/공간의 존재

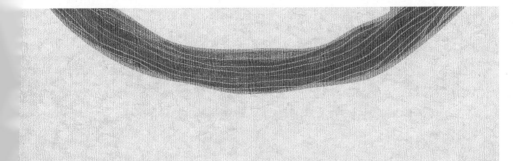

우리가 자신을 경험하기 위해 의지하는

몸의 이미지는

몸의 구상화이다.

그리고 우리가 아는 누군가가 지나가는 것을 볼 때,

우리는 그 사람을 어떤 이름의 꼬리표로 동일시해서

특정한 시간/공간의 존재로 보게 된다.

그것이 바로 구상화이며,

'그 사람은 누구이다.'라는 틀에 가두어놓은 개념이다.

그러나 그 사람은 시간/공간의 존재가 아니다.

그 사람은 우리가 특정한 시점에서 경험하는,

실재가 취하는 하나의 현현이고 형상이다.

가 아니다. 그 사람은 우리가 특정한 시점에서 경험하는, 실재가 취하는 하나의 현현이고 형상이다. 마음은 그 인상을 기억하고, 분리될 수 없는 **참존재**의 하나됨으로부터 그것을 추출해서 하나의 대상으로 만든다. 그런 다음 포장해서 거기에다 이름을 붙인다.

당신이 식사를 하면서 숟가락을 들어 올린다고 생각해보자. 그 숟가락은 무엇일까? 당신이 경험하는 숟가락은 진짜 숟가락이 아니다. 당신이 경험하는 것은 숟가락의 구상화이다. 즉, 마음이 그 상황에 대해 부여하는 어떤 것이다. 당신은 마음으로 우리가 숟가락이라 부르는 하나의 대상을 창조하고, 실재가 지금 이 순간 취하는 그 형상에 그 대상을 투사한다. 만일 구상화하지 않고 마음의 작용 없이 이 형상을 볼 수 있다면, 당신은 그 숟가락을 그곳에서 특별한 모양과 색채로 나타난 현존으로 인식할 것이다.

그 숟가락에 아무런 실체가 없다는 말이 아니다. 분명히 당신의 손에는 음식을 입에 떠 넣기 위해 사용하는 뭔가가 있다. 그러나 당신이 아무런 정신적인 작동 없이 숟가락을 본다면, 그것은 숟가락처럼 보이는 어떤 것, 숟가락의 홀로그램에 더 가깝게 보일 것이다. 실제로 구상화가 없을 때는 그것이 빛이라는 것을 알게 된다. 그것은 숟가락으로서 동일시되는 익숙한 정신적 이미지가 없는, 음영과 색채를 지닌 빛의 형상인 것이다. 그리고 우리 눈에 불투명하고 견고하게 보이도록 하는 것은 숟가락을 정신적으로 이미지화하는 행위이다. 이런 구상화나 정신적 이미지가 없으면, 우리 주변의 모든 것은 스스로를 홀로그램으로 형성하는 광대한 빛의 필드가 될 것이다. 그러나 보통은 구상화 때문에 빛 그 자체를 보지 못한다. 우리는 오직 그 빛이 취하는 색채와 모양만을 본다. 그런 다음 그것을 이런저런 대상이라고 이름 붙인다. 이 정신적 대상은 우리를 빛의 필드와 접촉하지 못하게 단절시키는 불투명함이다.

숟가락의 예를 다른 경험들로 확장하면, 우리가 자신으로 존재하는 데에 습득된 지식이 장애물이 된다는 것을 알 수 있다. 우리의 모든 경험은 구상화로 이루어져 있다. 구상화된 경험은 정신적으로 만들어진 대상이 된 추상적인 개념과 인상들이다. 우리는 경험에다가 그런 것들에 대한 믿음을 계속해서 부여한다. 그런 식으로 우리는 매 순간에 끼어들고, 이런 마음의 대상들이 실재인 것처럼 나타나게 만든다. 그러나 그것은 실제로는 그 경험을 실체로 만드는 우리의 마음이다.

경험을 구상화하는 이 과정은 계속되며, 우리는 과거에서 온 이전의 구상화들을 끊임없이 적용한다. 우리는 지금을 보지 못하고 구상화된 순간을 경험한다. 그 말은 우리가 이전에 만들어진 구상화들을 지금 이 순간에 덧붙이고 있다는 의미이다. 이전의 구상화들은 우리가 자기 자신, 다른 사람, 다양한 대상들에 대해 갖는 이미지, 표상, 그리고 정신적인 구조들이다.

우리가 이러한 구조들로 매 순간을 단단히 포장하기 때문에, **참존재**의 역동은 우리 안에서 자기 자신을 자유롭게 표현하지 못한다. 그럴 때 **참존재**는 항상 제한되고, 특정한 개인의 포장을 통해서만 현현된다. 경험, 자각, 그리고 현재의 순간을 구상화하는 것은 우리가 자신으로 존재하지 못하게 한다. 우리는 진정으로 있는 그 자리에 있다는 느낌을 느끼지 못한다. 분리가 있기 때문에 그것은 마치 땅에 닿지 않은 듯한 느낌이다. 우리의 진실한 존재와 경험 사이에 거리가 있는 것이다.

경험하는 자와 경험대상이 완전히 만난다는 의미에서,

둘 사이에 아무런 거리가 없다는 의미에서

우리의 경험이 참으로 직접적이 될 때,

그 둘은 하나가 되며,

우리는 그 하나됨을 우리의 본성으로 경험한다.

"나는 그저 여기에 있다. 나는 그저 나 자신으로 있다."

그러나 여기에서 말하는, 나 자신으로 있는 나는

어떤 개념도 아니고, 마음의 구조물도 아니다.

이 나는 바로 현존이고 자각이며,

빛남으로 만들어진, 참존재의 명료함으로 이루어진

생생히 살아있는 의식이다.

마음이 이 포장의 층들을 계속해서 쌓기 때문에 그 거리가 생긴다.

이전의 장에서 우리는 수행이 매 순간 경험 속에서 일어나는 일에 대한 진리를 보고, 그것이 무엇인지를 이해하는 것이라고 배웠다. 이제 구상화가 어떻게 작동하는지 어느 정도 이해했으므로 우리는 과정을 처음부터 끝까지 느끼고 경험적으로 접근하는 것이 얼마나 중요한지를 인식할 수 있다. 그 과정을 정신적으로만 작업한다면 우리는 여전히 구상화에 갇힌 채로 남아 있을 것이다. 그런 이유로, 생각하는 마음만 가지고서는 **구상화**를 용해시킬 수 없다. 포스트모더니즘 철학자들 중 그렇게 주장하는 사람들이 있긴 하지만 말이다.

그와는 대조적으로, 자각과 현존을 가지고 경험을 관찰하는 것은 구상화를 구상화로서 드러냄으로써 거기에 도전한다. 우리의 신념이 구상화를 계속 유지한다. 우리는 거기에 매달리고 구상화들이 진짜라고 믿음으로써 구상화를 유지하는 것이다. 그렇지만 구상화들이 **정신적 구조**임을 인식하게 되면 그것들은 투명해지고, 우리가 더 이상 그것들과 함께 가지 않는 것이 가능해진다.

여기에서 우리는 동일시하고 있는 구조들이 무엇이든 적으로 취급하거나 거부할 필요가 없음을 기억하자. 수행의 다른 부분에서와 마찬가지로 우리는 마음의 작동을 이해하고, 그것을 만들어낸 구상화들과 직접성의 결핍을 인식해야 한다. 단지 일어나고 있는 일을 자각하고 거기에 현존하며 그 안으로 탐구해 들어갈 때 이런 일이 일어난다. 우리가 직접성을 제한하고 있다는 것을 인식할 때조차도 우리는 판단의 덫에 빠질 필요가 없다.

이런 것들을 있는 그대로 인식할 때, 장애물과 층들은 용해되기 시작하고 우리는 더욱 든든히 땅에 발을 붙이고 현존하게 된다. 그것들이 용해되면서 매 순간의 **참본성**을 드러내고, 우리는 경험 속에서 직접성을 더욱더 크게 느낀다.

마침내 우리는 직접성이 사실 현존을 의미한다는 것을 깨닫는다. 즉, 경험이 참으로 직접적이 될 때, 어떠한 마음의 구조도 끼어들지 않을 때, 우리는 여기에 존재하고, 이 순간 참으로 온전히 경험 속에 존재한다. 이런 식으로 경험 속에 존재하는 것을 우리는 현존이라 부르며, 본래 모습으로 존재한다는 말의 의미가 바로 이것이다. 우리는 '여기에 존재하는 것'이 다음과 같다는 것을 자각한다. "나는 나 자신인 현존이다. 나는 이 순간 여기에 있다. 나의 경험은 과거에서 끌어온 마음의 구조물이 아니다. 나는 실재 그대로의 나로 존재할 뿐이다. 그리고 나는 이 순간을 완벽하게 직접적으로, 어떠한 개입 없이 경험하고 있다. 나는 자각awareness이며 의식이다. 그 자각과 의식은 지금 이 순간 존재하고 현존하며, 나는 나 자신을 바로 그 존재로서 경험한다."

더 나아가, 우리가 매 순간 마음의 구조물에 의해 정의되고 제한되지 않을 때, 또 마침내 직접성을 가지고 자신을 경험하고 자신으로 존재할 때, 우리는 자신과 경험에 대해 내적으로 행위하지 않는다는 것이 무엇인지 자각하게 된다. '어떠한 내적 행위도 하지 않기' 그리고 '자신으로 존재하기'가 정확히 같은 것, 단지 여기에 존재하는 단순성이기 때문이다.

그럴 때에 이런 깨달음이 일어난다. "나는 단순히 존재할 수 있는 자유만이 아니라, 행동하지 않을 수 있는 자유도 있다. 나는 자각하는 바탕medium이다." 이 사실, 이 사실의 인식은 우리가 진정으로 있는 그 자리에 존재할 수 있게 해준다. 있는 그 자리에 존재하는 것, 그것이 바로 우리의 참모습이다.

우리는 직접성이 무엇인지 이해하게 된다. 즉, 사물들을 직접적으로 경험한다는 말이다. 우리는 또한 직접성 속에서 자신을 경험한다는 것을 알게 된다. 경험의 내용물만 경험하는 것이 아니라, 자각 또한 경험하는 것이다.

그래서 만일 어떤 순간에 슬픔을 경험한다면, 나는 그것을 직접성을 가지고 온전히 경험할 수 있으며, 그때 내가 이 현존이자 온전함이며, 자각, 빛남이라는 것을 인식하게 된다. 그 자각 안의 어떤 곳에 슬픔의 정서가 펼쳐져 있는 것이다. 나는 그 슬픔을 자각하는, 스스로 존재하는 자각이다.

그리고 이제 우리는 스스로 존재하는 자각이 경험 속에 일어나는 일차적인 것임을 인식한다. 그것은 이 순간에 일어나는 실재의 참 현현이다. 우리의 모든 감정을 포함해서 다른 모든 것은 부차적이며 항상 변화한다.

더 나아가서, 경험하는 자와 경험대상이 완전히 만난다는 의미에서, 둘 사이에 아무런 거리가 없다는 의미에서 우리의 경험이 참으로 직접적이 될 때, 그 둘은 하나가 되며, 우리는 그 하나됨oneness을 우리의 본성으로 경험한다. "나는 그저 여기에 있다. 나는 그저 나 자신으로 있다." 그러나 여기에서 말하는, 나 자신으로 있는 나는 어떤 개념도 아니고, 마음의 구조물도 아니다. 이 나는 바로 현존이고 자각이며, 빛남으로 만들어진, **참존재**의 명료함으로 이루어진 생생히 살아 있는 의식이다.

이것은 있는 그 자리에 존재하기에 관한 이전의 이해를 넘어서는 더 깊은 이해이다. 우리는 이제 있는 그 자리에 존재하기와 자신으로 존재하기, 본래 모습으로 존재하기 사이의 연결성을 더욱 명료하게 볼 수 있다. '있는 그 자리'에 존재한다는 것은 내(참자아, 자각, 현존, 나의 존재, 바로 지금 이 순간에 있는 것)가 경험의 맥락 속에서 일어나는 모든 세부적인 것을 자각하고 있으며, 또한 그 자각이라는 것을 뜻한다. 그리고 나는 직접성과 함께, 모든 것에 완벽하게 침투해 있는 자각과 함께 모든 것을 자각하고 있다.

그래서 수행의 초기에는 직접성이 내적 경험인 것으로만 보이지만, 결국은 모든 경험이 직접적인 것이 된다. 뭔가를 경험할 때마다 우리는 바로 그것의 실체를 경험한다. 우리가 바로 그 실체이기 때문이다. 이제 우리는 '있는 그 자리에 존재하기'가 오직 마음의 활동에 의해서만 '본래 모습'에서 분리된다는 것을 더욱 명료하게 이해한다. 참으로 우리는 우리가 경험하는 그것이다.

무엇이 경험의 직접성을 증대시키거나 제한하는지를 관찰하기

당신이 사람들에 대해 반응하는 방식을 살펴봄으로써, 또 다른 사람들과 교류하지 않을 때는 내면의 경험을 탐사함으로써, 혹은 둘 다를 하면서 이 연습을 할 수 있다. 시간을 충분히 가지고 다음 질문들을 숙고해보자.

당신이 더욱 직접적인 경험을 하게 하는 것은 무엇인가?

경험의 직접성을 제한하는 방식은 무엇인가?

당신의 경험을 제한하는 것은 무엇인가?

어떠한 정당성으로 당신은 경험의 직접성을 제한하는가? 즉, 그렇게 함으로써 당신이 얻는다고 믿는 유익함은 무엇인가? 이 질문을 탐험하면서, 당신은 논리적인 마음이 아닌 무의식을 다루는 것이다.

바로 지금 이 순간, 당신은 경험의 직접성을 어떻게 제한하고 있는가?

chapter

12

동일시의 덫

The Trap of Identification

앞에서 우리는 모든 평범한 지식이 구상화라고 부르는 미묘한 정신작용에 근거하고 있음을 보았다. 구상화는 어떤 경험, 지각, 인상이나 개념을 취한 다음, 그것을 대상화하고 저장해서 다양한 상황 속에서 경험을 바라보는 렌즈나 필터로 사용하는 것이다. 우리는 평범한 경험이 이 마음의 활동에 의해 매개된다는 것을 배웠다. 마음의 활동은 지각을 끊임없이 필터로 거르고, 축적된 지식과 역사에 따라 경험을 형성하고 있다. 이 장에서 우리는 그 과정이 어떻게 작용하는지를 더욱 깊이 이해하는 쪽으로 한 단계 더 들어가보기로 하자.

구상화된 지식, 후천적인 무지가 일차적인 경험과 거기에 대한 이차적인 반응을 형성하기 위해서는 특별한 정신과정이 작동해야만 한다. 본래 모습으로 존재하고, 있는 그곳에 존재하기를 배우는 관점을 계속 유지하면서 그 과정이 무엇인지 탐험해보자.

동일시가 방해물이다

우리가 마음속에 구상화를 갖고 있다는 사실 그 자체는 있는 그 자리에 존재하기에 대해 아무런 장애물을 만들지 않는다. 경험이나 느낌에 대한 반응, 연상, 심지어 거부조차도 그 자체로는 자신으로 존재하기에 대해 방해가 되지 않는다. 우리가 구상화를 특별히 방해물이 되도록 사용할 때에만 그렇게 작용한다. 일상의 삶에서 예를 들어보면 왜 그런지 알 수 있을 것이다.

당신이 남편, 혹은 아내와 파티에 참석했는데, 건너편 한쪽 구석에서 누군가가 당신의 배우자에게 시시덕거리고 있는 모습이 눈에 들어온다고 하자. 당신의 배우자는 그 사람에게 흥미를 느끼며, 눈에 띄게 그 사람의 관심을 즐기면서, 깔깔거리며 당신에게는 하지 않는 행동을 하고 있다. 당신은 우리가 질투라 부르는 반응을 하기 시작한다.

사람들은 보통 질투라는 경험에 완전히 사로잡힌다. 그렇지만, 질투가 일어나면서도 당신이 그 갈고리에 걸리지 않는 일이 실제로 가능하다. 주의를 기울여보면 당신은 질투가 이미지, 생각, 느낌, 혹은 몸의 생리적인 반응으로 일어날 수 있음을 보게 될 것이다. 그리고 질투가 단지 당신이 경험하고 있는 특별한 상태에서 일어나는 것임을 인식할 수 있다. 질투의 현현이 어떤 것으로 일어나든, 그 현현을 투명하게 자각하면서 온전히 경험하기를 선택할 수 있다. 만일 그 감정을 완전히 감싸는 자각 속에서 현존할 수 있다면, 질투는 스스로 변형되며 자연스럽게, 그리고 자발적으로 그 바탕에 있는 본질을 드러낼 것이다.

그렇지만 우리는 보통 그 경험의 덫에 갇혀버리고 만다. 우리는 그 느낌 자체 때문이 아니라, 우리가 거기에 특정하게 관련을 맺기 때문에 그 느낌에 갇힌다. 우리는 질투를 그저 경험하는 것이 아니라, 자신을 그 안에 파묻어버린다. 우리는 그것에 의해 자신을 정의한다. '나는 질투하는 사람이다. 그리고 그것이 나라고 알고 있다.' 때로 우리는 질투가 우리를 통제하고 느낌과 행동을 결정하는 것을 인식하지만, 어떤 경우에는 거기에 너무나 사로잡혀서 자기가 질투하고 있는지조차 모른다. 태도, 말, 행위로 질투를 자기도 모르게 표현하고 있다.

우리는 그것을 '**동일시**identification'라 부른다. 그냥 단순히 질투가 일어나는 것이 아니라, 그 질투의 상태와 **동일시**하고 있는 것이다. 그 느낌은 실제로는 그저 하나의 일시적인 파도일 뿐이다. 그러나 우리는 그것을 알지 못한다. 자신이 그 느낌을 담고 있는 뭔가 더 큰 존재임을 알지 못한다. 그 느낌 자체는 우리보다 훨씬 더 작은 것이며, 우리를 규정할 수 없다는 사실을 모른다. 만일 동일시되지 않는다면, 우리는 질투의 느낌이 의식 속에 떠올랐다가 사라지는 어떤 것이라고 이해할 것이다. 그러나 우리가 그 파도 안에 있으면서 그것에 의해 규정될 때 우리는 바다를 잊어버리며, 심지어 물에 대한 것도 잊어버린다. 어떤 낡은 지식, 어떠한 구상화라도 그것이 장애물이 되기 위해서는 이 동일시의 과정이 반드시 필요하다.

물론, 동일시에는 기억, 통합, 비교, 투사, 표상, 구상화 등등 많은 정신적 과정들이 개입된다. 그러나 보통 그것들은 모두 하나의 대표 단어인 동일시라고 불린다.

모든 에고의 경험은 동일시이다

난처한 느낌이나 괴로운 느낌만이 우리를 동일시로 이끄는 것은 아니다. 모든 에고의 경험은 동일시를 포함하고 있으며, 우리는 늘 어떤 내용물에 동일시하고 있다. 그래서 첫째로 알아차려야 할 것은 우리가 어떠한 것과도 동일시할 수 있다는 것이다. 에고 구조, 자기 이미지, 투사, 또는 특별한 감정, 습관적인 느낌이나 생각, 욕망 혹은 집착, 어떤 계획이나 아이디어나 이상, 그 모두가 대상이 될 수 있다. 그 동일시의 대상은 큰 것, 작은 것, 정신적인 작용, 아니면 어떤 구체적인 것이 될 수도 있다. 동일시는 거칠고 명백한 덫이 될 수도 있고, 아주 미묘하며 바탕을 이루는 것이 될 수도 있다. 동일시는 과거에 근거할 수도 있고, 또한 현재의 경험 자체와 동일시될 수도 있다.

동일시가 너무나 넓게 퍼져 있으므로, 우리가 끊임없이 몰두하고 있는 이 미묘한 활동을 이해하는 것이 더 좋겠다. 사실상 우리의 근본적인 본성, 진실한 아이덴티티는 완벽하게 자유롭고 광대한 무엇임에도 불구하고, 우리를 제한되고 일시적인 현현에 갇히게 하는 이 습관에 대해 더 많이 알아야 한다. 동일시라는 용어의 정의를 살펴보는 것으로 시작해보자.

실시간 활동으로서의 동일시

심리학 문헌에서 '동일시'라는 말은 나는 누구인가, 혹은 현실이란 무엇인가를 정의하기 위해서 이미지, 인상, 또는 표상representation을 사용한다는 뜻으로 사용된다. 다른 말로 하면, 우리는 어떤 이미지, 인상, 혹은 지식의 한 조각을 취해서 자아 감각을 건설하기 위한 기초재료로 만든다. 이것은 에고 발달과정의 한 부분이다. 마음 안에서 인상들을 내면화하여 정착시키고, 그것을 나는 누구인가, 그리고 세상은 무엇인가를 규정하는 데 사용한다.

우리의 작업에서 '동일시'라는 용어를 사용하는 방식은 이러한 심리역동적인 의미를 포함한다. 심리역동에서는 동일시를 주로 개인사적인 과정으로 본다. 그러나 그것은 또한 바로 지금 이 순간의 동일시 행위인 현재의 활동도 포함한다. 예를 들어, 우리는 '나는 강한 여자다.' 혹은 '나는 어리석은 아이다.' 등과 같이 에고에 의해 과거에 형성되어 무의식 속에 여전히 남아 있는 특별한 구조와 동일시할 수 있다. 동일시한다는 말은 우리가 그것을 진실이라고 믿는다는 뜻이다. 즉, '그것이 바로 나다.'라는 것이다. 비록 그런 말을 자신에게 하지 않는다 하더라도 우리는 그 동일시에 따라 매 순간 살고 있다.

몸과의 동일시

동일시에 관한 이러한 정의를 염두에 두면서 우리는 더욱 광범위하고도 미묘한 몸과 관련된 동일시의 예를 살펴볼 수 있다. 우리가 보통 몸과 동일시한다는 것은 분명한 사실이다. 우리는 몸이 자기의 참모습, 아이덴티티, 자신의 자아라고 여긴다. 우리는 몸을 경험하고, 몸을 자각할 뿐만 아니라 몸을 가지고 우리를 정의한다. 최소한 잠재의식적으로는 몸으로서의 경험을 포함하지 않고서 내가 누구인가를 확인하기란 어렵다. 우리는 마치 자기가 몸인 것처럼 행동하고, 몸과의 동일시는 거의 매 순간 지속된다. 몸이라는 것은 바로 이 순간 일어나고 있다. 그것은 단순히 기억이 아니며, 정적인 것이 아니다. 그렇지만 우리는 몸을 마치 고정된 것인 양 동일시한다. 우리가 정말 동일시하고 있는 것은 몸 이미지, 즉 우리가 마음속에 구축해온 몸에 대한 이미지이다. 그것은 기억되어 있는 과거의 것인데, 우리는 지금 이 순간에 그 기억된 이미지에 주의를 기울이고 있다. 우리는 정말 그 이미지에 따라 몸을 느낀다. 하지만 지금 이 순간 몸을 직접적으로 느낀다 할지라도, 우리는 여전히 과거의 이미지에 동일시하여 자아 감각을 오직 그 경험에만 한정시킬 수 있다.

동일시를 더 명료하게 이해하기 위해서, 몸에 대해 느끼는 것과 옷에 대해 느끼는 것을 비교해보자. 우리는 어떤 옷에 집착할 수 있다. 그러나 보통 그 옷과 동일시하지는 않는다. 우리는 여러 번 옷을 갈아입는다. 그리고 옷은 낡아서 해지거나 혹은 그저 싫증이 나서, 우리는 그것을 집어던져버리고 새것을 산다. 옷이 우리를 규정하지는 않는 것이다. 그러나 몸은 내가 새로운 것으로 바꿀 수 없다. 비록 어떤 사람들이 복제된 몸을 갖는다고 생각하거나, 점점 더 많은 사람들이 많은 돈을 주고 몸의 여러 부분의 외모를 바꾸기 위해 성형수술을 하고 있지만 말이다. 사람들이 몸을 바꾸기 위해 그렇게 많은 비용을 기꺼이 들이려고 한다는 사실은 그들이 얼마나 몸과 동일시하는지를 보여준다.

그래서 옷이 아닌 몸에 우리는 가장 강하고 깊은 동일시를 하는 경향이 있다. 우리가 옷에 전혀 동일시를 하지 않는다는 말은 아니다. 우리는 어떤 드레스나 양복에 집착할 수 있다. 그러나 옷과의 동일시는 보통 특별한 옷이 아니라 스타일에 관한 것이다. 그런 의미에서 당신의 스타일은 당신을 규정한다. 예를 들면, 한 여성이 헐렁한 낡은 바지를 입는 것에 집착한다고 하자. 만일 그녀의 친구들이 "좀 더 멋지고 잘 어울리는 옷을 입는 게 어때?" 하고 제안하면, 그녀는 그렇게 하지 않을 것이다. 자기 아이덴티티에 맞지 않기 때문이다. 그 여자는 자신의 헐렁하고 편하게 입는 스타일과 동일시되어 있다. 또 가장 최신 유행의 옷만 늘 사 입는 사람들도 있다. 그것이 그들의 아이덴티티의 한 부분이다. 또 한편 독특해 보이기 위해서 의도적으로 별난 스타일의 옷을 좋아하는 사람들도 있다.

별난 옷을 입는 사람이 특별한 옷에 집착한다고 생각해보자. 만일 그 옷을 잃어버리거나 세탁소에서 그 옷을 망쳐놓는다면 그녀는 화가 날 것이다. 그녀는 자기가 좋아하는 옷을 다른 사람에게 주거나, 빌려주지 않을 것이다. 이것은 동일시라기보다는 집착에 가깝다. 집착과 동일시가 같은 것은 아니라 하더라도, 그 둘은 많은 면에서 서로 유사하다. 그렇기 때문에 동일시는 우리가 자신을 규정하는 방법인 동시에, 자신을 감정적으로, 또 에너지적으로 어떤 것에 매몰시키는 방법이기도 하다. 두 번째 의미에서 동일시는 집착의 의미에 아주 가깝다. 그래서 우리는 어떤 집착은 동일시와 같은 것이라는 사실을 알 수 있다. 예를 들어, 우리는 몸에 집착한다. 그러면서도 또한 몸에 동일시되어 있다. 우리는 분명히 몸을 포기하지 않으려고 한다. 우리가 삶에서 많은 부분을 몸에 할애해왔기 때문이며, 또한 우리가 몸을 자기 자신이라고 믿기 때문이기도 하다.

감정과의 동일시

우리는 감정과도 동일한 종류의 강한 동일시를 경험할 수 있다. 우리가 전에 말했듯이, 동일시하는 것과 동일시하지 않는 것 사이의 차이는 내용 자체에 달려 있는 것이 아니라, 내용에 대한 우리의 반응에 달려 있다. 그래서 분노를 느낄 때, 나는 그 분노와 동일시될 수 있는 것이다. '나는 화를 내고 싶어. 화를 내야 해. 계속 분노를 느낄 거야. 나는 화낼 만한 이유가 있어. 나는 화낼 수 있는 권리가 있어.' 하지만 내가 분노와 동일시되지 않는다면 이렇게 말할 수 있을 것이다. '좋아, 지금 화가 나. 그냥 지금 이 순간에 일어나고 있는 일일 뿐이야. 그게 뭐 대수인가? 나는 화가 많이 나. 하지만 화는 그저 왔다가 사라지는 거야.' 자, 이제 동일시의 기본원리를 살펴보자.

- 동일시는 우리가 뭔가로 자신을 정의하는 것이다. 자신이 동일시하는 특별한 인상이나 현현을 우리는 자신이라고 믿는다.
- 동일시한다는 것은 또한 우리가 감정적, 에너지적으로 그 인상에 매몰된다는 의미이다.
- 우리가 맺는 경험과의 관계는 동일시가 일어나는지 일어나지 않는지, 그리고 그 동일시가 어떤 형태를 띠는지를 규정한다.

현재 순간과의 동일시

동일시는 사건, 구조, 이미지, 그리고 과거에서 온 신념들과 관련해서 가장 빈번히 일어난다. 그러나 우리는 또한 구상화가 아닌 현재 순간의 현현들에도 동일시할 수 있다. 당신이 **참본성**을 경험하고, 그것의 현존을 명료함과 가벼움으로 느낀다고 해보자. 단순히 광대하고 명료한 현존으로 존재하는 것은 그것과 동일시하는 것과는 다르다. **참존재**는 정신적인 활동과는 무관하기 때문이다. 그저 '이것이 이 순간의 나다.'라는 인식만이 존재한다. 그런데 그 현존을 알아차릴 때, 당신은 그 현존과도 동일시할 수 있다. 동일시는 그 경험에 뭔가를 보태고 있는 것이다. 마음이 개입해 들어와서 그 경험을 붙잡고 거기에 갇혀버린다. 마음은 경험을 포착한 다음, 그것이 자기라고 동일시하고 싶어 한다.

심지어 우리가 **참본성**의 현존을 경험하면서 자신으로 존재할 때조차도 동일시는 여전히 가능하다. 그 순수한 현존과의 동일시는 구상화의 과정을 내포한다. 즉 그 경험을 어떤 식으로든 동일시할 수 있는 '대상'으로 바꾸어버리는 것이다. 우리의 마음은 **참본성**을 인식하지만, 거기에서 멈추지 않는다. 마음은 **참본성**을 상자 속으로 집어넣어 포장하고 싶어 한다. 그런 다음 마음은 특별한 방식으로 그 경험에 집착함으로써 자신의 참모습에 대한 개념을 형성한다.

이것으로부터 우리는 다음과 같이 통찰할 수 있다.

- 동일시는 언제나 구상화를 내포한다.
- 우리가 경험을 구상화하지 않으면, 마음은 그것과 동일시할 수 없다.

- 구상화의 과정이 과거로부터 온 어떤 것의 결과이든, 아니면 현재의 순간에 일어나는 새로운 경험의 결과이든 상관없이 동일시는 일어날 수 있다.
- 우리가 자아와 자아를 위한 아이덴티티를 가져야 한다고 믿기 때문에 동일시가 일어난다.

이제 당신은 뭔가와 동일시할 때, 경험이나 그 느낌의 내용물에 자신을 빼앗기고 있다는 것을 알 수 있다. 그러나 그것을 아는 것만으로는 동일시가 어떻게 기능하는지를 완벽하게 이해하는 데는 충분하지 않다. 당신을 속박하는 동일시에 의한 점령과 당신을 자유롭게 하는 점령 사이의 차이를 구별할 수 있어야 한다.

당신이 **참본성**으로 존재할 때, 당신은 또한 점령되는 것이지만, 그러면서도 자유로워진다는 것을 생각해보라. 당신이 보통 자신이라고 생각했던 그 당신은 더 이상 존재하지 않는다. 오직 **참본성**만이 있다. 그에 반해 동일시에서는 에고 아이덴티티, 즉 자아 감각은 어떤 경험에 집착하거나, 그것으로써 자신을 규정한다. 그리고 동일시는 늘 구상화된 내용물과의 동일시이다.

그렇지만, 이것은 당신이 아무것도 느끼지 말아야 한다고 말하는 것이 아니다. 예를 들어 당신이 슬프다면, 그 경험을 거부하는 대신 거기에 동일시되지 않고서 그 느낌을 환영하고, 슬픔의 직접적인 온전함을 경험할 수 있다. 그렇게 할 수 있는, 완벽하게 슬픔을 감싸 안을 수 있는 유일한 것은 현존 그 자체이다. 온전히 경험할 수 없음을 볼 때, 우리는 그 상황에서 현존이 충분히 펼쳐지지 못하고 있음을 인식하게 된다.

동일시는 거짓 아이덴티티를 지지한다

참본성으로 존재하는 것은 동일시가 아니며 단순히 존재하는 것이다. 그것은 행위가 아니다. 그런데 영어에서 '존재하기'라는 말은 약간 애매한 점이 있다. 동사가 'be'이기 때문에 '나는 존재하고 있다I am being.'라는 말은 내가 존재하기를 **하고 있다**는 의미를 함축한다. 그러나 이 문장은 그런 뜻이 아니다. 그 말은 내가 자신으로 존재하기 위해 아무것도 하지 않음을 뜻한다. 나는 그저 나 자신으로 있다. 나는 나로 있기 위해 아무것도 할 필요가 없다. 나는 나 자신**이다**. 그렇지만 내가 나일 때, 거기에는 아무도 없으며, 나로 존재하는 나는 없다. 거기에 분리가 없는 것이다. 나와 나 자신은 하나이다. 나를 나라고 주장할 내가 없다. 그래서 내가 빛이라고 말할 때 나는 현존이며, 빛이나 현존과 동일시하고 있는 내가 있다는 말이 아니다. 그것은 그저 여기에 있는 인식이며, 앎knowingness이다. 그것은 봄seeing이며, 자각이다.

그렇지만, 마음은 갑자기 끼어들어 경험의 내용을 구상화할 수 있다. 그 경험의 내용을 하나의 지각대상으로 인식하고, 그 주변에 경계를 만들며, 바로 그 순간에 대상화된 경험으로 자아 감각을 만든다. 그래서 나는 그 경험에 집착하고 동일시한다.

존재하기와는 대조적으로 동일시는 하나의 행위이다. 동일시는 나 자신을 뭔가와 연결시키기 위해 내가 취하는 정신적인 행동이다. 만일 나의 본래 모습과 동일시하려 한다면, 우선 동일시를 일으키기 위해서 나의 본래 모습에서 내가 분리되어 있다고 믿어야 한다.

동일시는 영적인 길에 있어서 핵심적인 위험들 중 하나이다. 새로운 것을 경험할 때마다 우리는 그것을 상자 안에 가두고 싶어 한다. 우리는 그 경험을 구상화하고, 거기에서 분리되어 그것과 동일시한다. 학생들이 때로 나에게 이렇게 질문한다. "저는 이러이러한 경험을 했습니다. 이 경험은 뭘까요? 뭐라고 부르면 좋을까요?" 한편으로 그들은 자신에게 일어난 일을 알고 싶어서 질문하지만, 또 다른 한편으로는 자신의 경험을 붙잡기 위해서 그것을 규정하고 이름 붙이려고 질문한다. 그 생각은 이렇다. '나에게 일어난 대단히 멋진 경험을 포장할 수 있다면, 나는 그것과 동일시할 수 있을 텐데. 그것이 나라고, 나의 일부라고 생각할 수 있어. 내가 가지고 있다고 말할 수 있단 말이야.' 진실한 현존은 그 경험이 무엇인지 관심 갖지 않는다. 현존은 온전히 초연하다. 현존은 단지 스스로 존재할 뿐이다.

우리는 경험을 알기 위해서 경험을 정지화면으로 만들고 싶어 하는 경향이 있음을 자각할 수 있다. 우리가 구상화하는 방법은 모든 상황에서 정지화면을 갖는 것이다. 그러나 참현실은 정지화면이라기보다는 동영상에 더 가깝다. 우리가 그저 존재할 때, 모든 것은 흐른다.

만일 그것이 당신이라면, 당신은 그것을 잃을 수 없다

우리가 동일시될 때, 비록 스스로 동일시했지만, 우리는 그것을 느끼지 못한다. 우리는 뭔가가 자신에게 일어났다고 느낀다. 그러나 사실 동일시는 우리가 행한 것이다. 우리는 이 미묘한 내적 행위와 그 바탕

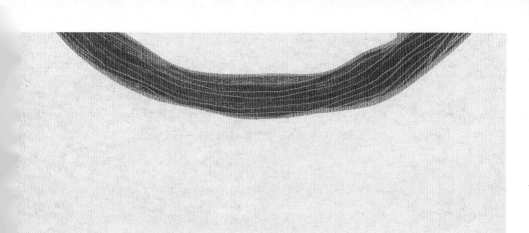

존재하기와는 대조적으로

동일시는 하나의 행위이다.

동일시는 나 자신을 뭔가와 연결시키기 위해

내가 취하는 정신적인 행동이다.

만일 나의 본래 모습과 동일시하려 한다면,

우선 동일시를 일으키기 위해서

나의 본래 모습에서 내가 분리되어 있다고 믿어야 한다.

에 놓여 있는 것이 무엇인지 자각할 수 있다. 강한 동일시가 일어날 때, 그것은 마치 중독과 같다. 당신은 동일시하고자 하는 욕구를 느낀다.

그러나 그것은 어떤 특별한 동일시에 대한 단순한 욕구가 아니다. 당신이 필요하다고 믿는 것은 바로 아이덴티티이다. 당신은 아이덴티티를 갖는 것에 중독되어 있다. 끊임없이 아이덴티티를 만들어내는 동일시가 전혀 없이 존재하기는 아주 어렵다. 우리는 동시에 너무나 많은 것들과 동일시된다. 하나의 동일시가 떨어져 나가면, 다른 동일시가 그 자리를 차지한다. 우리는 동일시를 하나하나씩 떨어내지만, 자기 아이덴티티에 대한 욕구는 계속 남아 있다.

동일시는 어떠한 것과도 일어날 수 있다. 어떤 사람들은 자기의 직업에 동일시한다. 사람들 대부분은 남자 혹은 여자라는 것에 동일시하며, 동일시를 떨쳐버리면 현실이 사라져버릴 것이라고 믿는다. 그러나 사실은 무엇이든 진실한 실재는 우리의 동일시에 의해 만들어지거나 유지되지 않는다.

우리가 자신으로 존재할 때, 신뢰, 안전, 확실성, 단지 그 자리에 존재함의 편하고 자연스럽고 이완된 방식이 그 안에 내포되어 있다. 이것을 인식하는 것이 우리의 본래 모습을 밝히는 일이다. 만일 이것이 나임을 완벽하게 안다면, 나는 그것을 만들어 세우거나 기억하려고 애쓰는 정신적 작동에 매달릴 필요가 없을 것이다. 만일 내가 정말로 그것이 나임을 안다면, 그것이 나라고 자신에게 상기시킬 필요가 없을 것이다. 어딜 가든 그것은 나다. 그러나 내가 그것이 나임을 확신하지 못한다면, 나는 내가 누구인지를 기억하려고 분투할 것이다.

이 말을 다르게 표현해보자. 우리가 확실성을 갖지 못하면, 자신의 참모습을 믿지 않는다면, 우리는 자신을 구상화하여 그 아이덴티티를 가지고 다닐 것이다. 그리고 돌아다니면서 다른 사람에게 그것을 확인시키려 할 것이다. 어떤 사람들은 자기가 절대적 존재라고 동일시한다. 그리고 만일 누군가가 그들에게 당신은 절대적 존재가 아니라고 말한다면, 그들은 상처를 받는다. "내가 절대존재임을 모르겠어? 모두가 내가 절대적 존재임을 알아야만 해!" 그런 일은 영적으로 진보된 사람들에게도 일어날 수 있다. 이 말은 거기에 동일시가 있음을 의미한다. 비록 그 사람이 실제로 자신을 절대존재로 경험한다고 하더라도, 동일시는 틈을 만든다. 그 틈을 나는 나르시스적인 틈narcissistic gap이라고 부른다. 우리가 누구인지를 다른 사람에게 보이려는 욕구의 틈 속에서 우리는 온전히 자기 자신으로 존재하지 않으며, 있는 그 자리에 그저 존재하지 않는다.

모든 동일시는 우리를 특별한 형태에 가두어버리는 마음의 작동이다. 어떤 사람들은 자신의 국적에 동일시한다. 어떤 사람들은 자신의 인종에 동일시한다. 또 다른 사람들은 자기의 지성이나 아름다움에 동일시한다. 많은 사람들이 학대받은 어린아이에 동일시하고 있음을 우리는 알고 있다. 기억해야 할 중요한 점은 그 모든 형태가 우리를 덫에 가둔다는 것이다. 그것이 아무리 고상하게 보인다 할지라도 말이다. 우리가 무엇에 동일시하든 자유롭지 않다. 나는 나 자신을 신으로 경험할 수 있다. 그러나 내가 신으로 존재하기에 동일시한다면, 나는 길을 잃은 것이며 자유롭지 않은 것이다. 그렇게 될 때, 나는 신으로 존재해야만 하며, 모두가 그 사실을 알아야만 될 것이다.

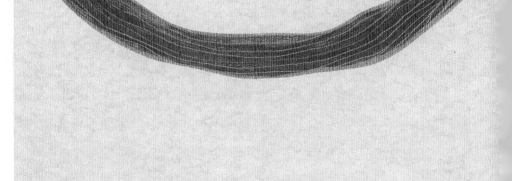

✻

우리는 경험을 알기 위해서

경험을 정지화면으로 만들고 싶어 하는

경향이 있음을 자각할 수 있다.

우리가 구상화하는 방법은

모든 상황에서 정지화면을 갖는 것이다.

그러나 참현실은 정지화면이라기보다는 동영상에 더 가깝다.

우리가 그저 존재할 때, 모든 것은 흐른다.

동일시를 해체하기

어떤 형태이든 동일시는 항상 우리가 맺는 경험과의 관계에서부터 일어난다. 우리는 특정한 경험 내용을 중요하게 여긴 결과, 자신으로 존재하는 직접성에서 분리된다. 그런 이유로 많은 영적인 전통들은 제자들이 동일시를 인식하고 그것을 해체하는 법을 배우도록 훈련시킨다. 더 정확하게 말하면, 영적 전통들은 동일시를 인식하고 거기에 따라가지 않는 것을 가르친다.

동일시 해체가 하나의 행위라고 생각하는 사람들이 많다. '나는 나의 동일시를 보고, 거기에 어떤 행동을 취한다. 그렇게 나는 동일시를 해체한다. 동일시할 때와 똑같은 방식으로 나는 동일시를 해체할 수 있다.' 그러나 그런 것이 아니다. 동일시는 하나의 행위이지만, 진정한 동일시 해체는 동일시의 행위가 없는 것이다.

동일시 해체는 다음과 같은 의미이다.

- 특정한 경험 내용에 나의 아이덴티티나 의식을 달라붙게 하는 내적 행위를 인식하기
- 이 내용에 대한 집착을 있는 그대로 바라보기, 즉 동일시라는 것을 바라보기
- 동일시를 믿지 않기, 혹은 거기에 따라가지 않기
- 동일시를 밀쳐버리지 않기
- 동일시를 이해하고, 그것이 용해되거나 **참본성**으로서 스스로를 드러내도록 허용하기

만일 동일시를 밀쳐버리려 한다면, 우리는 결국 뭔가 다른 것으로 동일시하게 된다. **참본성**은 어떠한 것도 밀쳐버리지 않는다. 동일시를 보게 되면 **참본성**은 이렇게 말한다. "음, 그것 참 흥미로운 현상이로군. 내가 이렇게까지 할 수 있는 줄 몰랐는데! 나는 정말로 나를 덫에 가둘 수도 있구나. 게다가 때로는 스스로 덫에 걸린 것조차 잊어버리네. 나는 나를 덫에 가두는 데 능숙해." 밀쳐버리거나 부인하는 내적 행위와 동일시 해체를 연결시키지 않는 것이 중요하다. 예를 들어, 어떤 사람들은 자신의 가치와 동일시하지 않으면 가치가 사라질까 봐 걱정한다. 당신의 가치와 동일시하지 않는다고 해서 그것이 사라지는 것은 아니다. 그것이 진짜라면 늘 그대로 있을 것이다. 사실 그것은 더욱 강렬하게 존재한다. 만약 그것이 진짜가 아니라면 사라질 것이다. 가치와 동일시하는 것은 다만 당신이 자신의 가치의 실재성에 대해 완벽하게 확신하고 있지 않음을 의미할 뿐이다. 그래서 당신은 동일시할 필요를 느끼는 것이다. 동일시는 이렇게 말한다. "나는 그것을 순순히 포기하고 싶지 않아. 나는 그 동일시로부터 자유로워지고 싶은 마음이 없어." 이것이 바로 동일시가 우리에게 그토록 견고하게 달라붙어 있는 정확한 이유이다. 우리는 동일시를 포기하려 하지 않는다. 동일시가 해체되면 우리는 토대를 잃어버린 것처럼 느낄 것이기 때문이다.

동일시는 당신의 적이 아니다

경험 속에 일어나는 다른 모든 것과 마찬가지로, 우리는 동일시를

적으로 만들 필요가 없다. 동일시는 당신의 적이 아니며, 당신이 싸워야 할 어떤 대상이 아니다. 우리는 동일시를 자각하고 인식해야 한다. 만약 동일시와 싸운다면, 또는 그것을 적으로 만든다면, 당신은 그와 똑같은 행위에 개입하는 것이다. 당신은 다른 어떤 것과 동일시되고 있다. 만약 화가 난다면 당신은 이런 생각에 빠질 수 있을 것이다. '나는 분노가 아니야. 나는 **참본성**이야. 애초에 나는 화를 내서는 안 돼. 그런데 지금 화가 느껴지니까, 이 분노와 동일시되는 것은 진짜 안 돼.'

또 우리는 다른 사람들을 거부하는 경우가 있다. 당신이 가장 친한 친구와 이야기하는 도중에 논쟁을 하게 되었다고 해보자. 당신은 이렇게 이야기한다. "내가 보기엔, 네가 분노와 동일시하고 있는 것 같아." 그럴 때 당신은 아마도 이런 식으로는 말하지 않을 것이다. "나는 너의 동일시를 자각하고 있어. 그리고 네가 스스로를 해방시키는 것을 도와주기 위해서 이걸 알려주는 거야." 당신이 진짜 말하고자 하는 것은 이렇다. "너는 계속 그런 태도를 취하지 않는 게 좋을 거야. 나는 그게 싫어. 네가 내 앞에서 사라졌으면 좋겠어. 너의 분노에서 내가 자유로워지고 싶기 때문이야."

동일시와 탐구

탐구 수행에 있어서 이것이 암시하는 바는 무엇일까? 우리는 이제 자신이 덫에 걸려 있는 어떠한 구상화나 구조라도 동일시를 내포한다는 사실을 이해하기 때문에, 동일시에 빠져 있을 때 더욱 쉽게 알아차리는 법을 배울 수 있다. 더욱 현존할수록, 그리고 현재의 순간을 더 많이 자각할수록, 우리는 더욱더 안정되며 경험은 자연스럽게 펼쳐진다. 자각이 강렬해짐에 따라 경험을 직접적으로 아는 것이 더욱더 쉬워진다. 우리의 마음은 분명 경험에 이름을 붙이려 할 것이다. 그것은 마음의 자연스러운 경향이다. 그렇지만 우리는 그것과도 싸울 필요가 없다. 이름붙이기는 다분히 뒷북치는 생각이기 때문에, 우리의 탐구는 거기에 방해받지 않는다. 우리가 탐구해 들어가는 것은 우리의 직접적인 경험이며, 마음은 거기에 이름을 붙일 뿐이다. 직접적인 경험은 저절로 펼쳐지며, 우리의 탐구는 거기에 머문다.

반면, 이름 붙이는 논증적인 마음에 초점이 맞추어진다면 실제적인 탐구는 일어나지 않는다. 그것은 다분히 정신적인 탐구이며, 있는 그 자리에 존재하기를 배우는 데는 도움이 되지 않는다. 우리는 **실제로 존재하기**를 배우는 대신 분열된 상태에 머무르게 될 것이다.

우리는 이 장에서 경험을 조작하고 자신을 있는 그 자리의 직접성에서 멀어지게 하는, 가장 광범위하면서도 미묘한 장애물 중 하나인 동일시를 식별해나가는 중이다. 동일시는 경험을 대상화하는 정신능력의 결과로 불가피하게 일어나는 것이다. 이 경험의 대상화는 단순히 존재하기에 대한 신뢰의 결핍과 연결되어 있다. 동일시에 주의를 기울이고 호기심을 가지며, 그것이 어떻게 작동하는지를 알고 거기에 따라가지 않는 법을 배우는 우리의 능력은 **참본성**의 단순성으로 존재하는 능력을 직접적으로 키워줄 것이다.

경험 속에 일어나는 다른 모든 것과 마찬가지로,

우리는 동일시를 적으로 만들 필요가 없다.

동일시는 당신의 적이 아니며,

당신이 싸워야 할 어떤 대상이 아니다.

우리는 동일시를 자각하고 인식해야 한다.

만약 동일시와 싸운다면, 또는 그것을 적으로 만든다면,

당신은 그와 똑같은 행위에 개입하는 것이다.

탐험 세션

경험 속에서 동일시를 인식하기

약 15분간, 무엇이든 매 순간 일어나고 있는 것을 열린 마음으로 탐구하라.

어느 순간이든 당신은 일어나고 있는 경험의 어떤 요소들과 동일시할 가능성이 있다. 경험을 탐구하고, 있는 그곳을 바라보면서 동일시가 어떻게 그 경험에 구체적 형상을 부여하는지 살펴보라.

동일시를 인식하기 위해서, 당신이 근거를 두고 있는 곳이 어디인지, 혹은 당신이 경험의 한가운데에서 자신을 누구라고 여기고 있는지 살펴볼 필요가 있다.

반응, 태도, 욕망, 선호, 집착 등을 자각하면, 당신이 동일시하고 있는 방식을 인식하는 데 도움이 되는 실마리들을 얻을 수 있을 것이다.

동일시를 자각할 때 어떤 느낌이 드는지 알아차려보라.

당신은 그것을 판단하는가? 거부하는가? 안도감이 느껴지는가? 호기심이 느껴지는가?

동일시를 탐험할 수 있을 때, 시간이 지남에 따라 그것이 바뀌고 용해되거나 변형되는지 알아차려라.

탐구할 때 느껴지는 위축감이나 자유로운 느낌의 다양한 변형을 자각하게 되면, 동일시의 행위에 대한 또 다른 실마리가 주어질 수 있다.

chapter

13

지금 이 순간에 빛을 켜기

Lighting Up the Now

스스로 존재하는 진실한 상태에서 자기 자신을 경험한다면, 우리는 우리가 정말로 어떤 존재인지를 알게 될 것이다. 우리는 빛의 존재다. 제11장의 숟가락의 예를 다시 떠올려보자. 숟가락을 아무런 구상화 없이 바라본다면, 그것은 빛의 형상으로 지각될 것이다. 자신을 완전한 직접성으로 경험할 때, 우리 역시 빛의 형상, 빛의 존재이다.

우리는 흐르는 상태에 있는 빛의 존재이다. 부딪힘 없이 온전히 빛을 발하며, 온통 환하게 밝고 자유롭다. 이제 누구나 빛이 질량과 무게가 없어서 중력에 영향을 받지 않는다는 사실을 알고 있다. 그처럼 **참본성** 안에서 우리는 무거움이 없고 부피와 질량도 없다. 흐르는 빛이 충만함과 몸이라는 느낌을 갖는다는 측면에서만 우리는 물질성을 가진다. 그렇지만 그 충만함, 그 물질성은 완벽하게 가볍고 부드럽다. 그것이 바로 자각awareness의 본질이다. 자각은 우리가 볼 수 있도록 **도와주는** 어떤 것이 아니라, **보는 자**이며, 지각의 주체이다. 그래서 빛, 자각, 의식, 지각, 감수성 등은 모두 동일한 것이다.

그렇지만, 자신이 빛의 존재라는 진리를 인식한다 하더라도, 우리는 그 지각을 구상화하고 그것과 동일시하는 경향이 있다. 자신을 딱딱하게 응고시키고, 무겁고 불투명한 것으로 경험한다. 우리는 빛의 존재이면서도, 질량을 가지고 중력의 영향 아래에서 활동하는 몸으로서 자신을 바라본다. 우리는 자신이 시간, 공간 속의 존재라고 생각하고 자신의 존재가 과거에서 시작하여 미래에 끝날 것이라고 생각한다.

참본성을 탐험하고, 자신으로 존재하기를 막는 장애물들을 지속적으로 탐험하는 가운데, 우리는 이제 참모습으로 존재하기를 어렵게 만드는 또 하나의 영역에 초점을 맞추고자 한다. 그 영역은 시간의 본질에 대한 불완전한 이해이다. 그 특별한 영역에 초점을 맞추기 위해서 우리는 빛의 존재의 관점에서 경험을 관찰할 필요가 있다. 우리의 에센스적인 본질에 대해 더 잘 이해하도록 도와주는 빛과 시간의 특성은 무엇일까?

빛과 시간의 흐름

과학은 빛이 우주에서 가장 빠른 속도로 움직인다고 말하고 있다. 그 때문에 빛은 다른 모든 것과 구별되는 특별한 속성들을 갖게 된다. 아인슈타인의 상대성이론 중의 한 원리는 우리가 빠르게 여행할수록 시간은 점점 더 느리게 흐른다는 것이다. 아주 빠른 속도로 움직이는 사람이나 사물에게는 시간이 느려진다. 그리고 빛의 속도에 가까워질

수록 시간은 점점 더 느려지게 된다. 그 말은 우리가 빛의 존재에 가까워질수록 우리에게 시간은 더 느리게 흐를 것이라는 의미이다.

이 사실은 자신으로 존재하기를 이해함에 있어서 어떤 의미를 함축하고 있을까? 이 사실을 내면의 삶에 적용한다면, 더욱더 현존할수록 우리는 에센스의 현존을 더욱 온전하게 경험하고, 또 그 현존으로 존재할 수 있을 것이다. 그리고 우리는 사물들을 더 느리게 경험하게 될 것이다. 이것은 시간의 법칙인 것처럼 보인다. 직선적인 시간이 바뀐다는 것이 아니라 우리가 더 많은 시간을 경험적으로 '이용할 수 있다'는 것이다. 그래서 시간이 느려짐을 경험할 때, 우리는 점점 더 현재의 순간에 머물게 된다. 우리가 더욱 현존할수록 더욱더 현재에 존재한다. 그래서 시간의 느려짐은 현재에 존재하는 것과 깊은 관계가 있다.

'현재present'와 '현존presence'이라는 두 단어는 서로 어원적인 연관이 있어서, 의미에 있어서도 깊은 연결성을 가지고 있다. 탐구 수행에 있어서 있는 그 자리에 존재한다고 할 때는 우리가 지금 이 순간에 존재한다는 의미이다. 경험은 항상 현재에 있다. 비록 우리 마음이 과거나 미래를 떠돈다고 하더라도 말이다. 경험 속에 일어나는 것, 그 실재의 현현은 늘 지금 이 순간에 일어난다. 이 사실은 빛의 경우에도 역시 들어맞는다. 빛에게는 오직 지금뿐이다. 다른 그 무엇도 없다. 이 사실은 아인슈타인의 상대성이론이 기술하고 있는 현실에 대한 또 하나의 결론이다.

당신이 빠르게 움직일수록 더 느리게 시간을 경험한다는 이 원리의 배후에는 무엇이 있을까? 그것은 우주에 있는 모든 대상의 속도를 시간과 공간 여행에서의 함수관계로 볼 수 있다는 이해에서 출발한다.

시간이 흐르지 않고서는 우리는 공간을 여행할 수 없다. 물리학은 당신이 공간 속을 빠르게 움직일수록 시간에서는 더 느리게 움직인다고 결론 내렸다. 우리가 보통의 속도로 여행할 때는 그 사실이 분명히 드러나지 않지만, 대상들이 가속되어 빛의 속도에 가까워질 때, 공간에서의 속도가 증가할수록 시간에서의 속도는 더 느려진다는 사실이 분명해진다. 그 최고점은 빛의 속도이다.

우리의 우주에서 빛의 속도를 능가할 수 있는 것은 아무것도 없다. 그래서 당신이 빛의 속도에 비교해서 느리게 여행할수록 시간은 더 빠르게 흐른다. 빛에 비해서 인간에게는 시간이 아주 빠르게 흐른다. 빛과 비교한다면 우리는 공간 속을 아주 느리게 움직이기 때문이다. 그래서 공간에서의 속도와 시간에서의 속도를 조합하면 항상 빛의 속도와 같은 것이다.

빛과 영원한 지금

인간의 경험은 공간을 돌아다니는 경험과 끊임없이 나이를 먹는 시간이 흐르는 경험이다. 빛의 경험은 무엇일까? 빛에게는 시간이 흐르지 않는다. 빛은 시간을 통과해 나아가지 않는다. 그래서 빛은 공간 속을 최대속도로 여행한다. 그것이 빛의 속도이다. 그러면 시간에서의 빛의 속도는 어떨까? 제로이다. 즉, 공간 속에서의 속도는 빛의 속도이고, 빛의 속도가 최대속도이므로 시간 속에서의 속도는 제로이다.

아인슈타인은 물질적인 빛에 대해 이야기했다. 우리가 내면의 빛, **참**

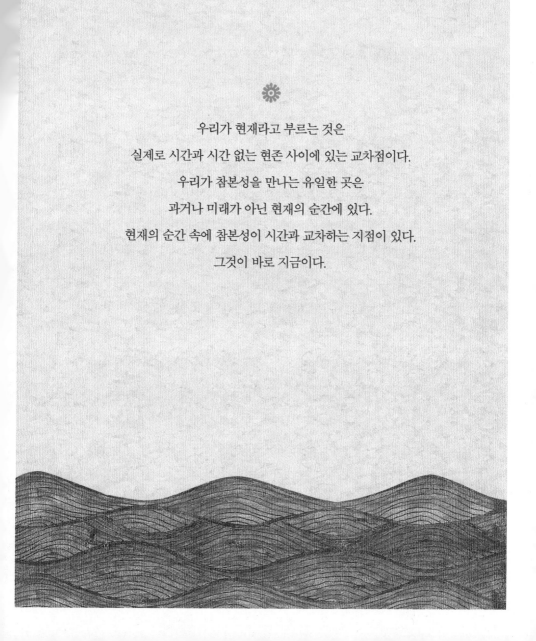

우리가 현재라고 부르는 것은

실제로 시간과 시간 없는 현존 사이에 있는 교차점이다.

우리가 참본성을 만나는 유일한 곳은

과거나 미래가 아닌 현재의 순간에 있다.

현재의 순간 속에 참본성이 시간과 교차하는 지점이 있다.

그것이 바로 지금이다.

본성의 실제적인 광휘를 경험할 때, 우리는 아인슈타인의 개념을 존중하게 되며, 그 개념을 이론적으로만 이해하는 게 아니라 그와 비슷한 체험을 실제로 할 수 있다. 빛에게는 시간이 흐르지 않는다고 말할 때, 우리는 그 의미를 알기 시작한다. 빛에게는 늘 영원한 지금인 것이다. 오직 지금밖에는 아무것도 없다.

그 말은 무슨 의미일까? 만일 당신이 별에서 오는 빛을 바라보고 있고, 그중의 일부가 태초의 빅뱅만큼 오랜 과거에서 온 것이라면, 당신은 바라보고 있는 그 빛의 일부가 아주 오래된 것, 말하자면 삼십억 광년이나 된 것이라고 생각할 것이다. 논리적으로 당신은 이렇게 생각한다. '이 빛은 별에서 왔고, 여기까지 오는 데 많은 시간이 걸렸어. 그래서 당연히 적어도 그 정도 나이가 들었을 거야.' 그렇지만 빛 그 자체는 어떠한 시간의 흐름도 경험하지 않을 것이다. 만일 당신이 빛을 경험한다면, 혹은 빛에 '올라탄다면' 당신은 아마도 빛이 빅뱅이 일어날 때와 같은 나이임을 알게 될 것이다. 빛은 언제나 백퍼센트 새로운 빛이며, 늘 신선하고 결코 나이를 먹지 않는다.

빛의 바깥에서 활동하는 인간에게는 시간이 흐르며 모든 것이 나이가 든다. 빛에게는 그런 것이 없다. 빛은 특정한 속도로 공간을 여행하지만 나이가 든다는 경험은 갖지 않는다. 빛은 늘 새롭지만 언제나 그대로다. 빛은 아무런 변화가 없다. 빛은 언제나 자기의 본성 그대로이다.

당신은 아마도 거기에 대해 생각해보지 않았을 것이다. 그러나 과학적으로 빛이 나이가 없다는 것은 잘 알려져 있다. 우리는 빛과 함께 여행하지 않기 때문에 그런 경험을 하지 않는다. 우리는 빛을 외부에서 바라보고 있는 것이다. 이것은 마치 **참본성**을 밖에서 바라보는 것과 같다. 몸의 관점에서 보는 것 말이다. 우리는 시간의 흐름을 계속해서 경험한다. 그러므로 우리는 **참본성**에게도 시간이 흐를 것이라고 가정한다. 그러나 **참본성**의 입장에 서게 되면, 주변의 사물들은 변하고 우리의 몸도 역시 변하지만 시간의 흐름은 없다는 것을 경험하게 된다. 그 이유는 빛의 몸이 나이 들지 않음, 끝없음을 경험하기 때문이다. 언제나 지금, 지금, 지금이며, 결코 변하지 않고 늘 새로운 지금이다. 늘 지금 이 순간이다.

그래서, 우리가 현재라고 부르는 것은 실제로 시간과 시간 없는 현존 사이에 있는 교차점이다. 우리가 **참본성**을 만나는 유일한 곳은 과거나 미래가 아닌 현재의 순간에 있다. 현재의 순간 속에 **참본성**이 시간과 교차하는 지점이 있다. 그것이 바로 지금이다.

미래가 없는 지금

참본성은 늘 지금 이 순간이지만, 그 지금은 현재의 시간을 말하는 것이 아니라 당신이 존재하는 그 순간을 가리킨다. 당신이 그 실제적인 지금을 경험할 때, 그것은 **시간 속**의 어느 순간이 아니다. 시작도 없고 끝도 없다. 만일 당신이 어떤 사건이 일어나는 것을 알아차린다면, 그 사건은 시작과 끝이 있다고 말할 수 있다. 그러나 그 모두는 실제로 지금에서 경험된다. 그래서 지금 그 자체는 사건의 시작과 함께 시작하는 것도 아니며 사건의 끝과 함께 끝나는 것도 아니다. 지금은 늘 이 순간이다.

빛의 관점에서 논리적으로 생각하는 것이 어려운 이유를 이제 당신은 알 수 있을 것이다. 빛에게는 우주가 다르게 보인다. 빛은 나이 들지 않으며, 빛에게는 시간이 흐르지 않는다. 그래서 거기에는 지루함이 없다. 과거의 역사도 없으며 미래 같은 것도 없기 때문이다.

인간으로서 우리가 경험한다는 것은 어떤 의미일까? 과거도 없고 미래도 없다면 어떠한 것도 우리에게 영향을 주지 않을 것이다. 실재이며 현재에 있는 것이 오직 지금뿐이라면 어떻게 내가 영향받을 수 있겠는가? 오직 지금뿐이라는 것을 인식한다면 나의 경험을 바꾸려고 애쓰는 것이 무슨 소용이겠는가?

경험을 바꾸고 개선하려고 시도할 때, 당신은 미래가 있으며 자신이 그 미래를 위해 살고 있다고 믿고 있는 것이다. 당신은 뭔가 더 나은 미래를 희망하면서 지금에게는 "안 돼."라고 말한다. 그러나 빛에게는 더 나은 미래란 결코 오지 않는다. 더 나은 미래로 나아가기를 원할 때마다 우리는 빛의 길에서 떨어져 나오면서 그 연결이 끊어진다. 빛은 오직 지금, 바로 이 순간만을 경험한다. 빛은 지금 있는 것이 진실로 존재하는 것이며 실재는 이 순간의 현재성now-ness임을 알고 있다.

비록 당신이 이것을 논리적으로 살펴본다고 하더라도 지금 말고는 다른 무엇이 있겠는가? 그 나머지는 전부 마음속의 이야기일 뿐이다. 마음의 이야기를 믿는다면 당신은 과거와 미래가 있을 수 있다고 여기는 것이다.

경험을 바꾸고 개선하려고 시도할 때,
당신은 미래가 있으며
자신이 그 미래를 위해 살고 있다고 믿고 있는 것이다.
당신은 뭔가 더 나은 미래를 희망하면서
지금에게는 "안 돼."라고 말한다.
그러나 빛에게는 더 나은 미래란 결코 오지 않는다.
더 나은 미래로 나아가기를 원할 때마다
우리는 빛의 길에서 떨어져 나오면서 그 연결이 끊어진다.
빛은 오직 지금, 바로 이 순간만을 경험한다.
빛은 지금 있는 것이 진실로 존재하는 것이며
실재는 이 순간의 현재성now-ness임을 알고 있다.

지금 이 순간에 살기

여기에서 우리는 시간에 대한 태도와 경향성이 **참본성**으로 존재하기에 방해가 될 수 있다는 것을 알 수 있다. 만약 미래지향적인 태도를 갖는다면 우리는 이 순간을 놓치게 된다. 우리는 이 순간의 현존에서 분리되어 지금 이 순간에 있을 수 없다.

진실은 **참본성**이 빛의 본질과 유사하다는 것이다. **참본성**은 시간이 없고, 순간의 현재성으로서 지금 이 순간에 우리가 경험할 수 있는 것이다. 미래를 지향한다면 우리는 있는 그 자리인 지금에 있을 수 없고, 지금 이 순간에서 떨어져 나간다. 우리의 본질은 빛이며 순수한 지금이다. 그래서 더 나아지거나 더 나빠질 수 있는 미래라는 관점에서 움직인다는 것은 우리가 **참본성**에서 자신을 분리시킨다는 것을 의미한다. 그렇게 한다면 내가 어떻게 나 자신으로 존재할 수 있겠는가? 어떻게 내가 있는 곳에 존재할 수 있겠는가?

다른 말로 바꾼다면, 미래에 대한 희망을 갖는 경향은 당신을 진정한 자신의 모습으로부터 분리시킨다. 기대하거나 성취할 목표를 갖는 경향성도 마찬가지다. 예를 들어, 당신은 요즘 깨달아야겠다고 생각할지 모른다. 그래서 지금 깨달으려고 애쓰고 있다. 빛은 결코 그렇게 생각하지 않을 것이다. 빛은 모든 것이 완벽한 상태를 목표로 삼지 않는다. 그리고 그 목표에 도달하기 위해 지금 수행을 열심히 해야 한다고 말하지도 않는다. 빛에게는 그런 것은 완전히 말도 안 되는 소리다. 오직 지금만이 있기 때문이다. 지금은 있는 그대로 그저 멋지다. 우리에게는 지금밖에 없다. 그러나 현실적인 문제에 대처하기 위해서는 미래를 고려해볼 필요가 있다. 지출계획을 세우거나 보험을 선택하거나 여행일정을 잡을 때, 당신은 계획 속에 미래를 포함시켜야 할 것이다. 그렇지만 그것이 지금 이 순간 당신의 경험과는 무슨 관계가 있을까? 당신이 지금 이 순간 경험하는 것은 자신의 의식이며, 흐르는 빛이다. 당신이 계획을 세우는 중이라고 해서 의식의 빛을 경험하지 못할 이유가 어디 있겠는가.

죽음을 직면할 때의 태도는 중요한 하나의 예가 된다. 당신이 죽음이 찾아오는 순간에 온전히 존재할 수 있다면 그것은 끔찍한 일이 아닐 것이다. 죽음이 몸의 시스템에 충격을 줄 것이라는 점은 사실이지만, 대다수의 사람들은 죽음에 대해서 그 충격보다 더 큰 두려움을 갖는다. 우리가 죽음이라고 부르는 그 특별한 순간에 직면하기를 두렵게 만드는 것은 과거나 미래가 없이 완전히 그 순간에 존재하기에 대한 두려움이다. 죽음은 미래가 없는 순간이다. 그와 유사하게 매 순간 완벽하게 현존하기를 두렵게 하는 것은 육체적인 죽음에 대한 두려움이다. 왜 그럴까? 과거와 미래를 완전히 내려놓는 것은 익숙한 자아의 죽음이기 때문이다. 말을 바꾸면, 이 순간에 완벽하게 존재하려 할 때 우리는 죽음을 두려워한다. 시간이 없다는 것이 죽음을 의미한다고 생각하기 때문이다. 우리는 시간의 흐름을 생명, 살아 있음과 연관시킨다.

현재성을 경험하기

당신은 현존이며 여기에 있는 지금이라는 것을, 그리고 지금은 **당신**

의 지금이라는 것을 기억하자. 당신은 지금에서 분리되지 않고서도 다음 순간, 혹은 내일 오후, 아니면 육체의 죽음 이후에 이르기까지 어디든 갈 수 있다.

그래서 우리는 여기에서 그 무시간성, 혹은 현재성now-ness의 인식, **참본성**의 인식을 말하고 있다. 현존은 뭔가가 지금 현재에 있다는 의미이지만, 현재의 시간에 있다는 개념에서만 그러한 것은 아니다. 주변을 둘러보라. 지금 이 순간 당신이 보고 있는 것은 무엇이든 현재에 있다. 의자가 현재에 있고, 당신의 몸도 현재에 있으며, 벽도 현재에 있다. 그러나 현재에 있는 그 현존은 그런 것들이 그저 존재한다는 사실만은 아니다. 현존은 현재에 있는 현재성을 말한다. 그것은 바로 현재성의 경험인 것이다.

당신은 지금을 어떻게 경험하는가? 지금의 맛을 어떻게 느끼는가? 지금의 맛과 질감은 자각, 의식, 현존의 직접적인 경험이다. 그 맛을 느끼는 것은 흐르는 빛이 무엇으로 만들어졌는지 알아내려고 애쓰는 것과 같다. 흐르는 빛은 지금으로 만들어졌으며 현재성으로 이루어져 있다. 그것은 변하지 않는 집약된 지금이며, 충만하며 파괴될 수 없는 지금이다. 그 빛은 모든 시간인 지금이다. 과거, 현재, 미래 그 모든 시간의 현존인 지금이다. 그래서 그것은 과거의 어느 순간에서 미래의 어느 순간으로 변하지 않는다. 언제나 새로우면서도 늘 같은 지금이다. 시간은 지금에 아무 영향도 미치지 않는다.

그래서 우리의 시간적인 경향성이 **참본성**에서 우리를 분리시킨다는 사실을 인식하는 것은 유용하다. 왜냐하면 그 경향성이 **참본성**의 현재성과 무시간성에 상충되기 때문이다. 우리가 늘 시간의 관점에서 생각

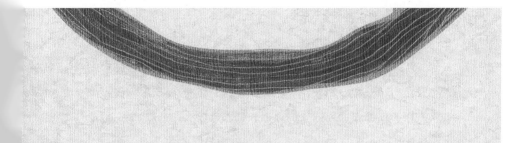

❋

나의 현존은 이 순간의 현재성이다.

그 둘은 분리되어 있지 않다.

나의 현존이 이 순간의 지금에 현존하고 있는 게 아니다.

현존이 바로 이 순간의 지금이다.

이런 식으로 우리는 정말 현존이 무엇인지 알게 되는 것이다.

있는 그 자리에 존재하는 연습을 해나감에 따라,

자기 자신으로 존재하기 위해,

실제로 존재하기 위해서는

우리가 현재의 순간에 존재해야 한다는 것이 분명해진다.

우리는 지금 이 순간에 있어야 한다.

하기 때문에 그런 식으로 바라보는 것은 패러독스일 수밖에 없다. 시간의 축은 마음에게는 아주 중요하다. 마음은 늘 과거의 것에 대해 생각하고 미래에 해야 할 일에 대해 생각한다. 마음은 좀처럼 지금 이 순간에 안착하지 못한다. 만약 그렇게 한다면 마음은 고요해질 것이다.

지금 이 순간에 머물 때, 당신은 이따금씩 일어나는 사소한 것 말고는 별일이 없다는 것을 알게 된다. 그럴 때 우리가 주로 자각하는 것은 지금 이 순간의 직접성이다. 그 이유는 현존이 지금 여기에 단순히 존재하는 특성을 띠기 때문이다. 그와 대조적으로, 우리의 익숙한 자아는 행위하고 움직이고 무슨 일을 벌이는 것에 기반을 둔다. 우리는 그런 행위들이 내면의 고요에서부터 일어날 수 있음을 신뢰하지 않는다. 우리는 **참존재**가 모든 것의 바탕임을 알지 못한다. 지금 이 순간에 존재하게 되면 모든 변화와 활동의 바탕에 놓여 있는 고요한 존재성과 연결된다. 그 존재성은 단순한 여기 있음이며, 그 안에서는 활동이 아니라 현존이 가장 근본이 된다.

우리가 안착하지 않을 때는 모든 이미지, 구상화, 과거의 투사들이 일어나서 현재에 영향을 준다. 우리는 현재를 현재로 보지 못한다. 우리는 현재의 현존을 경험하지 못하는 것이다.

현재에서 현재성을 놓치는 것

과거에서 오는 영향이 또 계속해서 우리를 미래로 향하게 만든다. 뭔가 기분 나쁜 일이 과거로부터 떠오른다면, 우리는 미래에는 상황들이 더 나아지게 하려는 욕망 때문에 지금 이 순간에서 자신을 분리시킨다. 우리는 지금을 놓치는 것이다. 지금을 놓칠 때 우리는 그저 시간을 낭비하는 것만이 아니고, 우리의 실제인 자신의 현재성now-ness, 실재성과 여기 있음을 놓치게 된다.

  사람들이 이야기하는 지금 여기에 존재하기는 단지 그 순간의 경험의 내용물을 자각하는 것보다 더욱 심오한 경험이다. 지금 이 순간의 경험 내용이 지금 일어나는 것이므로 그것은 자각과 함께 시작된다. 그래서 이 순간의 내용물들, 즉 이 순간에 일어나는 몸의 속성, 느낌, 생각들을 우리는 자각하는 것이다. 우리가 이 순간에 일어나는 일에 일치될수록 이 순간에 더욱더 현존하게 되며, 시간은 더 느려지게 된다. 지금 이 순간에 더욱 현존하게 될 때 우리는 현재성 자체를 인식하기 시작하며, 그 현재성은 그 순간에 있는 현존으로 드러난다.

  그러므로 나의 현존은 이 순간의 현재성이다. 그 둘은 분리되어 있지 않다. 나의 현존이 이 순간의 지금에 현존하고 있는 게 아니다. 현존이 바로 이 순간의 지금이다. 이런 식으로 우리는 정말 현존이 무엇인지 알게 되는 것이다. 있는 그 자리에 존재하는 연습을 해나감에 따라, 자기 자신으로 존재하기 위해, 실제로 존재하기 위해서는 우리가 현재의 순간에 존재해야 한다는 것이 분명해진다. 우리는 지금 이 순간에 있어야 한다. 이 순간을 껴안고 완벽하게 자각하며, 이 순간에 직접적으로 닿아야 한다. 이 순간에 직접적으로 닿는 것은 현존의 **참존재**와 동일한, 이 순간의 현재성에 닿는 것이다.

시간의 흐름 속에 갇히는 것

어떤 의미에서, 우리가 지금까지 관찰하고 탐험해온, 자신으로 존재하는 데 방해가 되는 모든 장애물들은 기본적으로 시간 안에 있다. 그것들은 직선적인 시간의 흐름이 작동해서 생기는 것이다. 그 장애물들은 과거에서 미래로 움직여간다. 만일 우리의 의식 중심이 과거에서 미래로 가는 직선적인 시간의 틀 안에서 작동한다면, 의식은 이 장애물들에 말려들게 될 것이다. 우리의 판단, 거부, 희망, 욕망과 기대들은 모두 시간 안에서 일어난다. 심지어 내면의 영적인 수행도 시간 속의 수행이 되어버린다. 우리는 시작과 끝이 있는 과정을 위해 시간의 한 점에서 다른 점으로 옮겨간다. 거기에는 원인과 결과가 있다. 지금 우리가 하고 있는 일은 미래의 어떤 변화를 초래한다. 그러한 시간지향성은 우리를 참자기의 현존 밖으로 벗어나게 만들며, 대다수의 사람들이 살고 있는, 시간이라는 덧없는 마음의 세계로 빠져들게 한다.

사람들은 바르도bardo[9], 즉 변천하는 과도기적인 세계에 살고 있다. 바르도란 바로 그런 것이다. 끊임없이 하나에서 다른 하나로 옮겨가는, 시간에 묶인 마음의 경험이 만들어낸 산물이다. 그래서 현존하고 있는 그 자리를 자각한다고 말할 때, 우리는 단지 지금 이 순간에 있기, 지금 여기에 존재하기, 이 순간에 일어나는 일을 자각하기를 말하는 것이다.

어린 시절에 일어났던 어떤 일을 회상하며 다시 경험한다 하더라도

---

9 《티베트 사자死者의 서》에 나오는, 생과 생 사이의 '중간 상태'.

나는 그것을 지금 이 순간에 경험할 수 있다. 사실, 내가 이 순간에 있을수록 그 재경험은 더욱 실제가 되고 더욱 살아 있게 된다. 만일 어떤 사건을 마음속에서만 재경험한다면, 그것은 생각이나 기억에 더 가깝다. 그러나 내가 정말로 몸에, 감각에 온전히 존재하고, 나의 현존과 직접성에 있다면, 지금 내가 바로 그 현재성 안에 있기 때문에 나는 어떤 의미에서는 그 과거의 현재성을 경험하고 있는 것이다. 그 과거의 현재성도 역시 똑같은 현재성이다.

멀리 떨어진 별에서 오는 빛이 시간 안에서 움직이는 것이 아님을 기억하라. 즉, 빛의 여행에는 시간의 경과가 개입되지 않는다. 우리가 그 빛을 볼 때 그것은 수십억 년 전에 있었던 빛과 동일한 빛이다. 그 빛은 일 분, 일 초도 나이 들지 않았다. 빛은 늘 지금이다. 그리고 그 현재성에서 우리는 원하는 만큼, 온전히 완벽하게 과거를 경험할 수 있으며 진실로 그것을 다룰 수 있다. 그것은 단지 기억하는 게 아니라 참으로 다시 경험하는 것이기 때문이다. 우리는 이 순간에 있어야만 한다. 우리는 우리의 현존에 닿아야만 한다.

현존 연습이 종종 '자기-기억'이라고 불리는 이유 중 하나가 바로 이것이다. 여기서의 기억은 기억이 보통 작용하는 방식인 일반적인 두뇌의 기억을 뜻하는 게 아니다. 우리는 현존의 기억하기를 말한다. 그것은 현존을 다시 경험한다는 의미에서 기억하는 것이며, 현재의 순간의 지금을 다시 사는 것이다. 바꿔 말해서, 자기-기억은 현존 연습이 될 수 있다. 우리가 지금 이 순간에 존재하는 온전함으로, 참으로 다시 사는 온전한 경험으로 그렇게 할 수 있다면 말이다.

과거, 미래 그리고 현존

지금까지의 고찰에서 우리는 후천적 무지인 과거의 지식이 현재에 과거를 겹쳐놓음으로써 경험을 침해한다는 것을 살펴보았다. 과거의 지식은 우리가 일차적 현현이라 불렀던 현재 경험의 중심요소와, 이차적 현현이라 불렀던, 중심요소에 대한 반응, 연상, 판단에 모두 영향을 준다. 이 두 가지 현현에 관련해서 후천적 무지를 살펴보면, 우리는 일차적 요소가 주로 과거에 묶여 있음을 보게 된다. 이차적 요소는 과거에 의해 통제되기는 하지만, 보통 미래의 어떤 것을 성취하거나 미래의 어느 곳에 도달하는 쪽으로 기울어져 있다. '아니, 난 이게 마음에 들지 않아. 다른 식으로 바꾸면 좋겠어.' 혹은 '마음에 들어. 이것을 갖고 말 테야.' 또는 '이것의 결과가 내 마음에 들지 않으면 어쩌지?' 또는 '이것을 다른 모습으로 바꾸어보자.' 등등. 모든 거부와 비교는 미래를 지향하는 경향, 뭔가 다른 것에 대한 희망과 나쁜 결과에 대한 두려움을 암시한다. 그래서 일차적, 이차적 현현이 모두 과거와 미래에 관련되어 있지만, 일차적 현현은 주로 과거에 의해 지배되고 이차적 현현은 미래에 의해 지배된다.

우리가 주로 동일시하는 것은 미래지향이다. 그 때문에 우리는 경험의 이차적 현현에 계속해서 주의를 기울인다. 경험의 일차적 현현은 우리에게 영향을 줄 기회조차 갖지 못할 때가 많다. 일차적 현현의 핵심에 있는 현존의 실재는 더 말할 것도 없다.

한번 생각해보라. 당신은 여전히 내일이 올 거라고 믿는다. 그리고 그 기대는 당신의 경험을 통제하는 측면이 된다. 아마도 당신은 내일

약속이 있을 것이다. 그런 측면에서는 미래를 생각해야만 한다. 하지만 그것은 당신의 의식이 지금에서 튀어나와 미래로 뛰어드는 것과는 다르다.

우리는 그렇게 할 필요가 없다. 우리는 여전히 현재에 머물면서 그 순간을 즐길 수 있다. 정말로 우리가 가진 것은 지금 이 순간뿐이다. 미래는 결코 오지 않을지도 모른다. 누가 알겠는가? 그러므로 경험에서 일어나는 다른 모든 것과 마찬가지로 우리는 미래지향성에 따라갈 필요가 없다. 그런 경향이 일어남을 알아차리는 순간, 우리는 그것을 믿을 필요가 없다. 심각하게 받아들일 필요가 없으며, 동일시할 필요도 없는 것이다.

그러나 동일시하지 않는 것이 밀쳐냄을 의미하지는 않는다. 그 대신 우리는 이렇게 인식할 수 있다. "나의 진실한 모습은 빛의 존재이다." 이것을 알 때 우리는 마주하는 모든 장애물들에 걸리지 않는다. 그것들을 피하거나 거부하거나 밀쳐버리기 때문이 아니라, 빛의 존재에게는 그 장애물들이 실제로 존재하지 않기 때문이다. 빛의 존재로서 당신이 가진 것은 오직 바로 지금 이 순간의 당신의 존재뿐이다. 당신의 존재는 지금 이 순간의 현존 안에 있다. 그리고 있는 그 자리에 존재할 수 있는 것, 자신으로 존재할 수 있는 것, **실제로 존재**할 수 있는 것은 오직 이 순간의 현존 안에서 가능하다. 사실은 그처럼 단순하다.

탐험 세션

미래지향성이 경험에 미치는 영향

지금까지 우리는 과거의 영향에 대해 많이 작업해왔다. 그래서 여기서는 미래지향성에 좀 더 초점을 맞춘다. 이 탐구에서는 당신의 마음이 미래를 바라봄으로써 지금 이 순간의 현존에서 당신을 벗어나게 하는 특별한 방식을 탐험한다.

다음과 같은 행위들을 할 때 미래지향성이 일어나는 것을 알아차려보라.
- 뭔가를 희망하기, 어떤 결과를 기대하기,
  어떤 일이 일어날 것을 두려워하기,
  미래에 대해 계획하기, 목표를 세우기,
  성취를 예감하기, 즐거움을 추구하기 등등.

약 15분 동안 현재의 경험을 관찰하고 따라가라.

지금 이 순간의 경험에 무슨 일이 일어나는지 알아차려보라.

미래지향성이 일어나는가?

만일 그렇다면 그것이 지금 어떻게 당신의 현존에 영향을 주는가?

그리고 경험에 어떤 영향을 주고 있는가?

빛의 존재인 당신에게 미래는 어떤 중요성을 갖는가?

chapter

14

수은처럼 유동적인 자아감각

A Mercurial Sense of Self

지금까지 자신으로 존재하기, 있는 그곳에 존재하기에 대한 장애물들을 탐험해왔기 때문에 당신은 아마도 자신으로 존재하면서 더욱 이완하면서 만족을 느끼고 있을 것이다. 수행하는 가운데 성공적이었던 때도 있을 것이고, 또 지금은 좀 더 이 순간에 안착하여 현존할 수도 있을 것이다. 뭔가를 얻으려는 노력과 수고를 어느 정도 내려놓은 이후라서 당신은 심지어 휴가와 같은 멋진 시간을 보내고 있을지도 모른다!

하지만 그런 상태는 좀처럼 오래가지 않는다. 알아차리기도 전에 그 상태는 벌써 어디론가 새어 나가기 시작한다. 그런 일이 일어날 때마다 우리는 이렇게 생각하는 경향이 있다. '아, 그 상태를 잃어버렸구나! 내가 있는 곳을 다시 찾아야겠어… 나를 다시 찾는 데는 시간이 좀 걸리겠군.' 우리는 곧장 시간 속으로 돌아온다. 그리고 있는 그 자리를 보존하려고 애쓰는 노력에 쉽사리 사로잡힌다. 모든 것을 제자리에 보존하고 똑같이 유지하려고 애쓰면서 말이다. 자신을 바꾸려고 시도하지 않아야 함을 충분히 배워왔음에도 불구하고, 경험을 변화시키지 않는 것이 중요하다는 것을 잘 알면서도 우리는 결국 변화에 저항해서 싸우고 만다. 왜일까? 있는 그 자리가 마음에 든다면 우리는 거기에 매달리고 싶어지기 때문이다. 그렇다면 우리가 이 딜레마에서 벗어나서 실재의 본질과 자기에 대해 이해할 수 있으려면 무엇이 필요할까?

당신은 현현된 모든 세부적인 사항들이 움직이고 변화하며 흐르고 있다는 것을 경험을 통해 관찰할 수 있다. 사실 그것들은 우리의 손을 쉽게 빠져나간다. 날씨도 늘 변하고 우리가 만나는 사람들도 늘 바뀌며 세상의 상황들도 언제나 변화한다. 그러나 우리의 환경만 변하는 것이 아니라 우리 자신 역시 지속적으로 변한다. 단지 우리가 움직이고 있다는 사실 때문에 우리의 지각이 변화한다. 그리고 경험에서 알수 있듯이 느낌 또한 늘 변하고 있다. 그래서 내적, 외적인 현실은 끊임없는 흐름의 상태에 있다. 이 사실을 고려해본다면 이런 질문이 저절로 일어날 것이다. 모두가 변화하고 있다면 있는 그 자리에 존재한다는 것이 과연 무슨 의미일까?

이 장에서 우리는 늘 존재하고 있는 경험의 특성인 변화에 초점을 맞출 것이다. 이 끊임없는 변화는 우주의 자연스러운 법칙이다. 모든 경험과 지각은 변화를 내포하고 있다. 변화가 없다면 단지 경험은 존재할 수 없는 것이다. 끊임없는 변화현상은 자각과 의식의 한 부분이자 삶의 한 부분이다.

이 사실은 자신으로 존재하기의 의미에 대해 무엇을 말해주고 있는가? 모든 것이 끊임없이 변화하기 때문에, 우리는 있는 그 자리에 존재하기가 있었던 곳을 늘 떠나는 것임을 발견하게 된다. 분리되거나 자신과의 연결이 끊어진다는 의미에서의 떠남이 아니다. 매 순간 경험하는, 끊임없이 변화하는 실재와 함께하기 위해 우리가 있었던 곳을 떠난다는 뜻이다.

변화에 대한 저항

끊임없이 변한다는 이 사실은 있는 그 자리에 존재하기의 의미에 대해 중요한 어떤 것을 드러내준다. 또한 우리에게 있는 그 자리에 존재하기에 방해가 되는 특별한 장애물을 알려준다. 다음의 예를 고찰해보자. 당신은 어떤 경험을 하면서 이렇게 인식한다. '나는 이 부분에서 좌절감을 느껴.' 혹은 '아, 이게 정말 두려워.' 그런 다음 당신은 이렇게 말한다. '좋아, 이제 나는 내가 어디에 있는지 알겠어. 그러니 여기에 머물러 한번 탐험해보자.' 그래서 당신은 탐험하며 자신을 아는 경험을 갖는다. 여기에서 구상화와 동일시의 경향성을 경계할 필요가 있다. 우리는 자신에 대해 발견한 것을 구상화하지 않을 때가 거의 없다. 우리는 그것을 어떤 특정한 것으로 만들고 그것과 동일시한다. 그렇다면 동일시는 무엇을 암시하고 있을까? 동일시는 모든 것을 동일한 것으로 유지하려는 시도이다.

우리가 자신의 경험이 변하지 않도록 유지하려는 데는 많은 이유가 있다. 우리는 자신이 경험하는 것, 자신이 갖고 있는 것, 자신에 관해 알고 있는 것, 실재라고 여기는 것에 대해 좋아하는 부분을 단지 잃어버리고 싶지 않은 것이다. 내적 작업을 하기 시작할 때 우리는 실재와 우리가 누구인지에 대한 특정한 관점을 갖게 된다. 어느 정도 조사와 탐구와 수행을 하고 나면 우리는 다른 관점을 형성하고 거기에 머무는 법을 배울 수 있지만 그런 것들이 같은 식으로 유지되리라는 보장은 없다. 실재는 예기치 못한 수많은 방향으로 변하기 때문에 다음 순간 달라질 수 있고, 또한 실제로 그러할 때가 많다.

에고ego에게 있어서 변화는 어려운 일이다. 에고는 안정성과 동일성을 원한다. 만일 사물들이 계속 변하면 우리의 자아 감각은 닻을 내릴 곳을 찾거나 유지할 수 없다고 믿는다. 그러나 사실은 실재가 늘 변화하는 토대라는 것이다. 그리고 우리의 의식, 자각은 액체금속인 수은에 비유할 수 있다. 아주 미끄럽고 유동적이며 쉽게 변화하면서 잘 흐른다.

그래서 있는 그 자리에 머물기를 말할 때 그것은 정적으로 가만히 있는 것을 의미하는 게 아니다. 있는 그 자리가 끊임없이 변형될 때 그 변화와 함께 편안하다는 것을 암시한다. 동일하게 남아 있고 경험을 같은 것으로 유지하려는 것이 우리의 경향성이다. 특히 그 경험을 좋아할 때 그렇다. 그리고 그것은 의식 속에서 단단히 굳어진다. 그 경향성은 자연스럽지 않은 완고함이다. 그럴 때 우리가 어떻게 상황에 접근하여 지금 여기에서 일어나고 있는 일을 이해할 수 있겠는가?

보존하려는 시도

우리는 경험을 변화시키고 개선하며, 더 나은 것으로 만들거나 특별한 목표를 향해 방향을 맞추려고 애쓰는 많은 방법들을 살펴보았다. 모든 것을 특정한 방식으로 변화시키려는 시도는 있는 그 자리에 존재하기에 있어서 주요한 장애물이 된다. 그 반대 역시 마찬가지다. 보존하려는 시도 또한 변화시키려는 시도만큼이나 있는 그 자리에 존재하는 데에 장애물이 된다.

경험 속에서 뭔가를 변화시키려 할 때마다 우리는 역시 뭔가 다른 것을 보존하려고 애쓰는 것이다. 예를 들어, 경험을 개선하려고 애쓸 때마다 우리는 특정한 이상이나 목표를 보존하려는 것이다. 경험이 원하는 방식으로 펼쳐지게 하는 대신 특정하게 존재하도록 경험을 조작함으로써 우리는 자신에 대한 이미지를 유지하려고 애쓴다. 그것은 우리가 바꾸고 싶지 않은 아이덴티티이다.

당신이 신뢰하던 사업파트너가 당신을 속여 많은 돈을 잃게 했다고 해보자. 만일 당신이 용서하는 사람이라는 이상을 갖고 있다면 아마도 당신은 그 파트너를 용서하는 것을 목표로 삼을 것이다. 그렇지만 당신의 즉각적인 반응이 분노와 상처라면, 그리고 당신이 준비되어 있지 않거나 그 사람을 용서하고 싶지 않을 때는 어쩔 것인가? 당신 안에서 일어나는 그 경험들에 현존하지 않고서 자신에게 용서를 강요한다면 당신은 있는 그곳에 존재하는 것도, 자신으로 존재하는 것도 아니다. 지금 이 순간의 당신이 아닌 자기이미지에 매달리려고 애쓰고 있는 것이다. 당신은 진정한 용서가 일어나는 지점에 도달할 수도 있겠지만, 그러기 위해 목표와 이상을 가질 필요가 없다. 사실 용서하는 사람이라는 자기이미지를 유지하려고 고집하는 것은 감정의 자연스러운 해소를 지연시키거나 심지어는 막아버릴 가능성이 크다. 당신의 **참**

본성이 용서를 포함하고 있으므로, 그 사건 주변의 이슈와 감정이 의식적으로 직면될 때 마침내 용서는 저절로 일어날 것이다.

우리는 변화에 대해 브레이크를 밟아 저항할 수 있다. 혹은 변화의 방향을 조정하려고 애쓸 수도 있다. 그리고 아마도 그 둘 다를 행할 때도 많이 있을 것이다. 그렇지만 우리는 저항과 싸우거나 변화시키려 애쓸 필요가 없다. 우리는 단지 모든 것이 변하지 않도록 붙잡고 있는 그 집착을 알아차리기만 하면 된다. 그것이 우리가 알아야 할 전부이다. 왜냐하면 경험은 스스로 변화하기 때문이다. 그럴 때 수행이 있는 그 자리를 보고 거기에 존재하는 것임을 다시 한 번 알게 된다. 우리가 하고 있는 모든 것, 심지어 동일하게 보존하려는 시도나 변화시키려는 시도마저도 알아차리기만 하면 된다. 있는 그 자리에 존재하기 안에서는 모든 것이 환영받는다.

아이덴티티를 보존하려는 것

우리는 현재의 상태를 유지하려고 집착하는 인간의 경향성을 두 가지 유형으로 나눌 수 있다. 첫째 유형은 태도와 아이덴티티를 보존하려 애쓰는 에고의 현현manifestation이다. 둘째 유형은 특별한 경험과 동일시하고 거기에 집착하는 것이다. 각각의 유형에 대해 좀 더 자세하게 논의해보자.

첫째 유형에서 우리는 기분이 더 좋아지기를 원하는 상황, 혹은 경험이 더 자유롭고 긍정적으로 느껴지기를 원하는 상황을 예로 들 수 있다. 그러나 그것은 자신의 이미지에 대한 생각을 바꾸고 싶어 하는 것은 아니다. 우리는 여전히 우리가 알고 있는 대로 자신의 아이덴티티를 보존하기를 원한다. 심지어 자신의 아이덴티티와 인격구조의 변화에 대해 열려 있다고 믿을지라도 우리 내면의 힘은 그것들을 동일하게 유지하려고 애쓰고 있다.

그래서 에고의 경험은 본래 완고함을 내포한다. 우리가 이미 정의되고 포장된 내적인 구조들과 동일시하기 때문이다. 자기이미지, 자신에 대한 인상, 혹은 과거로부터 온 패턴들과 동일시한다는 사실은 우리가 같은 것을 반복하고 있다는 의미이다. 우리는 뭔가 다른 것이 일어날 수 있도록 열려 있는 공간을 허용하지 않는다. 그 특별한 이미지, 패턴 또는 관계를 맺는 방식에 집착함으로써 우리는 자신의 움직임과 펼쳐짐을 방해하고 있다.

우리는 자신이 특정한 사람이고, 특정한 상황 속에 있다는 것을 인식한다. 그리고 우리는 변화를 원할 때조차도, 성장과 배움을 원할 때조차도 그것이 쉽지 않음을 알아차린다. 경험 속에서 융통성이 없음을 발견하고, 변할 수 있는 것과 변할 수 없는 것에 대해서 완고한 경계를 갖고 있음을 발견한다. 때로 우리는 경험이 항상 바뀌고 있음을 보며, 우리의 몸이 변하고 성장한다는 것을 안다. 그렇지만 우리가 정직하다면 그 변화의 한가운데에서 자신이 항상 지속적인 뭔가에 매달리려 한다는 사실을 받아들여야만 한다. 우리는 어느 정도 같은 식으로 계속 생각한다. 개별적인 생각들은 순간순간 변한다고 하더라도 우리의 레퍼토리는 제한되어 있으며 우리가 생각하는 주제는 끝없이 반복되고 또 반복된다.

똑같은 영화를 수천 번씩 반복해서 봐야만 한다면 다른 사람들은 모두 지금쯤 지루해 죽을 지경일 것이다. 그러나 우리는 거기에 질리지 않는다! 그 영화의 장면들이 우리의 현실이 되어버렸다. 그 장면들은 우리 자신이다. 만일 영화가 바뀌기 시작한다면 경고등이 켜진다. 우리는 다른 장면을 원치 않는다. 우리는 속편조차도 좋아하지 않는다! 사실 동일한 시나리오와 인물들을 계속 반복해서 보면서 안전함을 느낀다. '아, 이 장면이 또 벌어지는군… 좋아, 이것이 바로 나야… 나는 나 자신을 잘 알고 있어.' 당신은 익숙한 땅 위에 서 있다. 같은 이슈가 일어난다. 당신은 상처받거나 거부당하거나 작아짐을 느낀다. 당신은 그것을 좋아하지 않고 거기에 불평하며 치유워크숍에 가서 그것에 대해 작업한다. 하지만 어느 날 아침, 그 문제가 사라진 채 눈을 뜬다면 당신은 겁에 질릴 것이다. 문제가 없다면 당신은 어떤 사람이 될까?

변하지 않는 경험들이나 자아감각 없이는 우리는 존재할 수 없을 것처럼 보인다. 자아의 감각에 집착하는 내적인 행위와 자세는 융통성 없음, 완고함이 된다. 다른 사람들은 당신에게서 그런 완고함을 알아차릴 수 있다. 특히 그 완고함이 그들이 좋아하지 않는 성격이나 습관으로 드러날 때 더욱 그렇다. 예를 들어 당신이 늘 약속에 늦는다면 친구들은 거기에 대해 당신에게 말하며 당신이 변하기를 바랄 것이다. 그렇지만 그 습관은 변하지 않을 때가 많고, 당신은 계속해서 늦을 것이다. 사실은 당신이 제시간에 오기 시작한다면 당신은 자신이 아닌 다른 누군가로 변한 것과 같다.

에고가 우리의 정체성의 모든 부분을 정의한다면, 우리는 삶의 상황들에서 손을 떼려 하지 않을 것이다. 오히려 그것들을 변하지 않도록 고정된 위치에 붙잡아두려고 할 것이다.

자신의 아이덴티티가 실제로 변할 수 있는 가능성을 상상할 수 있는 사람은 많지 않다. 자기라고 알고 있는 그 사람이 낯선 사람처럼 보일 정도로 달라질 수 있는 경험은 우리에게 불가능하게 보인다. 변화가 너무나 커서, 자기가 누구인지, 또 그동안 어떻게 느껴왔는지 기억하지 못하면서 과거의 자기와 연관시킬 수조차 없는 그런 상태를 상상할 수 있겠는가?

그것은 가능하다.

내면의 여행을 하는 동안 자신을 알아보지 못할 만큼 변형이 깊어지는 지점이 찾아온다. 무슨 일이 일어나고 있는지 모르는 게 아니라, 일어나고 있는 일이 낯설다는 것을 자각하는 것이다. 그것은 당황스러울 수 있으나 또한 해방감을 준다. 우리는 과거의 느낌과 행위, 행동방식이 확장된 모습으로서 더 이상 존재하지 않는다. 때때로 그 변화는 너무나 근본적이어서 그저 다른 사람으로 느껴지는 정도가 아니라, 자신이 사람이라는 것조차 전혀 기억하지 못한다. 우리는 단지 잠시 사람의 형상을 띤 빛으로서 자신을 경험한다. "나는 나의 본성을 안다… 시간을 넘어선 빛을." 당신이 이렇게 말할 수 있을 때 거기에는 말로 다할 수 없는 자유가 있다.

그러나 우리는 대부분 에고의 완고함을 넘어서지 못한다. 그 완고함은 일상적인 모습들, 즉 성격의 표현, 경험의 유형, 우리가 가지는 경험과 능력들에 동일시하고 집착한다. 그 동일시 때문에 우리는 지금 이 순간에 충분히 열려 있지 못한다. 사실 매 순간은 어떤 것이든 될 수 있고 어떤 것이든 가져올 수 있다. 각각의 순간들이 있을 뿐이다. 그것이 일어난 순간 사라지고 또 다른 순간이 일어난다. 그 순간은 비슷할 수도 있고 또 전혀 다를 수도 있다.

그러면 무엇이 자유인가? 자유는 이런 것이다. "나는 매 순간 일어나는 모든 일이 좋으며 또 늘 좋으리라는 것을 안다." 우리는 무슨 일이든 있는 그대로가 편안하다. 자신이 누구인지, 자신이 무엇인지, 어떤 경험이 일어나야 할지 혹은 무엇이 가능한지에 대해 완고함이 없기 때문이다.

그렇다면 자신으로 존재할 수 있는 자유 그리고 매 순간 진실하게 살 수 있는 자유를 제한하는, 에고가 만든 자아 감각에 대해 우리는 무엇을 알 수 있을까? 다음의 목록은 우리가 그토록 보존하려고 집착하는 아이덴티티에 관해 우리가 알고 있는 것들이다.

- 에고는 우리가 아이덴티티를 계속 유지하는 데 필요한 구조물들을 설치한다.
- 우리는 일반적인 아이덴티티 감각과 자기이미지, 그리고 세상에서 사는 법을 익히기, 자기인식, 방향성, 익숙함 등을 위해 에고에 늘 의지해왔다.
- 에고가 창조한 아이덴티티는 우리가 익숙해진 내재적인 지속성이다.
- 우리는 자신이 누구인지 알고 익숙한 토대를 느끼고 안전을 느끼기 위해 아이덴티티가 필요하다고 생각한다.
- 아이덴티티는 우리가 일반적으로 생각하고 느끼는 방식을 정의하며, 우리가 특정한 방식으로 동일시하고 있는 일시적인 상태들

에고의 경험은 본래 완고함을 내포한다.

우리가 이미 정의되고 포장된 내적인 구조들과 동일시하기 때문이다.

자기이미지, 자신에 대한 인상,

혹은 과거로부터 온 패턴들과 동일시한다는 사실은

우리가 같은 것을 반복하고 있다는 의미이다.

우리는 뭔가 다른 것이 일어날 수 있도록

열려 있는 공간을 허용하지 않는다.

그 특별한 이미지, 패턴 또는 관계를 맺는 방식에 집착함으로써

우리는 자신의 움직임과 펼쳐짐을 방해하고 있다.

을 포함한다. 지나고 나면 죄책감을 느끼는, 이따금씩 불타오르는 분노와 같은 것이 여기에 포함된다.

- 우리는 여러 가지 많은 모습으로 성장하고 변형되지만 사고방식, 기분의 정도, 업무처리방식, 선호, 인간관계와 투사의 종류 등등 우리의 에고 아이덴티티를 구성하는 기초는 근본적으로 변하지 않는 경향을 갖는다.

- 중요한 자각과 통찰이 일어날 때조차도 우리는 자신이 누구라고 여기는 홈베이스로 돌아오는 경향이 있다. 아이덴티티는 우리가 이미 알고 있는 동일한 것으로 다시 합쳐진다. 우리의 자각이라는 경험은 아이덴티티의 근본적인 변화를 일으키기보다는 단지 잠깐의 외출이 되고 만다.

집착

변화에 대한 저항의 둘째 범주는 경험에 집착하는 것이다. 우리는 어떠한 경험이라도 동일시할 수 있지만, 즐겁거나 자유로움을 느끼는 새로운 경험에 가장 집착하는 경향이 있다. 어떤 경험에 동일시하는 것은 그 경험이 사라지지 않기를 원한다는 의미다. 우리는 그 경험 그 대로를 좋아하며, 그 경험이 뭔가 다르게 변한다면 실망할 것이다. 우리는 그 변화를 상실감으로 느끼게 될 것이다. 그래서 우리는 미묘한 집착이나 그다지 미묘하지 않은 집착을 갖는다. 그 경험에 달라붙고 그것을 고정시키려 하며 모든 것을 그대로 유지하기 위해서 순간의 펼처짐을 멈추려고 애쓴다. 심지어 우리가 더욱 열려 있을 때, **참본성**을 경험할 때조차도 우리는 아직 자유롭지 않다. 우리는 진정한 자신으로 존재할 때 얻을 수 있는 살아 움직이는 자유에 대해 확신을 갖지 못한다.

여정의 초기에 우리가 현존과 접촉하지 않거나 **참존재**를 자각하지 않을 때조차도 우리의 경험은 늘 변화한다. 경험은 하나의 느낌에서 다른 느낌으로, 어떤 감정 상태에서 다른 상태로, 한 생각에서 다른 생각으로, 하나의 자기이미지에서 다른 이미지로, 하나의 반응에서 다른 반응으로 변화한다. 자신의 경험을 탐험하고, 그 안으로 탐구해 들어가 더욱 현존한다는 것은 경험이 고요히 머물 것이라는 뜻이 아니다. 우리는 경험을 더 잘 자각하기 위해 경험의 속도를 늦출 수는 있지만, 변화는 결코 막을 수 없을 것이다.

우리가 수행을 해나가면서 에센스의 현존과 만나는 경험을 함에 따라 우리는 현존 또한 끊임없이 변하는, **참존재**의 자연스러운 역동을 발견하게 된다. 그것은 어느 순간에는 광대함이 될 수도 있고 다음 순간에 충만한 빛이 될 수도 있으며 그다음에는 흐르는 강이 될 수도 있다. 그리고 현존의 견고한 느낌… 그다음에는 은하처럼 무한히 확장된 상태가 될 수도 있다. 그러는 동안에도 변화하는 현존에 대한 에고의 반응이 여전히 있을 수 있다. 두려움, 희망, 저항 혹은 사로잡힘 등이 그런 반응이다.

마침내 에센스의 가치를 경험하고 확고함을 느끼는 지점에 도달한다 해도 그 확고한 느낌이 좋기 때문에 우리는 거기에 집착할 수 있다. 그 느낌이 새롭기에 우리는 거기에 대해 흥분할 수 있다. 우리는 또한 그 느낌이 지속되기를 기대하거나 바라거나 희망하는 데 빠져들 수도 있다. 그렇지만 그것이 같은 식으로 계속된다면 우리의 배움은 거기에서 그치고 성장은 멈추게 될 것이다. **참본성**은 거기에 머물지 않는다. **참본성**은 끊임없이 드러나며 자신의 가능성들을 펼쳐 보인다. **참본성**은 언제나 다른 형태와 더 깊은 형상들, 더 미묘하고 더욱 포괄적인 형상들 속에서 자신을 드러내고 있다.

모든 것이 현존인 비이원적인 상태에 도달할 때조차도 거기에 정적인 것은 아무것도 없다. 그렇다. 그것은 늘 현존이다. 하지만 모든 것은 흐르고 펼쳐진다. 그리고 그 현존은 대단히 많은 색채와 맛을 가질 수 있다. 현존은 때때로 더 짙어지고 때로는 더 가벼워진다. 어떤 때는 현존이 전혀 현존 같지 않고 아무것도 아닌 것, 즉 부재absence, 不在에 더 가까운 것으로 보인다. 우리의 영혼은 완벽하게 미끄러운 손을 가지고 있기 때문에 아무것도 붙잡을 수가 없다. 착 달라붙는 벨크로 접착포는 깨달음의 상태가 아닌 것이다!

시간개념을 보존하려는 것

좋아하는 것을 보존하고 싫어하는 것을 바꾸려는 시도가 일반적으로 시간개념에 묶여 있다는 사실에 주목할 필요가 있다. 변화에 관한 모든 개념은 시간에 얽혀 있는 경향이 있다. 왜 그럴까? 시간은 변화를 나타내기 때문이다. 시간은 기본적으로 변화의 측정에서 나온다. 그러므로 변화를 만들거나 변화에 저항하는 것에 초점을 맞춘다면 우리는 시간 속에서 움직이게 될 것이다. 우리는 시간 속에서 앞으로 나아가는 경험을 한다. 어딘가로 가거나 혹은 거기에 가지 않으려고 애쓴다. 그러나 우리는 사실 아무 데도 가지 않는다. 우리가 어딘가로 간다고 느끼는 것은 언제나 환상이다. 그것은 그저 사물을 경험하는 방식일 뿐이다. 사실상 경험의 변화 말고는 아무 일도 일어나지 않는다. 이것을 어떻게 이해할 수 있을까? 지난 장에서 살펴보았듯이 우리가 현존할수록 시간은 더욱 느려진다. 우리가 현존 속에 온전히 있을 때 거기에 시간은 없다. 시간은 흐르지 않는다. 경험이라는 측면에서 이것은 무엇을 의미할까? "나는 시간 없음 속에, 지금 안에 있다. 시간은 나에게 흐르지 않는다."라고 이 경험을 표현하는 것은 그 안에서 내가 움직이지 않는 정지된 프레임이라는 것을 암시한다. 이 말이 우리의 경험이 변화하지 않는다는 것을 의미할까? 우리가 정말로 아무런 경험을 하지 않으며 그저 변화 없는 공백이라는 의미일까?

이런 것들은 우리가 시간 없는 현존의 의미를 탐험할 때 일어나는 일반적인 질문들이다. 우리는 시간이 흐르지 않고서 어떻게 변화가 일어날 수 있는지를 상상할 수 없기 때문에 그렇게 생각한다. 시간은 그 속에서 모든 것이 일어나는 더 큰 현실, 더 큰 개념인 것처럼 보인다. 그 도식에서는 공간 속의 움직임 또한 시간 속의 움직임을 의미한다. 만일 당신이 방의 한쪽 끝에서 다른 쪽 끝으로 걸어간다면 시간이 흐를 것이다. 이것이 우리가 움직임과 변화를 경험하고 생각하는 방식이다. 우리는 변화가 일어나기 위해서 시간이 필요하다고 여긴다. 그러기에 시간이 흐르지 않는다면 어떻게 변화를 지각할 수 있겠는가? 이 질문에 대답하기 위해서 우리는 늘 새로운 빛의 현존으로서의 **참본성**을 더욱더 이해할 필요가 있다.

빛의 존재인 **참본성**일 때 나는 하나의 필드, 현존, 눈부신 광휘와 같다. 이 말은 내가 태양에서 나오는 변함없는 밝은 빛과 같다는 의미가 아니다. 우리의 **참본성**은 그저 빛의 매질, 투명하고 빛나는 현존만이 아니다. **참본성**은 마법의 빛이다. 늘 빛으로 존재하면서도 항상 변화하는 빛인 것이다. 색깔, 모양, 밀도, 질감이 늘 변한다. **참본성**은 실제로 감정, 생각, 이미지 그리고 감각의 형태들을 취할 수 있다. 나의 본성인 이 빛은 늘 어떤 형태로 자신의 모양을 만든다. 그리고 **참본성**이 자신의 모양을 여러 형태로 갖추는 것을 나는 다양한 경험으로 인식한다.

만일 그 빛이 때로 하얀 빛이고 때로 초록 빛이라면 우리는 처음에는 그것이 하얗다가 나중에 초록이 되었으므로 분명히 시간이 흘렀을 거라고 생각할지 모른다. 그러나 우리가 빛 속에 있다면, 우리가 빛이라면 하얀 빛에서 초록 빛으로의 변화는 과거에서 미래로 간 것이 아니다. 우리가 보통 생각하고 경험하는 것처럼 변형은 과거에서 현재, 미래로 가는 과정 속에서 일어나는 것이 **아니다**.

그 대신 변화는 매 순간 분출되는 것에 더 가깝다. 형상들은 그저 나타나고 난데없이 일어난다. 경험의 원천은 마음이 알고 있는 것처럼 과거에서 오는 것이 아니라 순간의 신비로운 직접성에서 온다. 그래서 움직임은 형상 없음에서 형상의 현존으로, 무無에서 유有로 일어난다. 그리고 그것은 즉각적이다. 우리의 눈은 형상의 지속성을 보지만 실제적인 경험은 펼쳐지는 지금 속에서 그 형상들이 늘 새롭게 일어나는 것이다. 지각된 변화는 단지 형상들의 분출 속에 나타난 패턴들이다.

우리가 이런 식으로 사물들이 분출되는 것을 경험할 때, 의식이 끊임없이 흘러나오면서 여러 가지 경험의 형상들을 불러일으킬 때, 시간의 감각은 사라진다. 시간이 흐른다는 자각은 존재하지 않는다. 우리는 자신이 지금now 속에 있음을 느끼지만 그 지금은 여러 다른 모습으로 늘 자신을 현현하고 있다. 지금은 늘 같은 것이면서 끊임없는 변형 속에 있다. 그것은 늘 지금이며, 분명히 **지금의 현존**the presence of the now이다. 지금은 끊임없이 새로워지는 **참본성**의 빛이다. 형상을 늘 변형시키는 시간 없는 순간이다.

빛을 매질로서 인식하지 않는다면 우리는 단지 일어나는 대상들을 볼 뿐이다. 그리고 우리가 형상들을 보면서 그것들이 변화한다고 인식한다면, 우리는 그 변화를 설명하기 위해 시간이라는 것을 즉각적으로 불러들일 것이다. 우리는 어떤 일이 일어났고 그다음에 뭐가 다른 일이 일어났다고 말하면서 시간 속에서 일련의 사건들로 바라본다. 우리는 실제로 일이 일어나는 대로 인식하는 대신에 이렇게 하고 있다. 실제로는 모든 것이 끊임없이 펼쳐지고 있으며 빛은 늘 자신을 여러 다양한 형상으로 변형시키고 있다. 시간 속에서 사건들을 바라본다면 우리는 이 빛, 자각, 의식이 직접적으로 모든 형상들에 침투해 있으며 그 모두를 자각하고 있다는 사실을 놓치게 된다.

참본성의 본질은 단순한 현존이 아니라 역동적인 현존이다. 그 역동은 늘 자신의 잠재력을 드러내고 가능한 모든 형상으로 나타난다. **참본성**은 같은 것으로 늘 머물러 있는 획일적인 현존이 아니라 끊임없이 변형되고, 늘 일어나는 일에 응답한다. 그리고 언제나 **참본성**으로 존재한다.

때때로 우리는 변화하지 않는 **참본성**의 차원에서 자신을 경험한다. 하지만 참본성의 토대가 변화하지 않는다고 하더라도 그 토대는 그 안에서 일어나는 모든 현현들과 분리되어 있지 않다. 그리고 그 모든 현현들은 끊임없이 변화한다. 참본성의 가능성은 풍부하다. 참본성의 잠재력은 거대하며 결코 자신의 보물들을 드러내기를 멈추지 않는다. 참본성은 항상 가능한 모든 형태로 자신을 표현하면서 스스로 잠재력을 드러내고 있다.

우리는 여기서 참본성과 다양한 현현들의 관계에 대해 배우고 있다. 우리가 가진 무지 중의 일부는 참본성과 다른 모든 것과의 관계를 명확히 이해하지 못하는 데에 있다. 다른 모든 것은 참본성이 취하는 하나의 형상일 뿐이다. 혹은 참본성이 다양한 형상으로 자신을 현현하고 있다고 말할 수 있을 것이다. 하지만 그것은 여전히 **참본성**이다. 그래서 비록 참본성이 자신의 현현 속에서 늘 변화하기는 하지만 우리는 다른 어떤 것으로 존재하고 있는 것이 아니다. 우리는 자신으로 존재하고 있다. 에고는 고정된 변화 없는 자아로서 자아 감각을 창조한다. 참본성은 그런 안정성이 필요 없다.

비록 우리가 특별한 형태나 경험방식에 매달리려 할지라도 궁극적으로 그것은 불가능하다. 그렇게 특별한 것에 매달릴 때 우리는 역동성을 멈추게 하려고 애쓰는 것이다. 우리는 유동적이고 붙잡히지 않는 현존을 특별한 상자에 가두어두면서 현존이 역동적으로 해야 할 일을 하지 못하도록 만들고 있다. 그렇게 하는 가운데 우리는 자신과의 연결이 끊어진다.

있는 그 자리에 존재하기 위해서는 늘 변화하고 붙잡히지 않는, **참존**

재와 실재의 변형하는 특질을 인식할 필요가 있다. 그 말은 우리가 자신의 집착, 동일시와 매달리려고 애쓰는 방식들을 인식해야 한다는 뜻이다. 그것을 위해서는 우리가 실재의 영구적인 특성들이라 여겨온 것들을 제대로 평가하는 것이 필요하다. 당신이 어떤 것들을 영구적이라고 믿고 있는지 생각해본 적이 있는가? 예를 들어, 당신은 자신이 늘 자기 자신으로 존재하리라고 생각하지 않는가? 거의 모든 사람들이 이렇게 믿고 있다. '나는 변화할 수 있지만, 그런 변화들을 경험하는 사람은 언제나 나일 것이다.' 어느 날 아침에 눈을 뜨고 일어나보니 자기가 아닌 다른 누군가가 되어 있는 그런 경험을 우리는 상상할 수 없다!

그러나 우리가 만일 일상적인 자아 대신 사물을 경험하는 주체로서 순수한 자각을 경험한다면, 그것은 자신이 아닌 것처럼 느껴질 것이다. 우리가 일상적인 자아 아이덴티티를 통해 모든 것을 경험하는 데 익숙하기 때문이다. 하지만 이제 그 순수한 자각은 일상적인 자아 없이 그저 일어나는 경험인 것이다. 그 자각은 단지 빛일 뿐이다. 그리고 그 빛은 스스로 빛나기 때문에 일어나는 모든 일을 자각하고 있다.

이것을 인식하면 우리는 마침내 늘 사로잡혀 있던 것을 떨쳐내게 된다. 그것을 집어던져버리는 것이다. 우리는 악령을 쫓아내버렸다. 우리는 자신에게 덧씌워진 어떤 것에서 해방되었다. 그 악령은 우리 안으로 들어와서 우리를 점령했었다. 우리는 그것을 자기 것으로 받아들이고 그것과 동일시하며 그것이 자기의 모습이라고 생각했었다. 이제 우리는 더 이상 어떤 것과도 동일시하지 않는다. 우리는 자기 자신으로 존재한다.

자신으로 존재한다는 것은 자기에게 집착한다는 말이 아니다. **참존**

우리가 만일 일상적인 자아 대신
사물을 경험하는 주체로서 순수한 자각을 경험한다면,
그것은 자신이 아닌 것처럼 느껴질 것이다.
우리가 일상적인 자아 아이덴티티를 통해
모든 것을 경험하는 데 익숙하기 때문이다.
하지만 이제 그 순수한 자각은 일상적인 자아 없이
그저 일어나는 경험인 것이다.
그 자각은 단지 빛일 뿐이다.
그리고 그 빛은 스스로 빛나기 때문에
일어나는 모든 일을 자각하고 있다.

재는 자기 자신으로 있기 때문에 자신에게 매달릴 필요가 없다. **참존재**는 자기 자신이며, 스스로 그렇다는 것을 알기 때문에, 특별한 경험이 오거나 가기를, 또는 머물기를 바라거나 기대하는 데에, 혹은 매달리는 데에 관심이 없다.

우리가 **참본성**일 때, 다음 순간이 같은 것이 될지 그렇지 않을지를 모른다는 사실을 더 이상 문제 삼지 않게 된다. 우리는 다음 순간이 동일한 것이 될지 그렇지 않을지에 완전히 무관심해진다. 우리는 과거에 매달릴 필요도 없고, 새로운 것에 집착할 필요도 없다. 매 순간 빛의 유희 속에 빛나는 형상들로 일어나는 것이 무엇이든 간에 그것은 우리가 신경 쓸 일이 아니라는 것을 우리는 잘 알고 있다. 우리는 역동적인 흐름, 자유로운 현존이 된다. 그리고 그것이 바로 참자유이다.

변화 없음에 관한 신념들을 탐험하기

이 연습에서 당신은 경험들을 탐험하고 자신 안에서 변하지 않는 것에 대한 신념들을 탐구할 기회를 갖는다. 지각의 올바름을 평가하기보다는 신념과 태도와 입장들의 전체 범위가 드러나게 하는 것이 이 연습의 목표이다.

당신에 대한 변하지 않는 신념들의 목록을 작성하면서 연습을 시작한다.

어떤 것들이 변화하는지 변화하지 않는지를 마음속에서 구별하는 데 빠지지 말라.

중요한 것은, 당신의 경험 가운데 어떤 이유로든 변화하지 않고 지속되는 부분을 알아차리는 것이다.

마치고 나면 잠시 시간을 갖고 목록을 살펴보라.

그다음, 자신의 경험 가운데 변하지 않는 것에 대한 신념과 가정들을 탐험하라.

이 질문들을 고려해보라.

변하지 않는 것들이 당신에게 주는 이익은 무엇인가?

그것이 어떻게 당신에게 봉사하고 당신을 지원해주는가?

모든 것이 유동적이며, 경험 속에서 아무것도 고정되고 변화 없는 것으로 머물러 있지 않는다면 무슨 일이 일어나리라고 생각하는가?

무엇이 변화 없는 요소들을 제자리에 머물게 한다고 생각하는가?

그것이 유전자나 신이나 운명이라고 가정하지 말라. 그들 중 하나일지도, 아니면 다른 것일지도 모르지만, 이 연습은 그것이 무엇인지를 찾아낼 수 있는 기회이다.

chapter

15

의미로 이어진 인연의 끈

The Personal Thread of Meaning

지금까지의 논의에 비추어 자신의 경험의 본질을 고찰해본다면 당신은 다음과 같은 것을 알아차릴 수 있을 것이다. 경험이 늘 변화하고 있다는 것, 당신의 지각들도 늘 변하고 당신이 있는 곳이 항상 변하고 있다는 것을. 우리가 수행해가는 동안 어느 시점에서 의식이 끊임없는 변화와 변형으로서 자신을 현현한다는 사실이 분명해진다. 의식은 하나의 느낌, 생각 혹은 반응에서 다른 것으로, 하나의 상태에서 다른 상태로 옮겨간다.

당신은 그 변화가 끊어져 있지 않고 계속 이어져 있는 것임을 알아차린 적이 있는가? 우리가 깨어 있는 동안에 경험은 언제나 지속적이다. 그것은 늘 경험의 흐름이다. 어떤 경험 후에 틈이 있고 그다음 다른 경험이 찾아오고, 또 거기에 이어서 틈이 찾아오는 식이 아니다.

정말로 아무런 틈도 존재하지 않는다. 경험은 이음매 없는 흐름이다. 우리가 경험의 한 차원에서 다른 차원으로 옮겨갈 때조차도 경험은 여전히 하나의 흐름이다. 그 이유는 동일한 의식이 끊임없이 펼쳐지고 변형되기 때문이다. 그 때문에 우리의 경험은 종종 흐르는 물이나 강물에 비유된다.

그래서 '있는 그 자리에 존재하기'는 있는 그 자리를 찾아내서 단순히 거기에 머무는 것만을 의미하지 않는다. 그 자리에 지속적으로 존재할 때 우리가 있는 곳이 변화하고 변형된다는 의미에서 있는 그 자리에 존재하기는 끊임없는 수행이다. 그래서 자신으로 존재하기, 본래 모습으로 있기, 있는 그 자리에 존재하기는 존재의 지속성, 존재의 흐름이 된다.

경험의 흐름

우리는 보통 경험의 지속성을 자각하지 못한다. 경험 안에 틈이 없기 때문에 우리는 지속성이 있다는 것은 알지만, 경험이 취하는 형상들의 지속성을 자각하지는 못하는 것이 보통이다. 우리는 하나의 형상이 다른 것으로 변형된다는 것, 그리고 다른 형상으로 변하더라도 의미는 지속된다는 것을 모른다. 다른 말로 하면, 우리는 매 순간 현존하여 그 지속성을 직접적으로 경험하지 못한다는 것이다.

있는 그 자리에 진실로 존재하는 것은 그 자리를 자각하기와 거기에 현존하기, 있는 그 자리의 진리를 이해하기를 통합한다. 우리가 이 세 요소들을 하나로 합칠 때, 있는 그 자리에 존재하기는 존재의 흐름을 자각하는 데에 꼭 필요한 수행이 된다. 우리는 늘 어떤 자리이다. 어떤

있는 그 자리에 진실로 존재하는 것은
그 자리를 자각하기와 거기에 현존하기,
있는 그 자리의 진리를 이해하기를 통합한다.
우리가 이 세 요소들을 하나로 합칠 때,
있는 그 자리에 존재하기는
존재의 흐름을 자각하는 데에 꼭 필요한 수행이 된다.
우리는 늘 어떤 자리이다.
어떤 식으로든 우리는 우리가 있는 그곳이다.
그러나 보통 우리는 그 자리가 무엇인지 자각하거나
이해하지 못하고 보지 못한다.
우리의 주의와 자각은 흩어져 있고 혼란스러우며,
주변적인 온갖 이차적 현현에 개입하고 있다.

식으로든 우리는 우리가 있는 그곳이다. 그러나 보통 우리는 그 자리가 무엇인지 자각하거나 이해하지 못하고 보지 못한다. 우리의 주의와 자각은 흩어져 있고 혼란스러우며, 주변적인 온갖 이차적 현현에 개입하고 있다.

그렇지만, 일단 일차적 현현을 인식하고 거기에 초점을 맞출 수 있게 되면 우리는 자신의 위치를 찾을 수 있다. 주의를 기울인다면 우리는 있는 그 자리의 일차적 현현이 끊임없이 변화한다는 사실을 발견하게 된다. 그것은 지속성이며 흐름이다. 멈춰 서 있는 것이 아니다.

발달단계마다 계속되는 지속성

이 책에서 기술한 발달의 세 단계를 살펴보면 있는 그 자리에 존재하기의 지속성을 더 잘 이해하게 된다. 각 단계에서 자신으로 존재하기의 지속성이 무엇을 의미하는지 알 때, 우리는 그것이 경험의 지속성만이 아니라 또한 의미의 지속성이기도 하다는 것을 발견한다.

첫 단계에서, 있는 그 자리에 존재하기는 그 자리를 인식하고 이해하는 것을 의미한다. 우리는 일어나고 있는 일을 자각하고 느낄 뿐 아니라, 그것이 무엇에 관한 것이며 왜 일어나는지를 또한 알게 된다. 우리는 어떤 면에서는 경험이 의미로 가득 차 있음을 안다. 말을 바꾸면, 어떤 측면에서 우리의 경험이 의미 있게 된다는 것이다. 우리가 진정으로 수행하고, 계속해서 탐구하고 자각하고 현존한다면, 경험은 단순히 하나로 엮인 일련의 사건들만이 아닌, 의미의 지속성이 된다. 경험이 흐르고 변형될 때, 그것은 의미 있는 흐름이고 의미가 가득한 변형인 것이다.

예를 들어, 당신이 어떤 느낌을 자각하면서 이렇게 인식한다고 하자. '아, 나는 그 사건 때문에 이렇게 슬픔을 느끼고 있구나… 이제 이런 느낌이 일어나고 있어… 이 감정이 이전에 일어났던 그 일과 어떤 관련이 있는지 이제 알겠어. 그리고 그때 왜 내가 그렇게 느꼈는지, 지금은 왜 이렇게 다르게 느끼고 있는지를.' 이 경험의 연속체는 당신에게 의미 있다. 그것은 의미를 갖게 된 것이다.

우리가 수행하지 않을 때, 있는 그 자리를 자각하지 않을 때, 경험은 의미를 갖지 못한다. 그 경험은 분리된 것처럼 보인다. '나는 이런 일을 했고 또 저런 일을 했어. 그리고 이 일이 일어났고 또 그런 감정을 느꼈어.' 우리는 이 모든 사건들이 어떻게 연결되어 있는지 모른다. 우리가 정말로 거기에 있지 않기 때문이다. 있는 그 자리에 존재하지 않으므로 의미의 지속성도 현존하지 않는 것이다.

계속해서 둘째 단계, 즉 현존과 함께하는 여정으로 나아갈 때, 현존 그 자체로 존재하는 것이 의미가 된다. 우리는 이 단계에서 우리 자신인 현존으로 존재함으로써, 그리고 그것이 느낌, 개념, 반응, 행동 등의 다양한 현현들을 어떻게 하나로 꿰고 있는지를 발견함으로써 경험을 이해하게 된다. 그래서 다양한 특질로 **참존재**의 중심을 경험하는 능력은 이해의 첫 단계 수준을 심화시키고 우리를 둘째 단계로 나아가게 해준다.

우리가 셋째 단계에 도달할 때, 현존은 계속해서 경험의 의미가 되지만, 이제는 다른 모든 것이 그 현존으로부터 분리될 수 없다. 그래서 모든 현현들에 현존의 의미가 부여된다. 그 의미는 실재reality가 무엇인지를 인식하고 이해하고 직접 아는 것이다. 상황 속에서 실재가 어떻게 나타나고, 어떻게 작용하며, 어떻게 현현되고 있는지를 말이다. 일차적인 의미는 동시에 어디에나 있는 현존 그 자체이며, 이차적인 의미는 이 현존이 펼쳐 보이는 현현들을 이해하는 것이다.

개인적인 인연의 끈

알다시피, 있는 그 자리에 존재하는 수행을 진실로 행한다면, 우리 각자에게는 늘 의미의 지속성이 있다. 이 의미의 지속성을 나는 개인적인 인연의 끈이라 부른다. 우주에서는 많은 일들이 벌어진다. 우주 자체가 흐르고 움직이며 변화한다. 그리고 우주를 이루고 있는 모든 것, 모든 이들 역시 움직이며 변화한다. 그렇게 공유하는 현실 안에서 각자는 있는 그 자리의 견지에서 자신만의 개인적인 경험을 하고 있다. 그것이 우리의 **개인적인 인연의 끈**이다. 개인의 경험을 인식하고 그것과 함께 존재하며 직접성과 자각과 이해를 가지고 느끼는 것은 의미만이 아니라 의미의 끈, 의미의 지속성을 가져다준다. 진리를 펼쳐가는 우리의 개인적인 여행이 이 의미의 끈이다.

개인적인 삶의 중요성은 이 인연의 끈에서 일어난다. 있는 그 자리에 존재하는 수행은 우리의 삶이 자신의 **개인적인 끈**에 중심을 잡도록 지원해준다. 그 끈은 우리 삶의 핵심이 되고 중심이 된다. 그 끈은 우리의 자각과 경험의 핵심이자 중심이고, 지금 여기에 있는 우리 존재의 핵심이자 중심이기 때문이다. 탐구하고 수행할 때 우리는 자신의 개인적인 끈을 발견하고 그것이 어디에 있는지 인식하며, 그 끈을 따라간다.

아인슈타인의 상대성이론 기하학에서 일련의 점들을 한 줄로 이어서 그리면 삶의 궤적lifeline이 만들어진다. 이것은 이 책에서 개인적인 인연의 끈이라 부르는 것과 동등한 것이다. 물리적인 우주에는 네 개의 차원이 있다. 셋은 공간 차원이고, 나머지 하나는 시간 차원이다. 시공간의 우주 안에서 모든 입자는 이 궤적을 가진다. 입자가 어디에 있는지, 그리고 각 순간마다 어디에 있었는지를 추적하면 하나의 곡선 혹은 직선이 얻어진다. 매 순간 그 입자는 특정한 위치에 있으며, 그 모든 특별한 순간들을 연결하는 직선이나 곡선을 그림으로써 우리는 시간과 공간 안에서 움직여가는 입자의 진행을 도식화할 수 있다.

물론 우리의 경험세계라는 우주에는 넷 이상의 여러 차원이 있다. 공간차원, 시간차원, 느낌차원, 앎의 차원, 생각차원, 색채차원, 소리차원, 미각차원, 운동감각차원, 질감차원, 점도차원, 밀도차원, 현존차원 등등 그 수가 적지 않다. 이 모두는 경험의 차원들이며, 우리는 매 순간 이 차원들의 하나하나에 위치점을 가질 수 있다. 그래서 각 순간마다 있는 그 자리는 이 모든 차원들의 특정한 교차점으로 묘사될 수 있는 것이다. 그 교차점은 경험우주 안에서 우리가 있는 곳이 될 것이다.

우주 자체가 흐르고 움직이며 변화한다.

그리고 우주를 이루고 있는 모든 것,

모든 이들 역시 움직이며 변화한다.

그렇게 공유하는 현실 안에서 각자는

있는 그 자리의 견지에서 자신만의 개인적인 경험을 하고 있다.

그것이 우리의 개인적인 인연의 끈이다.

개인의 경험을 인식하고 그것과 함께 존재하며

직접성과 자각과 이해를 가지고 느끼는 것은

의미만이 아니라 의미의 끈, 의미의 지속성을 가져다준다.

진리를 펼쳐가는 우리의 개인적인 여행이 이 의미의 끈이다.

인생의 선

이 말은 우리의 삶이 경험우주 안에서 하나의 곡선을 그리고 있음을 의미한다. 개인적인 경험의 모든 지점들을 연결하면 우리 모두가 자신만의 곡선, 즉 '인생의 선lifeline'을 갖고 있음을 알게 된다. 인생의 선혹은 개인적인 인연의 끈은 끊임없이 변화하는 경험의 지속성이며, 있는 그 자리의 지속성이다.

있는 그 자리에 존재한다는 것은 자기 인생의 선을 따라간다는 뜻이다. 수행을 할 때, 있는 그 자리에 존재할 때, 경험에 간섭하지 않고 그저 저절로 일어나도록 허용할 때, 우리의 '위치'는 경험우주 안에서 하나의 점에서 다른 점으로 이동할 뿐 아니라, 또한 새로운 가능성들을 펼쳐내고 현현시킨다.

때로 인생의 선은 현존차원, 자각차원, 공空의 차원, 사랑의 차원 등 이전에는 없었던 새로운 차원을 현현한다. 심지어는 느낌이나 생각의 차원들도 우리가 아직 보지 못했던 가능성들을 펼쳐줄 수 있다. 예를 들어, 슬픔이 천리만리처럼 깊게 느껴질 때가 있다. 마치 우리의 가슴이 우주의 중심으로 깊이 빨려 들어가는 것처럼 말이다. 물론 처음에는 그렇게 깊게 느껴지지 않지만, 있는 그 자리에 머물고 그 느낌에 저항하지 않을 때, 그 느낌을 억제하고 그것의 변화를 막으려 하지 않을 때 **참존재**의 역동은 느낌의 차원에서 그토록 심오한 깊이를 드러내게 된다.

그래서 당신은 삶 전체가 경험우주 안에서 펼쳐지는 하나의 끈임을 볼 수 있다. 그것은 많은 차원들에서 동시에 움직이고 있는 끈이다. 우리는 모두 때로는 서로 연결되면서, 때로는 서로 교차하면서 경험우주 안에서 연결되는 끈들이다. 그러나 우리가 자신의 경험을 자각하지 않고 거기에 현존하지 않는다면, 그것이 무엇인지, 무엇을 의미하는지를 인식하거나 이해하지 않는다면 아무 의미도 없다. 우리의 삶이 펼쳐지는 경험의 끈인 동시에 의미의 끈이기도 하다는 것을 기억하기 바란다.

위에서 살펴봤듯이, '의미'라는 말도 그 의미가 변화한다. 의미는 점점 더 깊어진다. 여정의 초기에는 아마도 그것이 지성적인 의미일 것이다. 그런 다음에는 좀 더 느낌에 가까운 감정적인 것이 되며, 그 이후에 그것은 에센스의 의미가 된다. 그 변화의 과정은 의미로 충만한 순수한 현존, 순수한 자각이 될 때까지 계속된다.

삶의 의미

인간으로서 우리는 "삶의 의미는 무엇인가?"라고 묻는다. 영적인 여정의 관점에서 볼 때 그 대답은 오직 우리가 있는 그 자리에서 나올 수 있다. 삶의 의미는 각 개인의 펼쳐지는 끈 안에서 드러나게 된다. 그렇기 때문에 그 의미는 각자가 삶의 흐름을 타고 나아감에 따라 변화한다. 만일 "십 년 전에 내 인생의 의미는 무엇이었던가?"라고 스스로 물어본다면 그때는 지금의 의미와 달랐다는 것을 쉽게 알 수 있을 것이다. 그 의미가 양자도약quantum jump이라도 하듯 크게 달라져버렸는가? 그렇게 느껴질 수도 있겠지만 실제로 삶의 의미는 계속 연속성을 가지고 이어져왔다. 우리의 경험 안에서 양자도약이 일어났을 때조차도 그것은 여전히 연속성에 근거하는 아인슈타인의 법칙을 따르고 있다.

아인슈타인은 양자도약이 단지 실제로 일어나는 현상의 근사치일 뿐이라고 생각했다. 우리는 충분히 주의를 기울이지 않고, 또 우리의 이론들은 변화의 지속성을 알아볼 만큼 충분히 정확하지 않기 때문에 양자도약과 같은 변화를 가정하는 것이다. **실재**reality는 단절된 곳 없이 자기 스스로 존재하는 필드이다. 우리는 실재가 빛이라고 말하지만 그 빛은 입자들로 구성된 것이 아니다. 실재의 빛은 입자로서 특수화되지 않는 유동체다. 그것은 끊임없이 흐르고 펼쳐진다. 실재는 언제나 그렇게 존재한다.

왜 우리는 경험을 흐르고 펼쳐지는 것으로 인식하지 않을까? 그것은 우리가 실제로 있지being real 않고, 자신으로 존재being ourselves하지 않기 때문이다. 우리는 있는 그 자리가 아니며, 그 자리에 현존하지 않는 것이다. 있는 그 자리에 현존하면 할수록 흐름의 느낌은 더 커지고, 자신의 경험에 의미가 있다는 느낌, 연속성과 펼쳐짐이 일어나고 있다는 감각이 더 커진다. 그래서 우리가 삶의 의미에 닿아 있기 때문만이 아니라, 우리 자신이 삶의 의미로 존재하기 때문에 삶이 의미로 가득 차게 되는 것이다. 우리는 이 의미가 펼쳐지는 곳에 존재하고 있다.

때로 당신은 경험 가운데 당신이 이해하지 못하는 틈들이 있음을 발견하게 될지도 모른다. 그 틈은 지금까지는 알아차리지도 못했던 것이다. 당신이 그 틈을 인식하게 될 때, 인식 자체가 이해의 과정을 스스로

열기 시작한다. 만일 그러한 틈을 인식하지 못한다면 우리는 진짜가 아닌 거짓 연속성을 믿게 될 것이다. 그 틈이 무엇인지 이해하기 전에 그것을 확인하는 것만으로도 우리에게 커다란 도움이 된다.

개인적인 탐구를 통해서 그 틈은 채워질 수도 있고 그렇게 되지 않을 수도 있다. 그래서 모름의 시간, 비어 있음과 공백의 시간도 의미에 포함될 수 있는 것이다. 그 비어 있음과 공백 안으로 탐구해 들어갈 때 어느 지점에서 그것은 의미를 찾게 되고, 우리가 전체 그림을 이해하는 데 도움을 준다. 우리는 자신의 개인적인 끈이 단절되어 있지 않았다는 것을 발견한다. 그 부분이 잠시 보이지 않았던 것뿐이다.

당신은 삶 전체가
경험우주 안에서 펼쳐지는 하나의 끈임을 볼 수 있다.
그것은 많은 차원들에서 동시에 움직이고 있는 끈이다.
우리는 모두 때로는 서로 연결되면서,
때로는 서로 교차하면서
경험우주 안에서 연결되는 끈들이다.
그러나 우리가 자신의 경험을 자각하지 않고
거기에 현존하지 않는다면,
그것이 무엇인지, 무엇을 의미하는지를
인식하거나 이해하지 않는다면
아무 의미도 없다.

자기 인생의 끈을 고찰하기

탐구 수행의 가장 강력한 잠재력 중 하나는 우리의 개인적인 끈을 드러내주는 것이다.

지난주에 당신이 경험한 것을 고찰해보라. 당신의 펼쳐지는 끈이 어떤 것이었는지 확인할 수 있는가?

이 탐험을 하기 위해서 당신은 자신이 있었던 곳을 다시 찾아가볼 필요가 있다. 한 주 동안의 여러 시점에서 자신이 어디에 있었는지에 대해 당신이 알고 있는 것을 살펴보는 것이다.

몸으로, 마음으로, 감정으로 경험했던 것에 대해 가능한 한 많은 것을 살펴보라.

자신 안에서 스스로 알아차리고 있는 이차적 현현들manifestations과 일차적 현현들을 확인하라.

일어나고 있었던 일의 더 깊은 본질에 관해 무엇을 알 수 있는지 숙고해보라.

시간 속에서 이 다양한 순간들을 살펴볼 때, 그 순간들 사이의 흐름이나 진행을 볼 수 있는가?

그 다양한 경험들의 연관성에 대해 당신은 무엇을 이해하고 있는가?

의미의 끈을 발견하고 있는가?

하나의 경험이 다른 경험과 연결되어 있다는 것을 모르는 어떤 틈들도 보이는가?

현재 시점에 이르기까지 계속해서 탐험을 이어가라. 끈이 거기에 있지만 당신은 그것을 아직 인식할 수 없을지도 모른다. 그것은 생각하는 마음으로 알아낼 수 없다. 당신의 영혼이 펼쳐내는 이 미묘한 연속성이 분명히 드러나지 않더라도 낙담하지 말라. 그저 그 가능성을 향해 자신을 여는 것만으로도 끈이 스스로를 드러낼 수 있는 공간이 더 많이 열릴 것이다.

chapter

16

생각하는 마음 없이 존재하기

Being without Mind

우리가 경험에 더욱 현존할수록 자신을 점점 더 미묘한 수준에서 이해하는 능력이 계속 발달한다. 지금까지 논의해왔던 경험의 다양한 일차적, 이차적 요소들을 더 많이 인식하고 작업할수록 우리는 있는 그 자리에 존재하기, 자기 자신으로 존재하기가 어떤 느낌인지를 더 잘 느끼게 된다.

자신의 참모습을 알고 그것으로 존재하는 능력은 모든 현현들이 하나로 맞아떨어진다는 사실을 개념적으로 이해하는 데서 나오지는 않는다. 마음을 사용해서 퍼즐의 모든 조각을 제대로 맞추어 완벽한 그림을 얻는다고 해서 자기 자신으로 존재할 수 있는 것이 아니다. 자신으로 존재하기는 자기가 누구인지에 대해 우리가 갖고 있는 신념들을 꿰뚫어 보고, 자신으로 존재하기를 막는 모든 것들을 놓아버릴 때 가능해지며, 또 촉발된다. 자신으로 존재하기가 무엇인지 드러나면, 우리는 마음에 의존하지 않는 직접적인 앎을 자연스럽게 얻게 된다. 이 장에서 우리는 비개념적인 자기-앎의 토대가 되는 **참존재**의 이 새로운 차원을 탐험하려고 한다.

우리는 아무것도 하지 않으면서 있는 그 자리에 존재하는 법을 배움으로써 무위無爲의 수행과 함께 작업해왔다. 우리는 그저 단순히 자각함으로써 어느 시점이 되면 경험의 내용을 인식하고 이해하며 그 의미를 알 수 있다는 것을 보아왔다. 그 의미가 시간이 지나면서 의미의 끈, 우리의 개인적인 끈이 된다는 것도 살펴보았다. 이 의미의 끈은 에센스의 의미로 변형되는데, 그것은 **참본성** 자체의 현존이다.

우리는 마음이 경험을 인식하고 구상화하며 그런 다음 그 구상화들과 동일시한다는 것을 보아왔다. 우리는 자신이 구상화의 과정을 거쳐 경험 안의 요소들로부터 대상을 만들어낸다는 것, 그리고 마음이 동일시를 통해 경험의 흐름을 막아버린다는 것을 탐험해보았다. 또, 마음이 경험의 한 부분에 집착하고 다른 부분들을 거부하거나 바꾸려고 시도하면서, 그 결과 고정된 자아 감각을 만듦으로써 경험의 자연스러운 펼쳐짐을 막는다는 것도 알아차려왔다.

우리가 오직 이런 상태로만 남아 있다면 전망은 어두울 수밖에 없을 것이다. 구상화와 동일시의 함정에 빠지지 않을 사람이 어디 있겠는가? 마음은 매번 경험을 할 때마다 자동적으로 그리고 거의 즉각적으로 이런 행위들에 쉽사리 빠져들고 만다. 그 결과 구상화와 동일시는 제2의 천성이 되어버려서 이런 일이 일어나고 있음조차도 인식하기가 어렵다.

이렇게 미묘한 에고의 행위들을 자세히 살펴보면 우리는 구상화 자체를 구상화하여 그것을 거부해야 할 어떤 대상으로 만드는 경향성을 발견하게 된다. 우리는 마음속에서 구상화 자체를 어떤 대상으로 만들고 거기에서 자기를 분리시키면서 그것을 밀쳐내려고 한다.

우리가 행위를 구상화할 때에도 그것을 거부하거나 판단할 대상으로 만드는 동일한 과정이 일어날 수 있다. 그것보다 더 미묘하게 우리는 무위無爲도 구상화할 수 있다. 무위가 우리가 가치를 부여하거나 발전시킬 수 있는 대상으로 바뀌는 것이다. 사실 무위란 정말로 아무것도 없는 것이다. 우리가 무위라고 부르는 그런 것은 존재하지 않는다. 무위는 행위 없음이다. 그런데도 우리는 그것을 뭔가 갈망할 수 있는 대상으로 만들어버린다. 그러면 대상화된 무위는 미묘한 장애물이 되고 만다. 실재에 대해 비이원적인 견해를 가지면서 다른 관점을 배척하는 사람들에게서도 그와 같은 일이 벌어질 수 있다. 어느 시점에서 그들은 비이원성을 구상화하기 시작한다. 그러면 비이원성은 그들이 열망하고 도달하고 싶어 하는 어떤 대상이 되어버리는 것이다.

안정성과 고정된 중심, 또는 특정한 방향성을 만들어내기 위해 구상화하는 마음의 경향성은 끝이 없다. 그럴 때 마음은 아주 이로우면서도 또한 매우 위험하기도 한 양날의 칼이 된다. 이것이 바로 인류가 처해 있는 상황이다. 우리의 지성, 마음은 우리를 해방시킬 수도 있으나, 역시 우리를 유혹해서 함정에 빠뜨릴 수도 있다. 배움과 성장을 위해서, 심지어는 자각과 깨달음을 위해서도 무엇이 진실하고 무엇이 진실하지 않은지 분별하는 능력과 명료한 식별력이 필요하다. 하지만 구상화의 기초가 되는 것 역시 이 분별력이다. 구상화는 뭔가를 인식하지 않고서는 시작될 수 없다. 구상화를 위해서는 우리가 어떤 대상을 다른 모든 대상과 구분되는 것으로 식별할 필요가 있다.

뭔가를 인식할 때 우리는 보통 그것을 포장해서 하나의 대상으로 만든 다음, 구상화하고 기억한다. 그리고 그다음에는 그것을 현재의 순간에 투사한다. 이 모두가 경험의 직접성을 배제하는 것이다. 그 결과 우리는 구상화를 통해서 경험을 지각하고 있다. 우리는 더 이상 실재를 새롭게 인식하지 않는다. 구상화가 일어나기 전, 어떤 것을 처음으로 인식할 때에는 그 인식은 직접적인 것이며, 있는 그대로를 경험적으로 온전히 느껴서 아는 것이다. 그러한 직접적인 식별은 살아 있으며, 과거의 경험에 간섭받지 않는다. 온전한 인간으로 있기 위해서는 이런 방식으로 실재를 만나는 것이 반드시 필요하다. 그렇게 하지 않는다면 우리의 잠재력들은 한계를 갖게 될 것이다. 우리는 계속해서 구상화된 실재에 기반을 두고 경험을 지각하게 된다. 이런 이유 때문에 우리는 삶을 직접적으로 아는 앎으로부터 단절되는 것이다.

그러나 구상화와 동일시의 함정에 빠지지 않고, 판단, 거부, 증오, 분리, 집착 등 그것과 함께 일어나는 모든 것에 말려들지 않는 것이 실제로 가능하다. 그런 일이 가능하게 해주는 것은 무엇일까? **참본성** 그 자체가 바로 그것이다. **참본성**은 있는 그대로이고 실재이며, 마음에 의존하지 않는 것이기 때문이다. 우리가 구상화하든 하지 않든, **참본성**은 그 자체로 있다. 우리는 **참본성**을 구상화하면서 그것에서 자신을 멀어지게 만들겠지만, 어떤 것도 있는 그대로의 **참본성**을 바꿀 수 없다. **참본성**에게는 아무 일도 일어난 적이 없는 것이다.

지각하는 자각과 인지하는 자각

참본성은 마음을 넘어서 있다. **참본성**은 마음 너머의 측면이며, 우리가 아직 탐험하지 않은 차원이다. **참본성**의 차원은 우리가 후천적 무지에 내재해 있는 개념의 덫에 걸려들지 않게 해준다.

이 책의 앞부분에서 여러 가지의 무지에 대해 논의했을 때, 우리는 인간으로서 발달을 시작하는 초기에는 개념적인 앎conceptual knowingness이 미숙하고 거의 없는 것과 같다는 점을 살펴보았다. 우리는 개념적인 앎을 인지능력 또는 분별능력이라고도 부른다. 그 능력은 점점 발달하여 마침내 우리는 구체적인 대상들을 인식할 수 있게 된다. 그런 다음 우리는 더욱 추상적인 행위인 사고와 정신적 개념화로 옮겨갈 수 있다. 그렇지만 우리가 인지능력을 갖추기 전에도 **참본성**은 자각하는 능력을 갖고 있다. 동물들도 자각하는데, 동물들이 감각에 반응하게 해주는 것이 바로 그 자각awareness이다. 인간이 유아기에도 자각능력을 갖고 있다는 사실은 **참본성**이 자각하는 힘을 갖추고 있음을 말해준다. 그 능력은 우리 인간의 아는 능력보다 더욱 근본적인 것이다.

이 능력을 나는 아는 자각 혹은 인지하는 자각cognitive awareness에 대비되는 개념으로 **지각하는 자각**perceptual awareness 혹은 **순수자각**이라고 부른다. 우리는 태어나는 순간부터 지각한다. 우리가 무엇을 지각하는지 모를 수는 있지만 그럴 때에도 분명히 지각을 갖고 있다. 우리는 유아기에 인지하는 자각을 갖추고 있지는 않아도 지각하는 자각은 이미 갖고 있는 것이다. 인지하는 자각은 차차 발달해나간다.

인지하는 자각의 요소들이 발달함에 따라 우리는 점점 순수한 지각적인 자각과의 접촉을 잃어가면서 그것을 잊어버리게 된다. 인지적 자각의 요소 중 어떤 것은 아주 이른 시기에 발달이 시작된다. 우리는 늘 아는 자각, 즉 인지적 자각으로 자각하는 데에 익숙해져간다. 당신은 어떤 대상을 보고 그것이 무엇인지 알기도 하고 모르기도 한다. 만일 전구를 한 번도 본 적이 없다가 어느 날 그것을 마주하게 되면, 당신은 뭔가가 있다는 것은 인식하지만 그것이 무엇인지 모른다는 것을 안다. 전에 본 적이 없기 때문에 그것을 부를 이름을 갖고 있지 않은 것이다. 이 경우는 갓난아기나 새가 전구를 볼 때와는 다르다. 전구를 보고 그것이 무엇인지 모른다는 점은 같지만, 갓난아기나 새는 그것이 무엇인지 모른다는 사실조차도 모른다.

인간으로서 우리는 무엇인지 모르는 채로 지각하는 능력을 갖추고 있다. 이 능력은 결코 사라지지 않는다. 그것은 인지하는 자각의 기반이 된다. 우리의 아는 자각은 원초적인 자각의 한 측면으로서 발달하는 것이기 때문이다. 그러나 인지적인 자각이 구상화의 능력을 발달시키면 우리는 순수한 지각적 자각, 즉 인지적 자각이 없는 감각 그 자체와의 접촉을 잃어버리고 만다. 지각과 앎이 동시에 일어나는 것처럼 보이기 때문에 우리는 순수자각이 있다는 사실을 모른다. 그래서 우리는 순수자각을 분리해낼 수 없다. 우리가 뭔가를 지각하자마자 인지하는 자각은 그것이 무엇인지를 아는지 모르는지 인지해버린다.

실제로 우리에게는 지각과 앎이 동시에 일어나는 것처럼 느껴진다. 하지만 사실은 지각이 먼저 일어나고 지각한 것에 대한 앎이 뒤따라오는 것이다. 누군가가 걷고 있는 것이 보일 때, 우리는 '내가 아는 사람이야.' 혹은 '모르는 사람이군.' 하고 인지한다. 당신은 어떤 사람을 보고서 '저게 뭐지?'라고 생각하지 않는다. 인지능력 때문에 당신은 적어도 그 대상이 사람이라는 것을 안다. 우리는 완벽한 새로움과 직접성으로 대상을 지각할 수 있는 갓난아기의 마음을 잃어버렸다. 사실은 그런 마음을 갖고 있으나 순수자각이 아는 마음knowing mind에 가려져 있고, 아는 마음 안으로 흡수되어버린 것이다.

우리는 지각perception 없이는 알 수 없다. 그런데도, 앎이 언제나 지각에 필요한 구성요소라는 신념에 익숙해져 있다. 그렇다면 우리가 대상을 인지하기 이전에 갖고 있던 지각에는 무슨 일이 일어난 것일까? 우리는 인지능력이 우세하게 지배하는 상황에 너무나 익숙해져 있어서, **참본성**이 인지적인 앎에 의존하지 않는 지각적 자각을 본래 갖추고 있다는 사실조차 깨닫지 못하고 있다. 우리의 앎, 인지능력은 인간의 경험을 통해 발달하고 성숙한다. 그럼에도 불구하고 우리는 원초적인 순수자각을 잃지 않는다. 다만 우리에게 보이지 않게 된 것뿐이다. 우리가 거의 언제나 앎이라는 창문을 통해서 지각하고 있기 때문이다.

분별을 넘어서

이러한 자각에 관한 이해가 탐구 수행과는 어떤 관련이 있을까? 가만히 앉아서 마음의 내용물에 개입하지 않고 그 반응에 따라가지 않으면서 내면을 탐사하는 가운데 우리는 어느 시점에서 특정한 경향성들을 인식하기 시작한다. 경험 속에서 어떤 것들을 인식하고 그것이 무엇인지 알고 싶어 하는 경향을 알아차리게 된다. 우리는 모든 것에 이름을 붙이려고 한다. '이것은 느낌일까 아니면 생각일까? 이 느낌은 분노일까, 불안일까? 엉덩이에서 느껴지는 이 고통은 억압된 기억일까, 투사일까, 아니면 에센스적인 진리의 드러남일까?' 알다시피, 탐구 여정의 초기에는 이런 질문들이 유용하다. 이런 의문을 가지면 우리가 여태 있는 줄도 모르고 있던 것들을 자각하는 데 도움이 되기 때문이다. 그런 이유로 경험의 내용에 **이름을 붙이라**고 하는 명상법들이 있는 것이다. 이름붙이기가 경험 내용을 명료하게 밝혀줄 수 있기 때문이다.

그러나 이름붙이기는 또한 구상화가 구축될 수 있는 토대가 된다. 당신이 아무리 현명하고 깨어 있다 하더라도, 마음은 너무나 빨리 작동하기 때문에 당신이 알아차리기 전에 벌써 내용들을 구상화해버릴 것이다. 자각하기도 전에 이미 당신은 구상화에 갇혀버린다. 그것은 마치 포장기계가 당신을 압축해서 밀폐포장하는 것과 같다. 당신이 가만히 앉아 있으면 기계는 당신을 비닐로 포장해서 거기다 당신의 이름이 인쇄된 라벨을 붙이는 것이다! 이름붙이기는 **구상화**와 **객관화**에 밀접하게 연결되어 있기 때문에, 단지 어느 정도 경험을 명료화하는 데에만 도움이 된다.

앎과 이름붙이기가 도움을 주기도 하고 또 덫에 걸리게도 한다는 것을 인식할 때 우리는 이름붙이기와 구상화에 앞서 일어나는 더욱 직접적이고 즉각적인 앎의 토대를 경험할 수 있다. 우리의 앎은 추론적인 구상화된 앎에서 더욱 직접적인 앎으로 옮겨간다. 그 직접적인 앎 속에서 우리는 앎이 우리 본성의 한 부분임을 인식하게 된다. 이 내면의 앎에서 더욱더 안전함을 느끼게 된다면 우리는 사물들에 이름을 붙일 필요가 없을 것이다. 이제는 앎이 우리 안에 이미 내재해 있으며, 자각의 인지능력이 활성화되었기 때문이다.

바꾸어 말하면, 우리는 의미의 끈을 따라감으로써 간접적이고 서술적인 일반 지식으로부터 앎과 존재가 동일한 현존의 직접적인 앎으로 나아갈 수 있다는 것이다. 이것이 바로 전통적으로 **그노시스**gnosis라고 알려진, 대상 그 자체가 되어 존재함으로써 알게 되는 지식이다. 이러한 더욱 근본적인 수준의 앎에 확신을 가질 때 우리는 앎에 대해서 긴장을 풀고 느긋함을 느끼게 된다. 앎이 우리 안에 내재하는 잠재력의 한 부분이고 우리 존재의 한 측면이기에 우리는 자신으로 존재하기 위해 앎에 매달릴 필요가 없다고 느낀다. 그렇게 되면, 앎의 능력 자체가 용해되어 사라지는 지점까지 이완해가는 것이 가능해진다.

이름붙이기만 필요 없게 되는 것이 아니다. 어느 지점에서는 인식 자체도 불필요하게 되며, 적어도 늘 필요하지는 않게 된다. 잠시 앉아 명상을 하고 나서 현존과 명료함 속에서 고요해질 때 우리는 어떠한 것도 특별히 이름 붙이거나 **알 필요**가 없게 된다. 우리는 아무것도 특별히 인식하지 않는 자리에 머물면서도, 명료함과 밝음, 맑음과 투명한 자각을 가질 수 있다. 그 자각은 아주 청명하고 맑고 예리하며, 어떤 특별한 것에도 초점을 맞추지 않고 "이것은 무엇이다."라고 정의하지도 않는다. 우리는 인지능력이 발달하여 모든 것을 도맡게 되기 이전의 원초적인 상태로 되돌아간다.

그렇지만 그것은 시간상에서 되돌아가는 것이 아니다. 우리의 본질의 측면에서 일어나는 지금 이 순간으로의 '되돌아감'이다. 우리는 하나의 층을 벗겨내었고, 이제는 지각적인 자각이라는 바탕의 층에서 지각하고 있는 것이다. 그리고 그 바탕 층은 언제나 있어왔으며 늘 거기에 있는 것이다. 그렇지 않다면 우리는 아무것도 지각할 수 없을 것이다.

순수자각

우리는 마침내 아는 것에 더 이상 집착하지 않아도 될 만큼 앎 속에서 충분히 고요해지고 충분히 안심할 수 있게 되었다. 아마도 탐구를 통해 우리는 앎이 할 수 있는 것과 할 수 없는 것이 무엇인지를 인식하게 되었을 것이다. 우리는 앎의 능력을 완전히 알아보았고, 그래서 그 것을 뭔가 붙잡을 수 있는 것으로 구상화할 필요가 없어졌다. 어떤 식이든 뭔가가 떨어져 나간 것이다. 앎을 붙잡아야 할 필요성이 떨어져 나갔으며, 그저 **참존재**의 광휘만이 스스로 빛나고 있다. 우리의 **참본성**은 **참본성** 그대로 여전히 존재한다. 그것은 시간을 넘어 영원하기 때문이다. **참본성**은 우리가 알기 이전부터 존재해왔고 앞으로도 계속 그대로일 것이다.

삶의 경험을 통해 우리는 **참본성**의 아는 능력을 발달시켜왔다. 하지만 **참본성** 자체는 그것을 넘어서 있다. **참본성**은 앎 이전의 존재이며, 앎보다 더 원초적이다. **참본성**은 단지 '그냥 존재함'이다. 어떤 의미도 부여되지 않은 그저 존재함의 자각이다. 그 경험은 이러하다. "나는 여기에 존재함을 자각하고 있다. 그러나 마음속에는 내가 여기에 존재한다고 말하는 자가 없다. 여기에 존재한다는 인식이 없는 것이다. 나는 그저 존재할 뿐이다."

때때로 당신은 당신을 말똥말똥 쳐다보고 있는 아기의 모습 속에서 이것을 보게 된다. 우리는 아기들이 아주 충실히 현존하고 있으면서도 자신에 대해 아무 생각도 하지 않는다는 것을 알 수 있다. 아기들은 자신이 존재한다는 생각이나 당신을 바라보고 있다는 생각을 하지 않는다. 아기들은 깊이 현존하는 집중된 주의를 갖고 있지만, 거기에는 자신에 대한 생각이나 대상에 대한 인식이 일어나지 않고 단지 순전한 자각만이 존재한다. 그런 일이 일어날 때 아기들은 아무런 반응을 일으키지 않고 다만 지각하기만 한다. 그리고 그런 일은 보통 아기들이 이완이나 만족의 상태에 있을 때 일어난다. 동물에게 있어서도 그것은 마찬가지다. 동물들이 만족하거나 이완할 때, 또 아무런 위협이 없을 때, 거기에는 있는 그대로의 현실에 대한 순전한 자각과 감각만이 있다.

이런 관찰을 통해서 우리는 순수자각pure awareness의 능력이 **참본성**의 잠재력임을 알아볼 수 있다. **참본성**은 이러한 순수자각의 차원을 내포하고 있는데, 그것이 바로 현존인 것이다. 그러나 보통의 경우 현존은 인지능력을 갖고 있다. 현존은 자신이 존재함을 인식한다. 여기서 우리가 말하고 있는 현존은 아기들의 경우와 같이 자신의 존재를 인식하지 않는 현존이다. 그 상태에서 우리는 모른다는 사실을 뭔가를 상실한 결핍감으로 느끼지 않는다. 우리는 이렇게 인식한다. '나는 완벽하다. 나는 온전히 나 자신으로 있기 때문에 아무것도 알 필요가 없다. 이미 **참본성**을 알고 있는데, 왜 거기에 대해 생각해야 한단 말인가? 나는 **참본성**을 안다. 그것이 나이며, 늘 그러하다. 나는 마음이 해야 할 일을 끝마쳤다는 것을 안다. 마음은 내가 **참본성**을 깨닫고 그것을 있는 그대로 바라볼 수 있는 곳까지 나를 데려다주었다. 이제 나는 확신을 가지고 본성 안에 앉아, 그것이 내가 잃거나 얻을 수 있는 대상이 아님을 알고 있다.'

우리는 너무나 깊이 이완되어 본성에 대해 생각조차 하지 않는다. 그런 현존이 자연스러우며, 제2의 천성이 아니라 제1의 천성이 된다. 그것은 천진함이라는 느낌과 함께 온다. 그 느낌은 모든 대상을 마치 태어나서 처음으로 바라보는 것처럼 새롭게 드러내주는 자각이다. 대상이 무엇인지를 알 때마다 보통 우리는 그 대상과 동일한 것을 보았던 다른 때를 연상하고 그것과 연관시킨다. 그러나 우리가 순수자각으로 바라보면, 그 대상은 마치 한 번도 본 적이 없는 것처럼 느껴진다. 그것은 새롭고 신선하다. 모든 사물이 빛나 보이고 이제 막 태어나고 있는 듯하다. 모든 것이 깨끗하고 투명하며 가볍고 청량하다. 대상은 그저 있는 그대로다. 마음이 거기에 아무것도 보태지 않고 건드리지 않기 때문이다. 마음이 그저 거기에 존재하지 않으므로 아무 일도 하지 않는 것이다. 마음은 앎과 함께 나타난다. 마음이 없을 때는 그저 순수자각만이 존재하는 앎의 이전 상태이다.

식별하는 마음을 넘어서

식별하는 능력이 발달하는 과정 중에 인지능력은 스스로 자기의 한계에까지 자신을 몰고 간다. 그것이 바로 우리의 내적 작업이 하는 일이다. 인식의 한계를 넘어서 실재 자체가 존재하는 궁극의 한계에까지

식별능력을 끌고 가는 것. 인지능력은 알고, 알고 또 알다가 마침내 더이상 알 수 없는 실재에 닿기 시작한다. 인지능력이 알 수 없는 이유는 우리의 인지능력이 발달하지 않아서도, 혹은 뭔가 잘못돼서도 아니며, 뭔가에 막혀 흐려져서도 아니고, 다만 지금 직면하고 있는 실재가 앎과는 전혀 무관하기 때문이다. 실재는 앎을 초월해 있다. 그렇다는 사실을 인식할 때 마음은 머리를 조아리고 물러날 수밖에 없는 것이다.

어떤 측면에서 보면 마음은 오랫동안 그러기를 바라왔다고 할 수 있다. 너무나 오랜 시간 동안 마음은 탐구하는 힘든 작업을 해왔고 이제는 휴식이 필요한 것이다. 마음은 잠들고 싶어 한다. 마음은 자기가 없어도 세상이 잘 돌아가기를 원한다. 마음은 지금까지 자신이 모든 것을 도맡아왔다고 느끼기 때문이다.

이제 우리는 **참본성**의 차원들 가운데 하나가 비개념적인 차원임을 발견한다. 우리는 현존과 자각이 궁극에 있어 본래 비개념적이기 때문에 우리가 식별, 분별과 마음의 앎이 없이도 존재할 수 있음을 깨닫는다. 실재는 앎과 모름에 관계없이, 개념 없이 존재한다.

어떻게 이 진실을 발견할 수 있을까? 있는 그 자리에 존재하기를 배워감에 따라, 또 자신의 개인의 끈을 따라감에 따라, 어느 시점에서 매순간 일어나는 일의 의미는 비개념적인 것이 된다. 우리는 현존이라는 개념 없이 현존 안에 있다. 우리가 바로 현존이다. 우리는 '내가 여기 있다.'라고 생각하지 않으면서 여기에 존재하고 있다. 이것은 주의가 다른 곳에 가 있는 경우와 혼동되어서는 안 된다. 당신은 현존과 분리되어 있음으로써 '여기에 없을' 수 있다. 누군가가 그것을 지적하면 당신은 자신이 멀리 다른 곳에 가 있었다는 것을 알아차리게 될 것이다. 내가 여기에서 말하는 것은 당신이 무슨 일이 일어나는지 잘 알아차리면서도 거기에서 분별하지 않고 자신을 되새김질reflect하지 않는 경우를 말한다. 당신에게 분별능력이 없다는 뜻이 아니고, 단지 분별할 필요가 없을 때도 있다는 말이다. 그러한 비개념적 존재의 토대가 현존할 때 구상화는 일어나지 않는다. 구상화를 위해서는 인지작용이 필요하기 때문에 그런 경우에 구상화는 일어날 수 없는 것이다. 모든 앎은 개념적인 구성요소를 갖는다. 심지어 우리가 현존의 힘의 특질로 존재함으로써 그 특질을 알게 되는 때와 같이 직접적인 앎의 경우라 하더라도 그것은 마찬가지다. 그러나 힘의 에센스는 거기에 이름을 붙이는 인지능력 없이도 나타날 수 있다. 힘 그리고 인지능력과 내적인 열감은 존재하지만, 당신의 마음은 "힘" "능력" "열감"이라고 말하지 않는다. 마음은 그저 아무 말도 하지 않는다. 당신이 바로 힘이다. 그리고 그 힘은 죽어 있거나 활기 없는 것이 아니라 살아 있고 밝게 빛나는 힘이다.

여기에서 우리가 말하는 '비개념적nonconceptual'이라는 단어의 뜻이 철학자들을 포함해서 대다수의 사람들이 사용하는 그 의미가 아님을 알아야 한다. 보통 비개념적이란 말은 정신적인 것이 아닌, 느낌이나 감각처럼 직접적인 경험을 표현한다. 그래서 사람들은 꽃향기나 오렌지의 질감을 비개념적인 것으로 여길 것이다. 나는 이러한 수준의 경험을 비개념적 지각이라고 부르지 않고 기초적 앎basic knowing이라고 말한다. 이 책에서 논하고 있는 관점에서 보면, 이러한 지각과 경험은 여전히 개념적인 것이다. 거기에는 앎이 있고, 앎은 언제나 개념에 관련되어 있기 때문이다. 그 개념들이 영적인 직접적 앎인 그노시

우리가 순수자각으로 바라보면,

그 대상은 마치 한 번도 본 적이 없는 것처럼 느껴진다.

그것은 새롭고 신선하다.

모든 사물이 빛나 보이고 이제 막 태어나고 있는 듯하다.

모든 것이 깨끗하고 투명하며 가볍고 청량하다.

대상은 그저 있는 그대로다.

마음이 거기에 아무것도 보태지 않고 건드리지 않기 때문이다.

마음이 그저 거기에 존재하지 않으므로

아무 일도 하지 않는 것이다.

마음은 앎과 함께 나타난다.

마음이 없을 때는

그저 순수자각만이 존재하는

앎의 이전 상태이다.

스gnosis의 개념일 경우에도 마찬가지다.

내가 이 책에서 비개념적이라 부르는 것은 직접적인 앎과 비표상적 nonrepresentational 앎을 넘어서 있다. 그것은 기초적 앎이나 그노시스도 넘어서 있는 것이다. 내가 말하는 비개념적인 자각은 전혀 앎이 아니다. 이 자각은 어떠한 것도 인지하지 않는다. 비개념적 실재는 지각하지만 무엇을 지각하는지를 인식하지 않는, 완전한 순진함이다.

우리는 있는 그 자리에 존재할 수 있는 능력이 있다는 것을 안다. 그것은 있는 그대로 자신의 여여如如한 모습인 벌거벗음, 순수함 안에 존재할 수 있는 능력이다. 우리는 심지어 '나'라는 말, '있다'라는 말조차 쓰지 않는다. 만물은 그저 있는 그대로다. 동양의 영적 전통들에서 사용했던 용어가 이 상태를 가리키기에 아주 유용하다. 그 말은 단지 가리키기만 한다. 당신이 "진리가 무엇입니까?"라고 묻는다면 그들은 "그것입니다." 혹은 "그저 그럴 뿐입니다."라고 대답할 것이다.

설명할 만한 것이 하나도 없기 때문에 어떠한 설명도 불가능하다. 그 상태에서는 분별할 것이 없고, 분별능력이 작동하지 않기 때문이다. 자각은 분별하는 마음이 들어갈 수 있는 한계보다 더 깊이 들어가버렸다. 자각은 **참본성**의 완전히 비개념적인 깊이, 실재의 비인지적인 깊이에 도달한 것이다. 그래서 우리는 모든 것의 본성인 **참본성**이 근본적으로 비개념적이며 마음을 넘어서 있다는 사실을 알아차린다. 자각이 마음을 넘어서 있다는 사실은 우리가 마음으로부터 자유로워질 수 있다는 것을 의미한다.

마음으로부터의 자유

　우리에게 오직 마음mind(생각하는 마음)만 있다면 우리는 마음으로부터 자유로워질 수 없을 것이다. 우리에게 있는 것이 개념적인 마음뿐이라면 자유란 있을 수 없다. 자각이 개념적인 마음을 넘어서 있고 우리가 바로 그 자각이라는 사실은 우리가 근본적으로 자유롭다는 것을 의미한다. 단지 우리가 늘 마음과 동일시하기 때문에 마음에 묶여있는 것뿐이다.

　만일 잠시라도 우리가 마음 없이 있을 수 있다면, 구상화 아래에 놓여 있는 개념화만이 아니라 많은 미묘한 장애물과 동일시들도 드러나게 될 것이다. 우리는 분별과 이름붙이기를 알아차리고, 이 모든 행위가 마음의 자연스러운 활동임을 이해하게 된다. 그 활동은 생활을 영위하기 위해서 필수적이지만, 우리가 자신으로 존재하는 데에는 필요하지 않다. 자신으로 존재하기 위해서라면 우리는 그런 활동들을 할 필요가 없다. 마음의 활동은 우리가 있는 그대로의 모습으로, 그저 존재하고 살아 있는 데에 필요한 행위가 아니다.

　마음이 사라지면 경험도 사라질 것이라고 생각하는 사람들이 많다. 사실은 그 반대다. 자각은 더욱더 강렬하고 명료하고 투명하게 지속된다. 색채는 더욱 생생해지고 형상은 훨씬 더 윤곽이 분명해진다. 모든 장막과 투사와 개념들이 사라져서 모든 것이 더더욱 자기 자신으로 있게 되기 때문이다. 우리가 아무것도 개입시키지 않고 지각하기 때문에 만물은 있는 그대로 벌거벗은 채 있다. 우리가 마음이 사라질 때 아무것도 볼 수 없으리라고 믿으려면, 모든 것이 오직 제한된 논리적인 마음 안에만 존재한다고 믿어야 할 것이다.

마음 너머의 상태에서는 개념화의 활동을 할 수 없기 때문에 우리는 비행위非行爲(non-doing)를 구상화하지 않는다. 마음을 넘어선 자각은 행위와 비행위를 전혀 분별할 수 없다. 행위와 비행위 사이의 분별 자체가 앎을 개입시키는 하나의 개념이기 때문이다.

여기에서 우리는 개념화가 장벽, 장애물이 되는 층을 만나게 된다. 이 경험의 차원에서 행위와 비행위라는 개념의 구상화는 장벽이 아니다. 그 개념화, 앎 자체가 바로 장벽이자 장애물이다. 실제로 개념화와 앎은 그보다 더 미묘한 면이 있다. 앎 그 자체가 본래는 장애물이 아니지만, 쉽사리 구상화를 위한 토대가 될 수 있기 때문에 앎은 마음이 구상화를 할 때 사용하는 건축재료가 되는 것이다.

그렇지만 우리가 마음을 완전히 배제할 필요는 없다. **비개념적인 상태에 존재할 수 있는 능력을 갖게 되면, 우리는 마음을 사용하면서도** 구상화의 경향에서부터 벗어나 자유로워질 수 있다. 보통 우리는 식별하는 마음밖에 없다고 생각한다. 그러나 개념적인 자각과 비개념적인 자각, 인지적 자각과 지각적 자각이라는 두 층은 언제나 함께 존재한다. 우리가 비개념적인 자각을 발견하고 거기에 머무르면 개념적인 논증적 마음은 얼마 동안 사라질 것이다. 이따금 개념적인 마음이 다시 돌아올 때에도 그것은 더 이상 이전처럼 작동하지 않는다. 그 마음은 지각하는 자각을 돕는 보조기능이 된다. 개념적인 마음이 지각하는 자각을 대체하는 대신 그것을 돕게 되면, 분별하고 식별하는 자각이 구상화 없이 앎을 통해 작동할 수 있다.

앎을 넘어가기

지금까지 우리가 논의해온 모든 것, 구상화, 비교하는 판단, 비난, 동일시, 집착 등은 궁극적으로 **개념의 구상화**에 근거하고 있다. 몸을 구상화할 때, 우리는 몸 자체를 구상화하는 게 아니라 몸에 대한 개념을 구상화하는 것이다. 행위의 경우에도 마찬가지로 우리는 행위의 개념을 구상화한다. 우리가 구상화하는 것은 언제나 마음의 이미지이다. 우리는 어떤 것도 그 자체를 구상화할 수 없다. 실재에 대해서는 우리가 아무것도 할 수 없으며, 다만 실재의 개념에 대해 뭔가를 할 수 있는 것이다.

모든 것이 구상화된 개념에 근거를 두고 있기 때문에, 우리는 이제 가장 원초적인 수준의 장애물에 도달했다고 말할 수 있다. 가장 원초적인 난점은 바로 개념화 자체, 앎 그 자체이다. 앎이 모든 문제의 시작이므로 앎을 제거해야 한다고 말하는 영적 전통들이 있다. 우리가 앎을 떨쳐버려야 한다는 것이다. 그렇지만 그런 가르침의 문제는, 우리가 잠시 동안은 그렇게 할 수 있다 하더라도, 앎이 우리의 일부이기 때문에 그것을 영원히 떨쳐버릴 수는 없다는 데 있다.

그렇다면 우리는 이 딜레마를 어떻게 해결할 수 있을까? 우리는 자신을 덫에 걸리게 하는 대신 자유롭게 해줄 수 있는 방식으로 **앎을 사용하는 법**을 알아내야 한다. 사실은 우리가 깨달음enlightenment을 얻기 위해서 앎이 꼭 필요하다. 앎이 없다면 우리는 다만 바보 같은 성자밖에 될 수 없을 것이다. 암소도 그런 성자는 될 수 있다. 암소는 평화롭게 풀을 뜯고, 충분히 먹고 나면 가만히 눕는다. 아무도 미워하지 않으며 아무도 해치려 하지 않는다. 완벽하게 평화롭다. 하지만 그런 상태에 있는 사람을 우리는 바보성자라 부를 것이다. 그런 사람에게는 창조성과 교훈을 가져오는 앎이 없기 때문이다. 우리 인간의 지성과 앎, 즉 식별능력은 인간의 많은 잠재력을 열어준다. 그러나 그 능력은 양날을 가진 칼이다. 그것은 방향을 거꾸로 돌려 우리 자신을 잘라버릴 수도 있다. 하나됨과 순진무구함의 본래자리에서 우리를 끊어내버릴 수도 있는 것이다.

우리가 본래자리에 머물며 싸우지 않는 법을 배워감에 따라, 마음에서 일어나는 반응, 동일시, 구상화의 위험에서부터 점점 더 자유로워질 수 있다. 어떻게 해야 할까? 오직 우리가 싸우고 있음을 **자각**함으로써만 우리는 싸움을 멈출 수 있다는 것을 상기해보라. 그리고 자신을 변화시키려 애쓰지 않으면서 있는 그 자리를 알아차릴 때, 우리는 동일시와 구상화에 대한 통찰을 얻게 된다. 어느 시점이 되면 그 통찰의 과정에 의해 구상화 아래에 놓여 있는 앎이 드러나게 될 것이다. 거기에 내재하는 앎은 마침내 순수하고 투명하며 명료하고 비어 있는 빛을 드러내준다. 그 빛은 모든 경험의 기초를 이루는 자각과 지각의 빛이다.

그러므로 비개념적인 자각의 순수한 빛에게는 앎이 없으나 결핍 또한 존재하지 않는다. 나는 암소처럼 되지 않으며, 바보성자도 아니다. 나의 머리에 문제가 있거나 내가 바보라서, 또 정보나 탐구가 부족해서 모르는 게 아니다. 내가 **모르는** 이유는 내가 앎을 넘어선 곳에서 사물들을 지각하기 때문이다. 그곳은 앎보다 더 근본적인 자리이다. 앎이 그 자리에 들어가려고 시도한다면, 앎은 그저 용해되어 투명하고 순수한 빛이 되어버릴 것이다.

모름 그리고 앎 없음

앎이 없는 이 자리는, 우리가 새로운 경험을 하거나 아직 탐사해보지 않은 경험이 있을 때 탐구 과정에서 만나게 되는 '**모름**'과는 다르다. '모름'의 상태는 우리가 내면의 여행을 할 때 여러 차례 통과해야만 하는 무지의 상태다. 우리는 탐구를 통해서 먼저 우리가 뭔가를 모르고 있음을 알아차려야 한다. 그래야 비로소 우리는 그것에 대해 알기 시작한다. 예를 들어, 우리는 에센스의 현존이 무엇인지 모른다는 사실을 자각하기 전에는 에센스의 현존을 알아차릴 수 없다. 우리가 계속해서 그것을 알고 있다고 믿는다면, 우리는 진짜 그것이 무엇인지를 결코 알 수 없을 것이다. 그래서 탐구하기 위해서는 우리는 늘 자신에게 이런 경험을 허용해야 한다. '나는 그것이 뭔지 정말 모르겠어… 나는 지금 무슨 일이 일어나고 있는지 몰라… 나는 내가 누구인지 모르겠어.'

비개념적 자각이 있기 때문에 우리는 그 모름의 자리에 있으면서도 자각할 수 있다. 그러나 그것이 우리가 비개념적 차원을 직접적으로 자각하고 있다는 뜻은 아니다. 비개념적 자각이 그 탐구 과정을 도와주고 있지만, 개념적 마음, 인지하는 마음이 거기에 여전히 존재한다. 마음은 아직 뭔가를 파악하지 못한 것이다. 마음은 모른다. 그러나 자기가 모른다는 것을 알고 있다. 그와는 대조적으로, 비개념적 자각 안에서 당신은 모르면서 동시에 모른다는 것 또한 모른다. 이전에 '**모름**'이 있던 자리에서 이제는 **앎이 없어진 것**이다.

그러므로 우리는 다음과 같이 세 가지 다른 '모름'이 있다고 말할 수 있다.

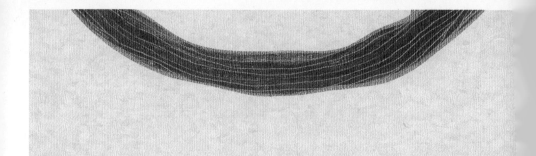

내가 모르는 이유는

내가 앎을 넘어선 곳에서 사물들을 지각하기 때문이다.

그곳은 앎보다 더 근본적인 자리이다.

앎이 그 자리에 들어가려고 시도한다면,

앎은 그저 용해되어

투명하고 순수한 빛이 되어버릴 것이다.

1. "나는 모른다. 그리고 나는 내가 모른다는 것을 모른다." 이 모름은 순전한 무지이자 어둠이다. 내가 다른 많은 것들은 알고 있다고 믿기 때문이다. 여기에는 아는 마음이 존재한다.
2. "나는 모른다. 그리고 나는 내가 모른다는 것을 안다." 이 모름은 나의 상태를 자각하는 깨어남이다.
3. "나는 모른다. 그리고 나는 내가 모른다는 것을 모른다." 이 모름은 순수한 각성realization이며 빛이다. 어둠이 없다. 아는 마음은 여기에 존재하지 않는다.

선사禪師들은 이 단계들을 이렇게 표현했다.
1. 산山은 산이요, 물은 물이다.
2. 산은 산이 아니요, 물은 물이 아니다.
3. 다시 산은 산이요, 물은 물이다.

수행의 길을 걸어갈 때 우리는 먼저 우리가 모른다는 사실을 발견한다. 그다음에 우리는 알기 시작한다. 우리는 점점 더 많이 알게 되고, 마침내 모든 앎을 통과해서 그 너머로 나아간다. 모든 세부적인 것들이 드러날 때까지 탐구하며 거기에 머문다면, 우리는 모든 앎이 샘솟는 원천에 도달할 것이다. 그 원천은 순수자각이자 **참존재**의 순수한 빛이다. 그곳에서 마음은 경외감을 느끼며 용해된다.

앎과 모름

- -

이 연습은 앎과 모름에 대한 당신의 기본적인 경향을 탐험해보는 것이다. 이 탐구를 하기 위해 최소한 15분의 시간을 할애하고, 필요하다면 더 많은 시간을 가져라.

먼저 '앎'은 당신이 자신으로 존재하는 데 어떤 '도움'이 되는지를 생각해 보라. 경험 속에서 일어나는 이해와 분별을 통해서, 당신은 어떻게 자신의 참모습과 더욱더 친밀해지는가?

그런 다음, 그 반대의 상황을 생각해보라.

앎은 당신이 자신으로 존재하는 것을 어떻게 '방해'하는가?

알고자 애쓰기, 알아야 한다고 믿기, 과거의 지식에 집착하기, 경험을 묘사하기, 말을 사용하기 등 앎이 당신에게 방해가 되는 모든 방식들이 여기에 포함될 수 있다.

마지막으로, 시간을 갖고 '모름'에 대해 잠시 숙고해보라.

당신은 어떤 식으로 모름을 경험했는가?
모름이 당신에게 어떤 영향을 주었는가?

chapter

17

존재와 비존재

To Be and Not to Be

우리는 지금까지 여러 가지 마음의 활동을 탐험함으로써 자신의 경험을 좀 더 잘 이해할 수 있게 되었다. 그 모든 마음의 작동들을 살펴볼 때 우리는 특별한 마음의 성향을 식별해낼 수 있다. 의식의 작용을 관찰하면서 우리는 마음이 어딘가로 늘 벗어나고 싶어 한다는 사실을 알 수 있다. 개념화, 이름붙이기, 꼬리표 붙이기, 구상화, 동일시, 반응이나 거부하기, 판단, 집착하기 등의 모든 마음의 활동에서 그러한 성향이 드러난다.

어떤 것을 구상화하고 동일시할 때 우리는 그것을 대상화한다. 우리는 그것을 하나의 대상으로 존재하게 하며, 그 대상을 구체적인 것으로 만든다. 이러한 마음의 습관은 우리에게 경험을 대상화하고 구체화해서 단단히 굳어지게 만드는 성향이 있음을 보여준다.

마음이 실재를 알고자 애쓰는 것은 당연한 일일 것이다. 그렇지만 마음은 거기에서 멈추지 않고 한 걸음 더 나아간다. 마음은 언제나 실재를 콕 집어내어 구상화해서, 그것을 구체적이고 정적인 대상으로 바라보려고 한다. 우리는 모든 마음의 활동에는 실재를 견고하게 구상화해서, 물질적인 대상처럼 구체적인 것으로 만드는 **경향성**이 있음을 보게 된다.

일반적으로 인간에게 가장 실재처럼 느껴지는 것은 물질이다. 우리에게 바위는 정말로 실재하는 사물이며, 붙들고 씨름할 수 있는 구체적인 대상이다. 다른 모든 일이 실패로 끝날 때, 우리는 '현실의 든든한 반석bedrock'을 찾는다. 왜 우리는 **단단한** 것을 찾을까? 왜 우리는 물처럼 유동적인 것을 원하지 않을까? 왜 우리는 공기와 같은 기체가 아닌, 견고한 상태를 더 좋아하는 것일까?

거기에 대해 생각해보면, 당신은 우주의 많은 부분과 우리 경험의 대부분이 그다지 견고하지 않음을 알아차리게 된다. 예를 들어, 우리의 느낌은 상당히 유동적이고 알아채기 어렵다. 우리의 생각은 느낌보다 더 그렇다. 생각은 실은 존재조차 하지 않는다. 그것은 붙잡을 수 없는 홀로그램에 더 가깝다. 하지만 붙잡히지 않는 홀로그램 같은 생각들은 늘 뭔가를 잡아채서 그것을 구체적이고 실제로 소유할 수 있는 어떤 것으로 만들려고 한다.

우리는 이런 습관이 에고 자아, 또는 우리가 자아라고 부르는 것의 경향성임을 알 수 있다. 그 경향성은 자신을 보존하려 하는 것이다. 자아는 항상 구체적이고 단단하며, 안정적으로 붙잡을 수 있고 또 **의존**할 수 있는 어떤 것을 찾고 있다.

그 이유는 자아가 반석이 없다면 자신이 가라앉을 것이라고 믿기 때문이다. 현실의 바탕이 견고하지 않다면 자아는 모래 속으로 가라앉고 파묻혀버릴 것이다.[10] 그래서 우리는 가라앉지 않기 위해서 버티고 설 수 있는 견고한 바위를 찾아내야 한다고 믿는다.

견고한 것을 찾기

이러한 경향을 우리의 무위無爲 수행과는 어떻게 관련지을 수 있을까? 이 관점에서 볼 때 무위수행은 기본적으로 이 **견고화**solidification 과정을 원래대로 되돌리는 것이다. 우리는 단지 마음의 다양한 활동들을 통찰할 뿐이다. 마음은 대상들을 견고하고 구체적인 것으로 만들려고 시도하면서 그것들을 **개념화**하고 붙잡는다. 우리는 거칠고 표면적인 수준에서 관찰하기 시작하여 더 깊고 미묘한 잠재의식적 과정으로 옮겨가면서 그 견고화 과정을 투명하게 만든다.

내가 오렌지를 하나 갖고 있다고 해보자. 나는 당신에게 오렌지를 던지고 당신은 그것을 받는다. 당신이 '지금 내가 받은 것이 오렌지구나.'라고 개념화하자마자 당신은 그 대상 주위에 **경계**를 긋는다. 뭔가를 **구상화**하는 것은 우리가 경계를 단단하게 만든다는 의미이다. 이것은 오렌지라 불리는 대상이다. 당신은 이렇게 생각한다. '만일 내가 오렌지를 잡을 수 있고, 그것이 나에게 던져질 수 있다면, 그것은 정말 존재하는 것이 분명하다.'

누군가가 오렌지를 당신에게 던졌는데 당신의 몸을 통과해 지나갔

---

10 사막지대의 건축물에서 반석이 중요한 이유를 생각해보라.

다고 상상해보라. 무슨 생각이 들겠는가? '내가 죽은 건가? 내가 유령이 됐나 봐. 내가 살아 있다고 생각해왔는데 오렌지가 나를 통과해버렸어. 그러니까 난 줄곧 유령이었던 거야!' 당신의 자아 감각은 자신의 존재를 느끼기 위해서 견고함과 경계에 의존한다.

왜 우리에게는 그런 견고함이 필요한가? 우리는 자신의 방향을 정하고 현실감각을 느끼며 활동하기 위해서 토대, 견고한 중심과 활동의 기반이 필요하다고 느끼기 때문이다. 우리는 행동하기 위해 디디고 설 땅이 필요하다고 믿는다. 그리고 우리의 중심이 가능한 한 견고하고 안정되어 있으며 실제적이기를 원한다.

이런 경향은 마음의 모든 미묘한 활동 안에 내재해 있다. 만약 내가 자신에 대해 뭔가를 싫어하고 거부한다면, 그 뭔가에서 자신을 분리시키는 것이다. 나는 나에게 이렇게 말한다. "나는 그게 아니야. 나는 이것이야." 혹은 나는 이렇게 구상화한다. 나는 이 특성을 파악하고 그것에 대해 생각하며, 그것이 정말 어떤 대상인 것처럼 여긴다.

우리는 **참본성**에 대해서도 이렇게 구상화하며, 얼마 지나지 않아 이런 생각을 하게 된다. '나는 **참본성**을 얻었어… 나에게는 에센스의 본성이 있어… 나는 현존을 발견했어… 그리고 나는 그 특질들이 기억나.' 우리의 기억 속에서는 **참본성**의 특질들이 만져질 수 있는 대상으로 여겨진다. 현존은 우리가 던지고 받을 수 있는 오렌지처럼 구상화된다. 우리가 에센스의 본성을 발견할 때조차도, 거짓 현실을 드러내주는 빛과 현존을 인식할 때조차도 우리는 그것마저 구상화해서 단단한 것으로 만들어버릴 수 있다. 우리는 그렇게 함으로써 실재감을 얻는다.

우리의 의식이 견고한 것을 붙잡는 모습을 지켜보는 일은 흥미롭다.

어느 시점에서 의식은 현존을 발견하고 이렇게 말한다. "음, 적어도 나는 아무것도 아닌 것은 아니구나. 나는 그동안 사실은 과거의 이미지인 어떤 것을 실재라고 상상해왔구나. 그렇지만 이제 나는 그 이미지를 놓아버렸고 그 자리에 광대함이 일어났어. 나는 내가 진정한 나인 것을 알아. 나는 정말로 충만하게 현존하고 있어. 참 다행이야!" 우리는 이미지를 놓아버릴 때 자신이 사라질 것이라고 두려워했기 때문에 안도감을 느낀다.

그런 이유로 어떤 가르침에서는 **참본성**이 있다고 말하기를 꺼려한다. **참본성**을 생각하는 순간, 나와 **참본성**이 따로 분리되어서 내가 그 위에 올라앉을 수 있기 때문이다. 구상화된 **참본성**이 단단한 현실의 토대가 되기 때문에 우리는 거기에 앉아 있고 또 서 있을 수 있다. 이런 생각으로써 우리는 자신이 사라지지 않을 거라는 안전함을 느낀다. 자신이 유령이나 홀로그램이 아니라는 인식을 얻는 것이다.

여기에서 우리는 존재감과 현존감을 느끼기 위해 견고하고 불투명하고 안정적인, 자신이 설 자리를 찾는 의식의 미묘한 경향을 알아차리게 된다. 하지만 어느 시점에서 그 자리는 에고가 둥지를 틀 터전이 된다. 물론 현존은 광대함, 유동성, 빛남, 또는 견고함으로 경험될 수 있다. 현존은 모든 것이 될 수 있지만, 항상 변하고 움직이기 때문에 결코 단 하나의 모습으로 있지는 않는다. 우리는 **참본성**과 현존이라는 개념을 가지고 우리가 결국 무슨 일을 저지르는지 이해할 필요가 있다. 우리는 수행을 '있는 그 자리에 존재하기'라고 말하면서도 그마저도 구상화할 수 있는 것이다. "있는 그 자리에 있으란 거지? 이제 그걸 알았어! 뭘 해야 하는지 알았어. 내가 있는 곳을 찾아서 거기에 머물면 돼."

있는 그 자리에 존재하기의 가르침은 그런 구상화를 용납하고, 더나아가 그것을 조장한다. 우리는 마침내 있는 그 자리에 존재할 수 있어서 기분이 좋아지고 그 상태를 유지하는 것이 기쁘다. 하지만 마음의 작용을 이해하지 못하면 우리는 그것이 존재를 계속 유지하려는 방법이 된다는 사실을 알아차리지 못한다. '있는 그 자리에 존재하기'에서 에고가 좋아하는 부분은 '존재하기'이다. 그 말은 우리에게는 '나는계속 존재할 것이다.'라고 해석되기 때문이다. 당신은 이렇게 혼잣말을할지도 모른다. "나는 내가 있는 곳을 다른 사람들, 그리고 내가 있어야한다고 생각하는 곳과 비교했었다. 하지만 지금 나는 그저 내가 있는자리에 있다." 그러나 당신이 있는 곳에 존재하는 경험 아래에는 여전히 이런 느낌이 있다. '내가 계속 존재하기만 한다면 뭐든 괜찮다.' 그리고 비개념성에 대해서는 어떻게 생각할까? '멋져! 비개념성이란 것은 생각할 필요조차 없어서 마음에 들어. 난 그저 여기에 존재하기만하면 돼.' 우리 마음은 그렇게 생각할 만큼 똑똑하고 계략이 넘친다. 있는 그 자리에 존재하기는 에고 아이덴티티가 안정성과 견고함을 얻기위한 미묘한 전략이 된다.

만일 충분히 자각하고 주의를 기울인다면, 또 충분히 호기심을 갖는다면 우리는 자신이 무슨 짓을 하고 있는지 알아챌 수 있을 것이다. 마침내 우리는 모든 것을 견고하게 만들려는 경향성을 인식하게 된다. 그리고 이렇게 자신에게 물을 것이다. "왜 나는 늘 이러고 있지?" 이 질문이 일어나자마자 우리는 견고화의 모든 이유와 방식을 알아보기 시작할 것이다. 아마도 우리는 인정이나 안전을 추구하고 있는지도 모른다. 우리는 땅, 재산, 가족, 아이들을 소유하는 것이 중요하다고 생각한다. 우리는 이 모든 것을 자신이 계속 존재하기 위해 의지할 수 있는 견고한 기반으로 만들 수 있다.

입장에 대한 집착

탐구의 과정 중 어느 시점에서 우리는 어떤 특정한 태도를 취하고 있음을 인식한다. 우리 생각에는 그 태도가 마음의 활동 근거가 될 수 있는 뭔가를 제공해주는 것으로 보인다. 그리고 그 태도들은 덧씌워진 입장으로 변하기가 쉽다. 우리가 무슨 일을 하든 그 일이 자기-되새김질self-reflection이 없는 완벽하게 자연스럽고 자발적인 것이 아니라면, 모두 그 안에는 덧씌움이 내재한다. 어떤 태도들은 특별한 이슈에 대해 당신이 취하는 하나의 입장이 될 수 있다. 예를 들어, 정치적, 철학적인 이슈 또는 다른 상황에 대한 이슈 등이 된다.

우리는 모두 입장을 가지며, 거기에 매우 집착하고 있다. 무슨 일이 일어나든 우리는 거기에 대해 어떤 입장을 가진다. 우리는 찬성하거나 반대한다. 혹은 "다른 사람들과는 다른 나 자신만의 입장을 갖고 있어." 라든가, 심지어는 "글쎄, 내가 사실을 다 알지는 못하니까 어느 편도 들 수 없어. 그래서 관여하고 싶지 않아."라는 입장도 취한다. 그것 역시 하나의 입장이다.

입장을 갖는다는 것은 당신에게 무슨 유익이 있는가? 왜 우리는 입장을 가지는 것일까? 우선 우리는 특정한 이슈에 대해 무엇이 옳고 유용한가를 결정하는 데에 초점을 맞출 것이다. "나는 사형제도를 지지한다… 나는 집 주변에 그 복지시설이 들어오는 것에 반대한다… 나는 낙태가 그런 조건이 아니라 이런 조건에서 합법화되어야 한다고 생각한다." 그러나 얼마 후에 우리는 자신이 취하는 특정한 입장이 어떤 이슈를 바라보는 방식뿐 아니라 자기 자신을 바라보는 방식과도 관계있음을 발견한다. 우리는 단지 특별한 이유만을 취하는 게 아니라, "나는 공화당원이다."라거나 "나는 민주당원이다." 또는 "나는 사회민주당원이다."라는 입장을 위해 싸우고 있다. 우리가 가진 이념은 그것이 어떤 이슈에 대한 견고한 토대만이 아니라, 자아 감각이 작동할 수 있는 근거인 **아이덴티티**를 주기 때문에 중요해진다.

하지만 입장은 이념적이거나 정치적일 필요가 없다. 예를 들어, 우리가 몸이 있다고 말할 때 우리는 그것이 사실이라고 가정하지만 실제로는 그것은 하나의 입장일 뿐이다. 어떤 가정이 마음이 작동할 수 있는 근거가 될 때 하나의 입장이 된다. "나는 빛의 존재다."라는 말은 어떨까? 이것도 입장이다. 이제 우리가 자신을 바라보는 방식을 바꾼 것일 뿐이다. '나는 육체가 아니다. 나는 흐르는 빛의 존재이다.' 하지만 당신이 정말 흐르는 빛의 존재라면, 그 실재를 보호하거나 방어할 필요가 없을 것이다. 누군가가 당신이 빛의 존재임을 알아주지 않더라도 아무 문제가 없다. 그것은 당신이 입장을 취해야 할 어떤 것이 아니다.

어떤 문제에 신경을 쓰고, 거기에 대해 느끼고 개인적으로 경험한 것을 방어해야 한다고 믿는 순간, 우리는 하나의 입장을 취한 것이다. 우리는 자신의 중심으로 여기는 어떤 것에 동일시해버렸다.

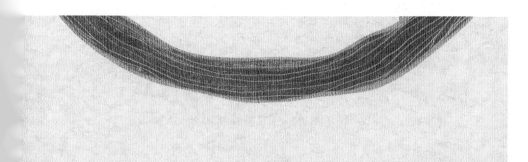

당신이 존재하지 않는다면

당신은 살 수 없고

모든 것이 끝날 것이라고 믿지 않는가?

그러나 실재는 그렇지 않다.

진실은 당신이 존재하지 않으면서도

계속 삶을 살아간다는 것이다.

당신이 존재하지 않더라도

당신은 죽고 또다시 태어난다.

대상에 대한 모든 입장들 중에서 둥지를 틀고 닻을 내릴 수 있는 견고한 것을 찾는 경향성은 평범한 일상의 경험 가운데 미묘하게 지속되는 부분이다. 그러나 만일 사람들이 우리의 입장을 지지하지 않고 거기에 도전하고 의문을 품는다면, 우리는 흥분하며 강박적으로 변할 수 있다.

왜 그럴까? 우리가 마음의 활동근거로 삼을 중심토대를 필사적으로 가지려 하기 때문이다. 결국 자아를 가지려 한다는 의미이다. 결코 밖으로 내뱉지는 않겠지만, 우리는 이렇게 느낀다. "나에게는 '나'라는 것이 필요해. 내가 거점으로 삼을 수 있는 자리 말이야. 내게 필요한 건 나의 생각이 흘러나오고 세상을 만날 수 있는 중심이야. 그런 중심을 가지면 세상은 나에게 뭔가를 되돌려줄 수 있지." 우리는 세상이 거울이 되어주기를 바란다. 우리는 그 거울을 들여다보고 자신의 반영 속에서 실재를 발견하고 싶어 한다. "그래, 이게 바로 나야! 내가 정말 여기 있구나!" 그리고 우리는 현존에 있어서도 그와 같기를 바란다. 현존은 그저 있다. 그렇지만 우리의 의식은 "이게 나야. 나는 존재하고 있어."라고 말하고 싶어서 현존에 대해 되새김질을 한다.

블랙홀에 대한 두려움

왜 우리는 자기의 존재를 끊임없이 확인하려는 경향을 가질까? 자신의 존재를 계속해서 확인할 수 있는 어떤 구심점을 만들려는 모든 노력 뒤에는 무엇이 있을까? 우리가 탐구를 계속하면 어느 시점에서 두려움, 혹은 심지어 공포까지도 느껴질 것이다. 그리고 그 두려움은 우리가 늘 어떤 것으로부터 달아나고 있음을 보여준다. 우리는 자신이 이해하지 못하는 뭔가가 자신을 뒤쫓고 있음을 느끼고 죽을 것 같은 공포에 사로잡힌다. 그것은 마치 우리가 깊고 어두운 구덩이 밖으로 기어 나오려고 늘 애쓰고 있는 것과 같다. 우리는 구덩이 아래로 미끄러지지 않으려고 발판을 삼거나 붙잡을 수 있는 뭔가를 찾아 헤맨다. 이러한 감정들을 탐험하면 우리가 빠져나오려고 애쓰는 그곳이 바로 **블랙홀**임을 발견하게 된다. 우리는 블랙홀이 자기를 집어삼킬까 봐 두려워한다.

우리는 지금까지 아무도 블랙홀을 빠져나오지 못했음을 눈치챈다! 그래서 블랙홀의 영향권 너머에 있는 사건지평선event horizon 밖에 머물려고 하는 것이다. 사건지평선이란, 그 안으로 들어가면 대상들, 경험, 심지어 빛조차 빠져나올 수 없는 지점임을 기억하자. 그 모든 것이 블랙홀의 중력에 압도되어 빨려 들어가기 때문이다.

우리가 빠져나오려고 애쓰는 가운데서는 결코 안전을 찾을 수 없다. 여기에서는 기어오르는 것조차 불가능하다. 이 의식의 블랙홀은 공간 안에 존재하지 않기 때문이다. 이 블랙홀은 모든 곳에 있다. 도망치거나 기어오르거나 빠져나오려는 모든 노력은 계속해서 존재하려는 시도일 뿐이다. 현존의 편재하는 본성을 탐사할 때 우리는 현존하기가 아무것도 하지 않는 것임을 이해하게 된다. 그러나 우리의 마음은 여전히 무위無爲를 거기에 존재하는 하나의 '행위', 어떤 구체적인 존재를 갖는 것으로 해석한다.

그러나 그것은 **참본성**과 현존의 진정한 의미가 아니다. 현존의 느낌

토대가 존재하게 하는 것은 무엇일까?

현존이 존재하는 토대는 무엇일까?

토대라는 것이 비존재이자 절대적인 무(無)라는 사실을

인식하는 것이 바로 그것이다.

그것은 완벽한 투명함이며,

불명확함이 전혀 없고,

대상도 견고함도 없고,

질료도 물질도 원자도 없으며,

시간도 공간도 없다…

절대적인 무(無)이다.

을 탐험할 때, 현존의 광휘를 체험할 때 우리는 그것이 물질처럼 느껴지긴 하지만 물질적인 실체를 갖고 있지 않음을 알게 된다. **참본성**은 전혀 딱딱하지 않다. 우리가 처음 **참본성**을 만날 때 그 현존이 진정으로 존재하는 것임을 알지만, 우리의 마음은 바위가 존재하듯 **참본성**도 그렇게 존재하리라고 오해한다. 그렇게 함으로써 우리는 **참본성**을 구상화하고 구체화해서concretize 그 본질을 놓치고 만다. 우리는 현존을 존재하게 만들려 하지만, 현존의 존재는 몸의 존재와 다르다. 그것은 대상이 아니기 때문이다. 현존이 우리의 존재이며 진짜 의식의 존재적 토대라고 말하지만, 바위나 의자가 있다고 말할 때의 그런 존재나 있음이 아니다. 우리는 '현존이 존재다'라는 뜻을 이해하는 데 있어서 대단히 정밀해질 필요가 있다. 우리는 **대상화**objectification의 경향성이 갖는 함정을 알아차려야만 한다.

대상화 경향은 늘 진리로부터, 블랙홀이라는 이 실재로부터 달아나려는 시도이다. 우리는 그 실재가 늘 여기 있기 때문에 항상 여기에서 도망치려 하지만 결코 벗어날 수 없다. 사실 어떤 식으로든 우리는 그것이 불가능함을 직관적으로 알고 있다. 우리가 완전히 이완되도록 자신을 허용한다면, 현존 자체의 본질이 비어 있는 공간보다 더욱 철저히 아무것도 아닌, 완벽하게 절대적인 **무**無라는 것을 발견하게 될 것이다. 그래서 우리는 끊임없이 견고함을 창조하려고 애쓰고 있는 것이다. 현존은 **비존재**非存在(nonbeing) 그 자체이다. 현존이 존재인 것처럼 느껴진다 해도, 우리가 현존을 깨달을 때 그것은 개념을 넘어서 있기 때문에 비존재의 반대편이 아니며, 또 비존재의 반대개념이 될 수가 없다. 개념을 넘어선 상태에서는 반대개념이 존재하지 않으며, 존재나 비존재라는 것도 개념이기 때문에 있을 수 없다.

우선 우리는 존재가 근본적으로 비존재이고 무無이며 **부재**不在 (absence)임을 깨닫는다. 현존은 광대한 부재라고밖에 묘사할 수 없는 어떤 것의 반대면임이 드러난다. 토대의 토대, 현존과 광휘 그 자체의 토대는 **비존재**이다. 당신은 그 토대를 느낀다… 그것은 존재한다. 그러나 그 안에 있는 존재감은 무엇일까? 토대가 존재하게 하는 것은 무엇일까? 현존이 존재하는 토대는 무엇일까? 토대라는 것이 비존재이자 절대적인 무無라는 사실을 인식하는 것이 바로 그것이다. 그것은 완벽한 투명함이며, 불명확함이 전혀 없고, 대상도 견고함도 없고, 질료도 물질도 원자도 없으며, 시간도 공간도 없다… 절대적인 무無이다.

하지만 우리는 존재가 무엇인지에 대한 자신만의 생각과 개념을 믿고 거기에 따라 사는 데 익숙해져 있다. 우리는 자신의 존재가 바위의 존재처럼 객관적인 것이라 믿는다. 그래서 우리의 존재 아래에 놓여 있는 본질인 **비존재성**을 인식하기 위해서는 우리에게 비존재성을 보지 않으려는 경향이 있음을 아는 미묘한 이해가 필요하다.

토대는 존재하지 않는다

오직 우리가 왜 늘 견고함을 추구하는지 의문을 품을 때에만 존재의 진리는 스스로 드러난다. 이 의문을 탐구해 들어가면, 우리는 왜 자신이 구상화, 대상화, 구체화를 향해 끊임없이 강박적으로 달려가는지 알 수 있는 **의미의 끈**을 따라갈 수 있다. 왜 우리는 그저 이완하면서 모든 것을 있는 그대로 내버려두지 않을까? 만약 우리가 정말로 그렇게 한다면, 온 우주가 그저 하나의 사건지평선일 뿐임을 발견하게 되기 때문이다. 우리는 모든 현실 '안에' 있는 무한하고 절대적인 **무**無를 느끼게 된다. 우리의 모든 경험과 현현하는 모든 것은 단지 부재不在라는 거대한 검은 **공**空(void)의 가장자리에서만 존재한다. 그 모두는 무한한 블랙홀의 표면에서 깜박거리고 있을 뿐이다. 이 말은 그 모든 존재가 실재성이 없는 홀로그램이라는 뜻이다.

당신이 자신을 압착해서 견고한 것으로 만들지 않고 스스로 이완하도록 허용한다면 무슨 일이 벌어질까? 그저 이완하는 것만으로도 당신은 모든 경험이 더 가벼워지기 시작한다는 것을 알게 된다. 당신이 계속 이완한다면, 모든 대상이 너무나 가볍고 자유롭고 투명해져서 당신의 손이 통과해버릴 것처럼 느껴질 것이다. 당신은 모든 것을 투과해서 볼 수 있으며, 그때 모든 대상 뒤에는 **무**, 절대적인 **무**無가 있다. 아무것도 없기 때문에 당신은 어떠한 것도 볼 수 없다. 당신이 바라보면 그것은 빅뱅 이전의 우주처럼 칠흑같이 어두울 것이다. 별도 없고 빛도 없고 아무것도 없다. 그러나 그 무無는 사실 우리가 보는 모든 것의 **뒷면**이다. 당신이 보고 있는 모든 것은 단지 무의 **앞면**일 뿐이다. 사실은 본래 뒷면이란 것도 전혀 존재하지 않는다.

그래서 개념화, 구상화, 동일시, 거부 등의 모든 시도는 그 홀로그램을 견고하게 만들려는 것이다. 우리는 그 홀로그램이 실재이며 우리가 존재할 수 있는 방법이라고 생각하기 때문이다. 우리는 아직 비어 있음으로 존재하는 것이 편안하지 않다. 우리는 무無와 함께 사는 것이 불편하다. 우리의 영혼, 의식은 아직도 경험대상의 꼭대기에 앉지 않고 서는 어떻게 안착할 수 있을지를 모른다. 어떤 것 위에도 앉지 않은 채 그저 떠 있는 법을 모른다. 우리는 항상 어딘가에 앉아야만 한다. 우리가 본성을 완전히 느낀다면 아무 곳에도 앉을 필요가 없다는 것을, 또 어떤 토대도 필요 없다는 것을 아직 깨닫지 못한 것이다.

토대가 없다는 것은 정말 그러하다. 누군가가 우리에게서 현실을 가져가버리는 것이 아니다. 아무도 우리에게서 그 무엇을 빼앗아가지 않는다. 우리가 **존재**와 **비존재**가 있다는 자신의 신념과 입장을 꿰뚫어 보는 일이 일어나는 것뿐이다. 우리는 존재와 비존재가 있다는 환상을 꿰뚫어 볼 것이다. 우리가 지금은 존재하지만 곧 사라질 것이고 자신의 존재가 소멸될 것이라는 생각에 집착하고 있음을 통찰할 것이다.

이 모두가 개념이고 개념화이다. 실재는 전혀 그런 개념이 아니다. 우리는 여기에 있으면서 동시에 여기에 없다. 이것이 실재이며 절대적으로 그러하다. 우리는 존재하지 않으면서 또 계속 존재한다. 이는 개념적인 입장을 가진 우리의 마음에게는 말이 되지 않는 소리다. 우리는 존재하지 않는다면 먹을 수도, 말할 수도 없고 아무것도 할 수 없으리라고 깊이 확신하고 있다. 당신이 존재하지 않는다면 당신은 살 수 없고 모든 것이 끝날 것이라고 믿지 않는가? 그러나 실재는 그렇지 않다. 진실은 당신이 존재하지 않으면서도 계속 삶을 살아간다는 것이다. 당신이 존재하지 않더라도 당신은 죽고 또다시 태어난다.

우리는 어떻게 이 진실에 대해 편안해질 수 있을까? 무엇보다도 먼

우리가 실재에 대해 아무것도 하지 않는다면,

그리고 무위無爲를 구상화하지 않는다면

우리는 무엇을 발견하게 될까?

그것은 절대적인 무無이다.

절대적인 무를 발견하면

우리는 완벽하게 행복해질 것이다.

우리는 아무것도 소유할 수 없음을,

그리고 다른 사람도 모두 마찬가지임을 발견할 것이다.

저 우리는 마음으로는 그 진실을 이해할 수 없다는 점을 알아야 한다. 우리가 마음으로 그 진실의 둘레를 감싸려고 한다면 그것은 구상화가 되어버릴 것이다. 실재는 당신을 쏘는 벌과 같다. 벌에 쏘일 때 당신은 무엇이 당신을 쐈는지 모른다. 당신은 그저 펄쩍 뛴다. 그런 다음에야 뭔가를 알아차리고 이렇게 생각한다. '아, 쏘였구나… 벌이로군.' 실재는 벌에 쏘였다는 개념이 일어나기 전에 이미 쏜 벌침인 것이다.

이 진리를 알아차릴 때, 우리가 하는 모든 일은 **있는 그 자리에 존재**하는 수행일 뿐이다. 하지만 이제 우리는 있는 그 자리에 존재하기가 전에 생각했던 방식이 아님을 알아야 한다. 그곳에 '내'가 존재할 것이라는 의미가 아니다. 그 말은 그저 뭔가를 언급하고 말하기 위한 하나의 화법일 뿐이다.

여기서 한 걸음 더 나아가 우리의 언어와 수행을 살펴보고, 수행하는 자 또한 고찰해봄으로써 실제로 무슨 일이 일어나는지 이해해보자. 또한 있는 그 자리에 존재하기에 대해 말할 때 우리는 '우리'와 '존재하기'라는 말이 무슨 뜻인지 탐구해보아야 한다. 명상할 때 우리는 누군가가 앉아 있다는 생각을 떠올리지 않는다. 우리는 그저 앉아 있다. '여기에 존재한다'는 것이 실재에 대해 아무것도 하지 않음을 의미하기 때문이다. 우리는 그저 모든 것을 있는 그대로 놓아둘 뿐이다.

만일 우리가 실재에 대해 아무것도 하지 않는다면, 그리고 무위無爲를 구상화하지 않는다면 우리는 무엇을 발견하게 될까? 그것은 **절대적인 무無**이다. 절대적인 무를 발견하면 우리는 완벽하게 행복해질 것이다. 우리는 아무것도 소유할 수 없음을, 그리고 다른 사람도 모두 마찬가지임을 발견할 것이다.

　당신이 내 말을 믿어야 한다고 말하고 있는 것이 아니다. 나는 당신이 내 말을 믿으리라 생각하지 않는다. 이것은 당신이 **스스로 발견**해야 하는 진실이다. 나는 단지 하나의 실마리를 던지고 있는 것뿐이다. 당신이 스스로 그것을 찾는 일이 남아 있다.

탐험 세션

경험 안에서 유동성과 견고함을 탐험하기

이 세션에서는 당신의 경험 안에서 잠재된 유동성을 탐험해볼 수 있다.

잠시 동안 당신의 직접적인 경험에 현존하며 그것을 관찰하면서 매 순간의 자각awareness 안에서 일어나는 모든 것을 허용하라.

그다음, 충분한 시간을 가지고 다음의 질문들을 숙고해보라.

당신이 자각한 것을 견고하게 만들려는 경향을 알아차렸는가?

이름붙이기, 연상하기association, 내적 대화에 관여하기, 선호하기, 판단하기 등이 일어났는가?

위와는 다른 형태의 견고화solidification가 일어났는가?

당신이 경험을 대상화하거나 자신을 대상화하지 않는 것이 가능한가?

이 질문들을 탐험하는 동안 당신은 언제든지 직접적인 경험의 자각으로 돌아올 수 있다.

당신이 견고화와 대상화에서 자유로울수록 당신의 경험은 더욱더 열려 있을 것이다. 마음이 경험을 정의하고 결정하는 일이 줄어들어, 경험은 더욱 미지의 것이 된다.

매 순간의 경험이 온전히 열려 있지 못하게 하는 것은 무엇인가?
열려 있음을 방해하는 것이 두려움인가?

이 탐구를 하는 동안 느껴지는 것을 계속 알아차려라.

chapter

18

매 순간의 소중함

The Preciousness of Each Moment

참본성은 스승이다. 가장 높은 궁극의 스승이다. **참본성**은 언제나 진리를 가르치고 있다. **참본성**은 매 순간 가르치며, 모든 존재가 그의 학생이다. 매 순간의 경험이 **참본성**의 가르침이기 때문이다. **참본성**은 항상 어떤 하나의 형상으로 진리를 현현하고 있으며, 단 한 순간도 그렇게 하지 않는 때가 없다. 자신의 에센스와 자신의 진리를 드러내는 것이 그 본성이다. 우리에게 필요한 것은 단지 **참본성**을 보고 알아차리는 것뿐이다. 우리는 **참본성**의 현현을 자신의 경험이라고 여긴다. 하지만 우리가 갖는 경험들은 참본성이 끊임없이 자신의 진리를 표현하는 일시적인 모습들일 뿐이다.

우리의 삶은 매 순간이 곧 가르침이다. 있는 그 자리에 스스로를 존재하도록 허용한다면, 우리는 그 가르침이 무엇인지 알아볼 수 있다. 우리가 "내 삶의 의미는 무엇인가?"라고 질문할 때, 있는 그 자리에 스스로 존재하도록 허용한다면 우리는 삶의 의미가 무엇인지 알 수 있다. 그때 우리는 **참본성**이 매 순간 눈앞에 드러내는 형상을 바라본다. 그리고 우리가 진정으로, 또 온전히 있는 그 자리에 있을 수 있다면, 다른 어떤 순간도 더 나은 순간은 없음을 깨닫게 된다. 하나하나의 순간, 모든 순간들은 **참본성**의 표현이다. **참본성**밖에는 그 누구도 아무것도 현현시킬 수 없다.

우리 삶의 모든 순간은 가르침이다. 하나하나의 순간은 그 자체만의 고유한 가치를 지닌다. 매 순간은 **참본성**이 스스로 현현하면서 모습을 나타내는 방식이며, **참본성**이 취하는 형태이기 때문이다. 우리는 경험의 진리를 인식할 때 그 의미가 드러나고, 우리가 그 의미를 알아차릴 수 있다는 것을 살펴보아왔다. 진리를 보고 진리 안에서 살 때, 우리는 진리의 가치를 알아차린다. 우리는 삶에서 의미를 찾고, 삶의 가치가 무엇인지 알아내려고 한다. 그렇지만 그 의미와 가치는 다른 어딘가에서 발견되기를 기다리고 있는 것이 아니다. 그것은 항상 여기에 있다. 우리는 그것이 여기에 있다는 사실을 알아차리기만 하면 된다.

깨어남의 길을 걷는 시작단계에서 우리가 자신으로 존재할 수 없을 때에는, 우리는 마음의 가치기준에 따라 가치를 느끼게 된다. 하지만 우리가 **실제**實際가 될 때, 진짜가 되고 진실해질 때, 우리는 진정한 가치가 사실은 매 순간의 진리를 인식하는 것과 같음을 알아차리게 된다. 그때 우리는 마음이 생각하는 가치가 아니라, 가슴으로 느껴지는, 우리의 가슴이 충만함을 느끼게 하는 가치를 경험한다.

깨어남의 여정이 깊어감에 따라 우리는 경험의 가치가 있는 그 자리, 즉 있는 그 자리의 **현존**이라는 것을 알아차린다. **참본성**은 여러 가지 형상으로 자신을 위장하지 않고, 직접적으로 현존을 드러냄으로써 그 가치를 현현한다. 마침내 우리가 여정의 진보된 단계에 도달하면, 모든 것이 그 자체이며 자신의 본성이라서 본래부터 가치 있고 아름답고 소중하다는 진리가 드러난다. 바로 그 지점에서, 우리는 모든 현현들이, 우리가 특별하게 인식하든 하지 않든, 실재의 본래 내재하는 가치이자 소중함이라는 **진실**을 깨닫게 된다.

첫째 단계에서 우리의 경험은 진보된 단계에서 만나게 되는 경험과 똑같지만, 우리는 다만 그 경험을 있는 그대로 인식하지 못한다. 진리를 식별할 때, 의미를 알아차릴 때에만 우리는 가치를 인식하기 시작한다. 우리가 경험의 의미를 알아볼 때, 가슴의 만족감과 있는 그대로의 가치를 아는 감각이 자연스럽게 일어난다. 심지어 어렵고 고통스러운 경험에서도 우리가 그것을 이해할 수 있고 거기에서 배울 수 있을 때, 초기단계에서는 상상할 수 없었던 가치를 인식하게 된다. 이 가치는 많은 돈이나 인정을 얻을 때 오는, 심지어는 사랑을 받는 것에서 오는 그런 가치와는 다르다. 이것은 그보다 우리 가슴에 더욱 가까운, 더욱 절실히 느껴지는 가치이다.

우리는 항상 자신의 경험을 가치 있게 하기 위해서 가치를 추구하고 있다. 그렇게 함으로써 우리는 자신이 가치 있는 존재라고 느낄 수 있다. 하지만 우리는 종종 가치 있는 느낌이 없거나 부족해서 고통을 겪는다. 그것은 우리가 자신을 명확하게 바라보지 못하기 때문이다. 우리는 자기가 누구인지, 무엇인지를 인식하지 못하고, 있는 그 자리에 존재하는 법을 알지 못한다. 우리는 있는 그 자리와 싸우면서 그곳으로부터 멀어진다. 유명세든 사랑이든 성공이든 혹은 깨달음이나 특별한 어떤 경험이든, 우리가 원하는 가치가 무엇이든 우리는 가치를 성취해야만 하는 것으로 생각한다. 우리는 어딘가로 가서 그것을 얻어내야만 한다고 믿는다. 우리가 단순히 이완하고 그 순간에 있을 수 있다면, 가치는 바로 여기에 있다. 바로 지금 이 순간에 있다.

우리가 이 순간에 이완한다면, 완벽하게 그 안에 있을 수 있다면, 우리는 **이** 순간이 바로 실재이고, **매** 순간이 바로 실재이며, 이 실재가 가장 가치 있고 가장 소중한 것이라는 진리를 깨닫기 시작한다. 매 순간은 바로 **참본성**이 현현하는 방식이기 때문이다. **참본성**은 우리가 수행에서 성공하고 난 뒤에야 여기 존재할 수 있는 게 아니다. 그것은 이미 여기에 있다. 기억하라. **참본성**은 시간을 넘어서 있다는 것을.

원인 없이 존재하는 가치

이 책은 **실제**實際로 존재하기의 진가에 대한 논의로 시작했다. 우리는 인간 영혼의 느낌 중심인 가슴이 실제에 감동하고 실재를 느낄 때, 사랑과 감사, 애정과 즐거움으로 응답한다는 것, 그리고 그것이 참으로 자연스럽다는 것을 알게 되었다. 또한 이제 우리는 실재 속에 마음을 넘어선 가치가 있음을 인식함으로써 가슴이 응답한다는 것을 알 수 있다. 실재는 세상의 것들로는 측정할 수 없는 고유한 가치를 지니고 있다.

이 가치는 언어를 넘어서 있으며, 세상의 삶 너머에 있는 곳에서 우리에게 깊은 인상을 준다. 그래서 투쟁과 고통과 곤경의 삶을 겪은 후에 많은 사람들이 마침내 **참본성**을 흘깃 보고, 그 일별의 순간이 이전의 모든 고통을 보상할 만큼 가치가 있음을 발견한다. 이 가치를 알게 되면, 우리의 가슴은 충만함, 달콤함과 존재의 본래 가치를 인식하는 느낌으로 가득 찬다.

매 순간의 존재의 가치는 다른 어떤 것에 의한 결과가 아니다. 그 가치는 자신의 본질이며 자기 자신의 실재이다. 그것은 원인과 결과의 문제가 아니다. 우리가 뭔가에 가치를 둘 때 그것은 다른 어떤 이유 때문이 아니다. 작업의 초기에는 우리가 아직 명료하지 않고 혼란스러워서, 실재가 멋진 경험을 주고 우리를 행복하게 하며, 새로운 능력을 열어주거나 다른 어떤 유익을 주기 때문에 우리는 실재에 가치를 둔다. 그것은 모두 사실이다. 하지만 우리가 매 순간의 현현과 그 의미, 그리고 어떤 특별한 형태로 펼쳐지는 가르침을 더 명료하게 알아차린다면, 우리는 바로 그 존재, 매 순간의 순수하고 스스로 존재하는 가치가 어떤 원인도 없음을 더 잘 알게 될 것이다. 실재의 가치는 어떤 행위를 통해서 오는 것이 아니다. 그 가치는 본래 내재해 있다.

우리가 실재의 본래 가치를 인식하고 스스로 그것을 경험할 때, 우리의 가슴은 감사함으로 가득할 수밖에 없다. 우리가 그것이 위대하다고 생각해서 가치를 높이 평가하는 것이 아니다. 그 가치는 내가 실재에 부여하는 것이 아니다. 가치는 실재 그 자체이다. 또한 실재가 바로 가치이다.

실재가 투명하고 빛나며 자유롭고 가볍기 **때문에** 가치 있는 것이 아니다. 실재에 내재하는 본질이 경험과 삶을 최고로 가치 있게 만들어준다. 본질은 모든 순간을 상상조차 할 수 없는 보물들로 가득 채워준다. 그 보물들은 미래의 어딘가가 아니라 바로 이 순간에 있다. 이 진실을 아는 것은 인식의 문제, 다만 당신이 명료하게 볼 수 있는가의 문제이다.

모든 가치의 원천

우리는 여정의 초기단계에서 경험 안에 일어나는 일들은 실재가 직접 자신을 드러내는 이후의 단계에서도 동일하다고 이야기해왔다. 초기단계에서는 우리가 경험을 직접 만나고 완벽하고 정확하게 알아보는 것을 방해하는 베일들이 가로막고 있다. 우리는 모든 경험을 직접 마주하는 대신 구상화를 통해 바라본다. 여정의 각 단계에서 나타나는 모든 형상들은 **참본성**이 자신을 드러내기 위해 우리에게 현현하는 것이다. 베일과 방해하는 장벽들, 장애물들조차도 그러하다. 모든 경험은 우리를 가르치기 위해 여기에 있다.

그러므로 문제는 이것이다. 매 순간의 경험에서 우리는 얼마나 잘 배우고 있는가? 잘 배운다는 것은 무슨 뜻인가? 수행하고 배운다는 것은 삶의 매 순간을 통해 다가오는 가르침을 알아차리는 것이다. 명상하거나 책을 읽을 때, 또는 수련하거나 탐구할 때만이 아니라 삶의 모든 순간이 가르침이다. 이런 활동들을 삶에서 분리시키거나 차별할 필요가 없다.

잘 배우는 학생은 매 순간 일어나는 일이 좋든 나쁘든 고통스럽든 기쁘든 모두 **참본성**이 자신의 진리를 가르치고 현현하는 것임을 안다. 우리가 이것을 알면 알수록 우리의 영혼은 더욱더 충만함과 만족감의 감로#露로 가득 차게 된다. 그것이 우리에게 진정으로 느껴질수록 우리 가슴은 진리를 깨닫는 열매들로 더욱더 풍성해진다. 우리는 모두 순간의 아이들, **참본성**의 아이들임을 깨닫기 시작한다.

있는 그 자리에 존재하기를 배워나갈 때 어느 시점에서 우리는 순간의 가치를 모르면 자신이 있는 자리에 주의를 기울일 수 없다는 것을 알게 된다. 만일 매 순간이 우리를 성장하게 하는 자양분인 진리를 갖고 있음을 알지 못하면, 우리는 있는 그 자리에 존재하지 못할 것이다.

수행의 초기에 우리는 통찰, 인식, 특별한 경험의 중요한 세부사항들을 추구한다. 그것들이 마치 가치를 주는 것처럼 여겨지기 때문이다. 계속 나아가면서 우리는 이 모든 것이 **참본성**의 현존에서 오는 것임을 깨닫는다. 현존은 정말로 가치를 지니며 가치 그 자체이다. 우리는 **참본성**의 현존이 스스로 존재하는 가치임을 발견한다. **참본성**의 현존은 그 자체로 가치이며 또 모든 가치의 원천인 것이다.

우리가 본래의 가치를 인식할 때 가르침이 모든 것을 통해 일어나고 있음을 볼 수 있다. 우리는 순간을 존중하고 감사할 뿐만 아니라 결코 무시하거나 거부하지 않게 된다. 우리는 순간을 포착하고 낭비하지 않는 법과 스스로 혼란스러워하지 않는 법을 배운다. 하루 종일 앉아서 명상하거나 수도원에 들어가서 살아야 한다는 말이 아니다. 있는 그 자리에 있으면서 **실제로 존재하기**를 존중하고 감사하며, 이 순간에 정말로 일어나는 일을 인식하고 그 진리를 최대한 알아차리게 될 것이라는 말이다.

있는 그 자리를 보지 못할 때 우리는 이 순간에 있을 수는 있지만 그 순간을 명확하게 알아차리지는 못한다. 우리는 이 순간에서 달아나려

한다. 주의는 흩어지고 우리는 자신을 저버린다. **실제로 존재**할 때 우리는 자신이 있는 곳에 존재하게 된다. 있는 그 자리가 명료하게 드러날 때 그것은 바로 지금 이 순간이다. 우리가 있는 그 순간을 인식할 때 우리는 가르침으로 충만하게 된다. 이 순간의 가치를 알아차릴수록 가슴은 더욱더 열려서, 깊이와 충만함과 풍부함을 드러낸다.

처음에 우리의 마음은 왜 우리가 진리를 사랑하고, **참본성**과 실재에 가치를 두는지, 왜 그것이 아름답고 유익하며 우리를 해방시키는 것이라고 생각하는지 설명하려고 애쓴다. 그러나 이 모두는 그저 우리가 자기에게 말하는 개념적인 이야기일 뿐이다. 사실 **참본성**의 가치는 본래 고유하고, 마음을 넘어서 있으며, 우리는 단지 그 가치를 느낄 뿐, 거기에는 아무런 이유가 없다.

알다시피, 가르침은 **참본성**에서 나오기 때문에 가치가 있다. 그것은 **참본성**의 메시지이다. 비록 특정한 가르침의 통로가 있고 그것이 도움이 된다고 할지라도, 우리의 배움은 특정한 로고스logos[11]를 통해서만 오는 것이 아니다. 참본성의 진정한 가르침은 **매 순간**이다.

가치를 경험하는 것의 어려움

때로는 우리가 스스로 이 순간의 본래 가치를 경험하는 것이 쉽지 않다. 이 순간의 가치를 안다는 것은 자신이 가치 있으며 이 풍부함

---

11 특정한 가르침의 흐름과 통로.

내재하는 가치를 인식하고 직접 경험하는 것은
이 순간의 직접성에 존재하는 것과 같다.
그렇게 할 때 참본성은 가슴을 채우고
삶을 충만하게 하면서 현현할 수 있다.
우리는 본래 있는 가치를 느낀다.
우리는 자신의 삶을 가치 있게 만들기 위해서
아무것도 성취할 필요가 없다는 것을 이해한다.

을 얻을 만하다고 인정하는 것이다. 우리는 자신의 평가에 대한 이슈와 의문, 그리고 신념들을 가지고 있다. 우리들 대부분에게는 고통스럽고 힘든 개인사가 있다. 어떤 경험, 신념, 투사들은 우리가 가치 없고 별 볼일 없어서, 자신을 가치 있게 만들기 위해서는 뭔가를 해야만 한다고 느끼게 한다. 그 결과 우리는 노력하고 애써야 한다는 신념을 갖는다. 진정한 인생의 의미와 가치에 도달하기까지 우리는 많은 고통을 겪고 긴 여정을 밟아야만 한다고 믿는다.

그렇지만 이 모두는 진리와는 아무 상관 없는 하나의 이슈이자 방해물일 뿐이다. 가치는 **참본성**이며, **참본성**은 우리의 본질이다. 이 순간의 가치를 아는 것은 우리 자신과 본성, 그리고 모든 이와 모든 것의 가치를 아는 것이다.

내재하는 가치를 인식하고 직접 경험하는 것은 이 순간의 직접성에 존재하는 것과 같다. 그렇게 할 때 **참본성**은 가슴을 채우고 삶을 충만하게 하면서 현현할 수 있다. 우리는 본래 있는 가치를 느낀다. 우리는 자신의 삶을 가치 있게 만들기 위해서 아무것도 성취할 필요가 없다는 것을 이해한다. 성공하거나 뭔가를 발명하든, 어려운 과업을 달성하고 위대한 예술작품을 창조하거나 베스트셀러를 쓰든, 유명세를 얻든 얻지 못하든 그것은 부차적인 일이다. 이러한 것들은 우리가 가치를 느끼는 데에는 전혀 필요하지 않다. 가치는 우리가 성취하는 어떤 것이 아니기 때문이다. 가치는 이미 여기에 있다.

가치의 느낌과 달콤하고 깊은 충만함을 인식하거나 경험하는 것은 마음에게는 아무런 의미가 없다. 우리는 가치의 느낌이 어떤 원인의 결과라고 배우며 자라왔다. 우리는 '착해야' 한다고 배웠고, 다른 사람들이 가치 있다고 생각하는 것들을 성취하고 그런 방식으로 행동해야 하며, 그렇게 하지 않으면 삶은 가치가 없다고 배웠다.

비록 가치가 본성을 아는 우리의 가슴 안에 본래 내재하는 경험이라 하더라도, 우리가 가치와 만나는 것을 방해하는 장애물들이 존재한다. 그러한 장애물 중 어떤 것은 어린 시절에 강요된 것에서 오며, 또 어떤 것은 우리가 취하는 입장이나 판단에서 온다. 원인이 무엇이든 우리는 결국 이 순간에 있는 가치와 자양분, 그리고 아름다움을 잃고 만다. 그것은 정말 슬픈 일이다. 나쁜 게 아니라 그저 슬픈 것이다. 우리가 이 순간에 내재하는 가치를 인식하지 못해서, 매 순간 '실재가 주는 즐거움'을 자신에게 **허용**하지 못하는 것이 슬프다. 하지만 우리가 정말로 자신을 알고 이 순간에 존재한다면, 우리는 놀라운 자유 안으로 들어가며 있는 그대로를 존중하는 자연스러움을 얻게 된다. 그럴 때 우리는 가치를 얻기 위해서가 아니라 오직 가치를 표현하기 위해서 모든 것을 할 수 있고, 또 이룰 수 있다.

우리가 생각했던 방향과 반대가 아닌가? 우리는 내면에 보물들을 갖고 있으며, 매 순간 그 보물들을 표현하고 있는 것이다. 그 보물들을 표현하는 것은 **참본성**이 자신을 드러내는 일에 참여하는 게 된다. 우리는 **참본성**이 가르침을 펼치는 통로이자 충실한 하인이 된다. 있는 그 자리를 받아들이고 그 자리에 자신을 허용하며, 이 순간과 싸우지 않고 있는 그대로 인식할수록 우리는 **참본성**이 우리를 통해 직접 가르치는 더욱 효과적인 통로가 될 수 있다.

가르침은 경험이 드러나는 모든 방식에서 일어나고 있다. 당신이 이미 알아차렸듯이, 탐구하는 과정의 어느 시점에서 당신은 자신이 경험하는 일의 의미를 발견한다. 모든 것은 의미를 가지며, 의미는 늘 존재한다. 아무것도 마구잡이로 일어나지 않는다. 모든 일에는 정확한 질서가 있다. 이런 이유로 나는 아인슈타인의 말에 동의한다. 실재는 우연이 아니며 신은 주사위 놀이를 하지 않는다는 것을. 모든 것은 정확한 질서 안에 있으며, 아무리 작은 것이라도 그 질서 안에서 의미를 가진다. 그리고 그 모두는 실재의 진리를 드러내고 있다.

본래의 가치를 드러내는 탐구

탐구를 통해 우리는 이 의미를 알게 된다. 우리는 모든 것이 서로 직물처럼 엮여 있는 하나의 현시顯示(revelation)임을 본다. 이 이해와 함께 우리는 무엇이 현시되고 있는지를 알아차릴 수 있다. 그 현시를 볼 때 우리는 경험이 아무리 고통스럽고 힘들다 해도 그 경험의 가치를 알아보고 만족감을 느낄 수 있다.

탐구의 여정을 시작하면서 우리는 자신의 경험이 가치 있다고 느낀다. 우리가 경험으로부터 배웠고 그와 함께 성장했기 때문이다. 이 말은 사실이지만, 그저 설명하기 위한 한 가지 화법일 뿐이다. 우리의 모든 배움은 우리가 스스로 존재하는 가치에 더 가까워졌다는 의미이다. **참본성** 그 자체인 스스로 존재하는 가치를 인식할 때, 우리는 자신이 배우고 성장했다는 사실이 존재의 가치와 의미를 반영하는 부수적 효과임을 알게 된다. 그렇다. 처음에는 의미가 상대적인 것처럼 보이지만, 어느 시점에서 우리는 **자기 자신**이 바로 의미임을 깨닫는다.

이 순간에 무슨 일이 일어나는지는 중요하지 않다. 어떤 한 순간도 다른 순간보다 더 낫지 않다. 어느 누구의 경험도 다른 사람의 경험보다 더 낫지 않다. 이 순간 당신이 경험하는 것은 **참본성**의 가르침이다. "저 사람은 나보다 더 진보된 단계에 있어. 그러니까 저 사람처럼 돼야겠다."라고 말하는 것은 옳지 않다. 당신은 자신을 다른 누구와 비교하고 자신의 경험이 가치 없다고 판단함으로써 자신의 가치를 잃고 만다. 그게 아니다. 당신의 경험은 그 순간 당신과 다른 모든 존재에게 가장 적합하고 올바른 가르침이다. 당신의 경험은 여정에서 더 진보했거나 더 고상한 경험을 했다고 여겨지는 누군가의 경험만큼이나 필요하고 가치 있는 것이다.

매 순간이 자신만의 본래 가치를 가진다는 것을 배워나갈수록 우리가 매 순간이 어떻게 펼쳐지든 자신을 그 순간에 그저 존재하도록 허용하는 것이 더 쉬워진다. 그러면 우리가 있어야 할 곳이 바로 자신이 있는 그곳임을 알게 된다. 당신은 지금 슬픈가? 흥분으로 가슴이 터질 지경인가? 성적으로 흥분되거나 질투심이 솟구치는가? 피곤해서 성질을 부리고 싶은가? 희망이 없는가? 불만족스럽거나 두려운가? 아니면 세상의 꼭대기에 앉아 있는 기분인가? 자, 그렇다면 그 느낌이 바로 실재가 현현하는 모습이다. 우리가 누구이기에 그렇게 돼서는 안 된다고 판단하고, 다른 어떤 사람이 돼야 한다고 말하는가?

있는 그 자리를 전체 그림과의 관계 속에서 인식하는 것이 유용하게 보일지는 모르지만, 그렇게 한다고 해도 모든 자리가 저마다 고유의 가치를 지닌다는 사실은 변하지 않는다. 이 순간에는 다른 시간과 장소, 다른 사람을 통해서는 드러나지 않을 뭔가가 드러나고 있다. 그리

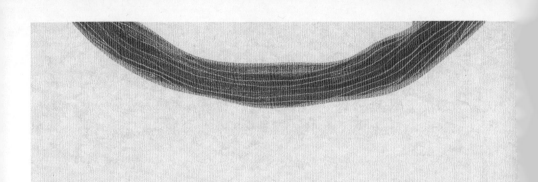

이 순간에 무슨 일이 일어나는지는 중요하지 않다.

어떤 한 순간도

다른 순간보다 더 낫지 않다.

어느 누구의 경험도

다른 사람의 경험보다 더 낫지 않다.

이 순간 당신이 경험하는 것은

참본성의 가르침이다.

고 이 순간의 일은 다른 누군가에게 일어날 일, 또는 일 분, 한 달, 혹은 몇 년 후에 일어날 일만큼이나 반드시 필요한 것이다.

가치는 바로 우리의 가슴이 매 순간의 직접성, 즉 매 순간, 정확히 우리가 있는 그곳과 친밀하게 만나는 것이다. 그 만남에서, 실재를 있는 그대로 알고 실재와 함께 있음을 통해서 우리는 우리가 어디 있으며 또 무엇인지에 대해 의문의 여지가 없는 진실함과 소중함을 인식한다.

자기 자신의 존재에 내재하는 가치보다 더 깊은 감동을 주는 것은 없다. 그 가치는 마음과 개념, 이상과 희망과 꿈을 넘어서 있다. 자각과 이해를 가지고 지금 여기에 단순히 존재하는 것의 소중함은 우리의 가슴을 만족감으로 채워준다. 우리는 자신의 본질인 우리의 본래자리가 또한 삶 자체의 가장 실제적이고 소중한 본질임을 깨닫는다.

당신이 현재 경험의 가치를
어떻게 느끼는지 발견하기

이 연습은 가치value가 '자신이 있는 자리에 존재하기' 수행에서 어떤 역할을 하는지를 탐험할 수 있는 기회이다.

먼저 당신은 왜 이 순간의 가치를 존중하고 감사하지 않는지 살펴보라.

당신의 경험에서 매 순간의 소중함을 느끼지 못하고,
그 대신 어떤 특정한 순간과 경험, 특별한 상황과 경우를 더 선호하게 만드는 것은 무엇인가?

이것을 더욱더 자각함에 따라 당신은 자신의 인생에서 시간과 경험, 또 자기 자신을 평가하는 방식에 대해 더 잘 알게 될 것이다.

둘째, '당신이 있는 곳에 존재하기'의 가치를 경험하는 다양한 방식을 탐험해보라.

이 순간에 있으면서 다른 데로 가지 않고 여기에 있는 것을 느끼는 것, 자신과 함께 현존하는 것이 당신에게 얼마나 가치 있는가?

당신은 아마도 그 가치를 늘 소중히 여기지는 않겠지만, 지금까지 당신은 분명히 여기에 존재하기, 현존하기, 더욱 **실제로 존재하기**의 소중함을 맛본 적이 있을 것이다.

지금이 바로 그 소중함을 명확히 표현할 때이다.

인생을 되돌아볼 때 보통 우리는 '지금 있는 그 자리'라는 유리한 입장에서 바라볼 수 있다. 우리는 자신이 어디에서 왔는지, 무엇을 성취했는지, 그리고 어디로 가고 있는지 평가한다. 우리는 얼마나 진보했을까? 만족할 만큼 충분히 이루었을까? 추구해야 할 목표가 여전히 남아 있을까?

우리는 다른 무엇보다도 물질적 환경, 인간관계, 재정 상태, 목표 성취, 건강에 관련지어서 삶의 수준을 확인하고 평가한다. 이 모두는 우리가 자신의 행복을 결정한다고 믿는 삶의 요소들과 자신을 연관시킴으로써 자신이 있는 곳을 물질적인 외부세계에 설정한다는 의미이다. 우리가 감정 상태나 정신활동을 관찰하면서 자신의 위치를 찾을 때조차도 보통 외부적인 삶에서 일어나는 것에 대한 반응으로서 이러한 요소들이 경험된다.

다른 말로 하면, 우리는 삶에서 '있는 그 자리'를 결정하는 가장 중요한 것들이 외부적인 요소일 것이라 추측한다. 이러한 것들이 우리의 발달, 진보, 심지어 인생의 행복까지도 측정하는 잣대가 된다. 그러나 더 중요한 사실은 그것들이 우리가 **누구**인지를 결정하는 중심요소가 된다는 점이다.

이 책은 당신이 인생에서, 특히 지금 이 순간에 어디에 있는지에 대한 질문에 대해 다른 방향을 제시했다. 몸, 신념이나 당신에게 중요한 다른 것들 대신에 당신의 **의식이 있는 곳**에 초점을 맞추기 때문에 이 접근법은 영적인 탐험이다. 이 가르침의 목표는 당신이 얼마나 성공했는지를 평가하거나 다음에 어디로 가야 할지 결정하는 데 도움을 주려는 것이 아니다. 이 가르침은 **당신이 있는 자리**를 발견해서 그저 그곳에 **존재**하는 것을 도와왔다. 당신이 있는 자리에 편하고 이완된 방식으로 존재하게 함으로써 자신이 진정으로 누구이며 무엇인지를 발견할 수 있도록 했던 것이다.

자신이 있는 곳을 발견하는 이 과정은 대단히 개인적인 과정이다. 매 순간 당신이 있는 곳을 말해주는 명확한 외부지표를 사용하지 않는 미묘하고 섬세한 내적 자각의 펼쳐짐이다. 당신의 의식이 있는 곳을 알 수 있는 유일한 사람은 바로 당신이기 때문에 이 과정에는 훈련과 인내, 관대함과 조율이 필요하다. **정말로** 당신이 있는 곳에 존재하기 위해서는 경청하는 능력, 기꺼이 열려 있으려는 마음, 또 아마도 당신에게 아무도 보여주지 않았을, 당신 자신의 경험에 대한 호기심이 필요하다.

이것이 요구하는 것은 자신을 진실로 지켜보는 능력과 이 순간에 당신이 어떻게, 그리고 어디에 나타나는지를 비추는 순수하고 왜곡되지 않는 거울이 되는 것이다. 궁극적으로 이것은 다른 누군가의 관점, 경험이나 신념과 판단의 도움을 받지 않고 자신을 바라보는 것을 의미한다. 이것은 외부에서 자신을 바라보지 않고, 또 외부의 척도에 따라 자신이 있는 곳을 찾지 않는다는 의미이다. 안에서부터, 또 경험의 중심에서부터 자신을 바라봄으로써 자신만의 진리, 때 묻지 않은 자신의 **참본성**을 발견하는 것이다.

이러한 이해는 이 책의 핵심이며, 가장 주요한 기능이다. 그 기능은 바로 과도기에 도움이 되는 외부거울로 작용하는 것이다. 우리가 여정을 시작할 때에는 스스로를 자각하는 능력에 한계가 있기 때문에, 일시적으로 외부의 거울이 필요하다. 우리는 **참본성**이 존재한다는 것조차 알지 못한다. **참본성**을 어떻게 깨닫는지, 또는 그것이 우리의 본성인지를 아는 것은 말할 것도 없다. 우리의 자각은 홀로 서서, 자신의 본성을 인식할 만큼 충분히 발달하지 못했다. 그러므로 자신의 한계를 꿰뚫어 비추어주는 거울이 필요하다. 사람들이 영적인 학교나 수련회에 가는 이유 중 하나가 바로 그것이다.

자신을 비추는 법을 배우는 과정에서 커지는 '자기-자각'이 참된 거울이다. 그 거울은 판단, 비교, 자기 증오, 구상화와 개념화 없이, 자비심, 용기, 친절함, 사랑, 현존, 자각과 지성을 가지고 자신을 바라보는 것이다. 이 책의 가르침은 여러 가지 다양한 방법으로 자신의 거울이 되는 과정을 지원해왔다. 그 방법들은 명상하고, 탐구하고, 자신이 있는 곳을 인식하며, 개인의 끈을 알아보고 그 끈이 진정한 당신의 진리,

즉 **참본성**을 펼치고 드러내도록 그 끈과 함께 현존하는 법을 배울 수 있다는 확신을 키워준다.

이는 일상적인 삶의 행위와는 별도로 지속적인 명상과 집중된 탐험이 필요한 수행이다. 이 수행에는 우리의 영혼을 내면의 자리와 일치시키는 미묘한 조율의 발달을 위해 주의집중과 묵상의 고요한 시간이 필요하다. 계속되는 경험에 주의를 집중하고 규칙적으로 수행해야만 번잡한 마음의 끊임없는 방해를 이겨내고 **현존과의 만남**을 유지할 수 있다.

있는 그 자리에 존재하기를 배우는 수행으로서 자각하고 현존하는 끈을 따라간다면, 우리는 아마도 열린 마음으로 자신으로 존재할 수 있는 시간과 공간을 증대시켜 그것을 고요한 순간들 너머로 확장할 수 있을 것이다. 우리가 자신을 자각해야 한다는 것을 기억할수록, 현존 속에서 자각이 강렬해질수록 일상의 삶을 살 때에도 의식 안에 일어나는 일에 더 일치되고 더 열려 있을 것이다.

물론 우리가 사는 삶과 삶을 살아가는 법에 대해 묵상할 필요가 있다. 있는 그 자리에서 우리를 벗어나게 하는 것은 무엇인가? 이 순간의 가치 대신 우리가 가치 있게 평가하는 것은 무엇인가? 우리의 주의는 어디로 향하는가? 일상의 삶을 돌보기 위해 실제로 얼마나 많은 시간과 에너지가 필요할까? 지금 있는 곳에서 벗어남으로써 우리는 무엇을 잃는가? 이런 질문들을 탐구하는 것은 **현존**을 삶의 나머지 부분에 통합시키는 과정이 된다.

그래서 우리의 수행은 이 순간에 더 깊이 안착하고, 무엇이 우리를 이 순간에서 벗어나게 하는지를 배우는 과정이다. 자각의 거울은 우리의 참모습의 소중함을 드러내면서 점점 더 투명해지고 빛나게 된다.

당신의 삶을 변화시키는 이 가르침의 능력은 확장되어 당신의 환경에 영향을 준다. 당신이 다른 사람들과, 또 더 나아가 세상과 관련 맺는 방식을 변화시키면서 말이다. 당신이 **참본성**의 가치를 알고 그것이 삶의 신비롭고 무한한 원천임을 알게 됨에 따라, **참본성**은 개인으로 현현된 당신에게 영향을 주고 변형시킨다. **참본성**은 당신을 통해 더욱 직접적으로 자신을 표현할 수 있다. **참본성**은 다른 사람들을 감동시키고, 인간으로 존재하는 것의 의미가 갖는 풍부함과 가능성들을 열어준다. 이것이 바로 진리의 불꽃이 전해지고, 그 빛이 전파되는 방법이다. 내 경험으로는 이것이 우리 세계의 의식상태를 더 깊이 변화시키는 가장 효과적인 길이다.

여기에서 우리의 목표는 우리가 사랑하는 실제real로, 그리고 가능한 한 가장 인간적으로 존재하고 그것을 우리 삶 속에서 실행하는 것이다. 더 많은 사람들이 실재와 **참본성**을 배울수록 더 많은 다른 이들이 그저 존재하기의 소중함과 가치를 알게 될 것이다. 사실 우리는 서로 떨어져 있지 않으며 **참본성**이 모두의 본성이기 때문이다. 모든 사람은 자신 안에서만이 아니라 모든 이와 모든 것 안에서 **참본성**의 가치를 알아볼 수 있다. 그리고 이러한 가치 인식이 포용되고 통합될 때 한 사람 한 사람으로부터 잔물결이 일어나 널리 울려 퍼질 것이다.

이 모든 일은 당신이 편안하고 부드럽게 **그저 자신으로 존재하기**를 배울 때 일어날 수 있다. 모든 순간에, 그리고 당신이 어디에 있든지.

우리의 삶, 우리의 가슴, 그리고 우리의 경험 안에 숨어 있는 풍요로움은 바로 **여기**에 있다. **저기** 어딘가 더 나은 삶이나 다른 집과 직업, 다른 인간관계, 다른 나라나 영적인 학교에 있는 것이 아니다. 아마도 언젠가 우리는 그 사실을 알았었지만 이제는 잊어버렸다. 때때로 우리는 다른 사람에 의해 그 풍요로움을 다시 기억해내기도 하고, 스스로 재발견하기도 한다. 그러나 자꾸만 다시 잊어버린다.

'진정한 자신'이라는 충만함에서 떨어져 나갈 때, 스스로 그 가치를 인식하지 못해서 충만함이 보이지 않을 때, 우리가 찾고 있는 그것이 바로 우리 자신이라는 자각은 오직 추상적인 말에 그치며, 우리의 실상과는 거리가 멀다. 우리가 직접적인 경험 속에서 본성의 풍요로움을 발견하지 못하고 직접적으로 느끼고 맛보지 못한다면, 그러한 자각은 우리가 누구인지 또 어떻게 살아야 하는지에 영향을 줄 수 없다. 사실 우리는 인생에서 일어나는 대부분의 일들이 그 자각을 개인 내면의 풍요로운 흐름으로 바꾸는 데 방해가 된다는 것을 발견하게 된다.

어떻게 살아남고 문제를 해결할지, 어떻게 해야 행복하며 세상에서 뛰어난 사람이 되려는 욕망을 충족시킬 수 있을지에 관한 우리의 신념은 모두 우리를 **여기에서** 벗어나게 만드는 것처럼 보인다. 우리는 늘 내면에서 또 외면으로도 어딘가 다른 곳으로 달려간다. 쇼핑몰, 영화관, 바닷가, 레스토랑, TV 프로그램, 인터넷, 신문, 새로운 영적 스승, 파트너, 아이들, 친구, 부모, 걱정근심, 두려움, 희망 등등을 향해. 우리는 결코 만족하거나 평화를 얻지 못하고, 늘 불안하게 움직이며 뭔가를 추구하고 있다.

이것이 바로 인생의 중심에 있는 딜레마인 것 같다. **바로 여기**에 있는 것을 알아보는 것보다 **저기** 다른 데 있는 것을 갈망하는 게 더 쉽게 느껴진다. 사실 여기 있는 것이 저기 있는 것에 비해서 정말 훨씬 더 부족하고 열등한 것처럼 보여서, 우리는 여기를 바라보는 것이 애쓸 가치가 하나도 없다고 생각한다. 그냥 저기로 가버리는 게 어떨까 싶기도 하다.

그렇다면 정말 왜 그런 것일까? 모든 영적인 길, 전통과 학파에서는 수천 년 동안 이 질문에 대답하려고 시도하고 있다. 각각의 가르침은 자신만의 방식으로 당신의 영혼, 본래의 순수한 의식이 오직 당신 안에 있다고 가르친다. 그러므로 다른 데로 간다면 당신은 자신의 진정한 모습인 에센스의 본성essential nature 을 만날 수 없다는 것이다. 영적인 전통에서는 **당신**의 본질인 에센스the essence 가 대단히 훌륭한 것이라고 가르친다. 당신의 영적인 본질은 사랑, 평화, 힘, 아름다움, 기쁨, 자비, 지혜와 지성으로 충만하다고 말한다.

하지만 당신이 이러한 영적 본질을 갖고 있다고 상상하는 즉시, 이런 특질들을 어딘가 다른 곳에서만 찾을 수 있으리라는 신념이 일어난다. 결국 본성은 지금 당신 안에서 경험하는 것이 아니다. 그렇지 않은가? 당신은 거기에 있지 않은 것이다… 아직은. 그래서 영적인 길과 기법들은 **거기에** 도달하는 방법이 된다. 거기는 당신이 이 모든 멋진 특질들이 되는, 진짜처럼 느껴지는 곳이다. 그래서 당신은 명상을 통해 마음을 비우고 가라앉혀서 하나의 이미지에 집중하거나 모든 집착을 내려놓으려고 한다. 또는 영혼을 깨우기 위해 춤을 추거나 만트라를 염송한다. 아니면 기도를 하거나 영적인 의식을 치른다. 하지만 당신의 더 깊은 자아를 찾으려는 이 모든 기법들은 당신이 지금 있는 자리가 자신이 있어야 할 곳이 아니라는 것을 미묘하게 암시하고 있다.

당신은 영적인 자아라는 어떤 이상을 찾으며, 이런 기법들을 사용해서 거기에 도달하려고 한다. 그 결과 삶의 모든 다른 측면들이 그러하듯 이러한 영적인 추구 역시 동일한 딜레마를 가져온다. 현재의 경험에서 본질적이고 심오한 것을 느끼지 못하기 때문에 자신이 찾는 것을 얻기 위해 당신은 여기에서 멀리 떠나야만 한다. 그것이 자신의 **참본성** True Nature이라 하더라도 말이다.

온전히 바로 여기에 존재하는 수행법이 있다면 어떨까? 자신을 발견하기 위해서 어떤 식으로도 자신을 변화시킬 필요가 없다면, 내면으로 더 깊이 들어가기 위해 자신에게서 벗어날 필요가 없다면 어떨까? 좀 더 나은, 좀 더 진실하고 영적인 사람이나 대상과 자신을 비교하기를 멈출 수 있다면, 자신을 바꾸려고 애쓰는 것을 멈출 때 변형의 과정이 자연스럽고 자발적으로 일어난다면 어떨까?

《늘 펼쳐지는 지금》은 바로 그러한 길로 우리를 초대하고 안내한다. 내적인 깨달음의 길인 다이아몬드 어프로치the Diamond Approach® 의 설립자 알마스는 '당신이 있는 곳'의 의미를 이해하는 깨달음이 점진 적으로 펼쳐지는 과정을 전해주고 있다.

있는 그 자리에 존재하기가 추구를 멈추거나 자아를 꿰뚫어 보거나 실재의 하나됨을 자각하는 것과 동일한 길인 것처럼 보일지라도, 다이아몬드 어프로치는 아드바이타Advaita라는 영적 자각의 길과는 명확히 구별된다. 아드바이타의 접근법들은 실재의 하나됨을 자각하고 그것으로 존재하기 위해 자아의 거짓 정체성을 직접 꿰뚫어 보도록 우리를 초대한다. 알마스의 접근법은 돈오頓悟(sudden awakening)나 직접적인 돌파의 방법이 아니라, **참본성**의 깨달음이 부드럽게 점진적으로 펼쳐지는 길이다. 이 미묘한 깨달음realization은 단 하나의 상태가 아니고, 하나됨은 물론 그 밖의 무수한 가능성들을 포괄한다.

어떤 의미에서 이 깨달음은 자신으로부터 벗어나지 않고, 판단이나 반응, 설명이나 합리화 없이, 또는 다른 뭔가를 추구하거나 갈망하지 않고서 이 순간 당신의 모습 그대로 존재할 수 있는 가장 단순한 경험이다. 그렇지만 알마스는 이 존재의 단순성이 얼마나 다양한 면을 가지고 있는지를 드러내 보여주고 있다. 우리는 보통 존재의 단순한 행위가 왜 그렇게 어렵고, 우리의 평범한 자아 감각에게는 왜 그토록 도전적으로 보이는지를 이해하지 못한다. 특히 존재의 단순성은 오직 우리 자신의 개입에 의해서만 더욱 진실한 자신이 될 수 있다는 신념에 도전한다. 우리가 늘 자신으로부터 떠나는 것은 바로 이 신념 때문이다. 또한 우리가 영적 발달을 위해 막대한 노력과 성취가 필요하다고 믿는 이유도 이 때문이다.

이 책은 다행히도 그러한 투쟁에 대해 다른 대안을 제시한다. 그것은 판단과 어떠한 기준과의 비교도 없이, 자신이 있는 자리와 있는 그대로의 자신을 존중하고 감사하는 길이다.

있는 그 자리에 존재하기는 명료함과 평정심, 또는 자비와 사랑, 열린 가슴의 상태와 같은 특별한 영적인 태도를 취한다는 뜻이 아니다. 자신이 있는 곳에 존재하기란 그저 그것, 바로 그 자리에 있기를 의미한다. 흔히들 하는 말로, '**있는 그대로**' 당신이 있는 그곳에 있음을 말한다. 그러나 또한 그 말에는 그곳이 어디인지 자각한다는 의미도 있다. 열려 있고 호기심을 가지고 감사하며 환영하는 방식으로 자각하는 것이다.

있는 그 자리에 열려 가는 이 과정은 알마스가 커다란 자비심과 단순명쾌함으로 우리에게 권유하는 길이다. 알마스는 자신이 있는 곳이 어디든 그곳을 자각하고 감사하는 것을 방해하는 많은 장애물들을 알려준다. 또 그는 우리가 장애물들을 인식함에 따라 거기에 내재하는 무지를 알아보기 시작한다는 것도 보여준다. 우리가 단지 자각하지 못하는 이 무지는 자신과 실재에 관한 많은 신념들을 만들고 유지한다. 그러한 무지가 비켜나고 이해가 찾아올 때 장애물들은 점점 부드러워지고 유연해지며, 자신이 있는 곳을 아는 앎이 자라난다.

이런 식으로 가르침은 우리 안에서 자신을 그대로 허용하고, 자신에게 개입하는 미묘하고 지속적인 내적 행위를 멈추는 것이 소중하다는 것을 부드럽게 일깨운다. 어떤 식으로도 경험을 조종하거나 조작하지 않을 때 우리는 자신이 얼마나 이완되고 평안해지는지 맛볼 수 있다. 또한 삶에서 수동적, 의존적이 되고 무기력해지는 것을 깊이 두려워하기 때문에 우리는 자신이 그 이완과 평안에 저항한다는 것을 느낄 수 있다.

자신의 모습 그대로 자신이 있는 곳에 이완해 들어가면, 우리는 자신의 진실한 모습을 감추고 방어하는 것을 그만둘 수 있다. 그 평안 속에서 우리는 자각과 깨어 있음과 생생함을 가지고 단순히 존재할 수 있다. 이것은 우리가 두려워하는 수동성과는 완전히 다른 것이다. 단순히 존재함으로써 우리는 **참존재**의 본래 내재하는 본성을 발견한다. 우리는 **참존재**가 역동과 지성을 갖추고 있음을 자각한다. **참존재**는 점점 더 깊은 진리를 드러내면서 우리의 의식을 변형시키는 변화의 동인動因이 된다. 이 과정에서 우리는 우리의 에센스인 **참본성**의 풍미와 특질들을 맛보기 시작한다.

이것이 바로 영원한 지혜다. 우리의 진실한 모습은 경험 안에 숨겨진 채 자신이 드러나기를 기다리며 언제나 바로 여기에 있다. 우리가 있는 그 자리의 진실한 의미에 기꺼이 열린다면 이러한 드러남이 일어날 것이다. 우리가 아무 데도 가지 않고 아무것도 애쓰지 않으며 다른 어떤 곳도 바라보지 않는 선물을 자신에게 준다면, 우리는 본성인 에센스를 정말로 알 수 있는 가능성 안으로 들어가게 된다. 이 핵심원리는 다이아몬드 어프로치의 주요 기법인 탐구 수행의 바탕을 이루고 있다. 이 책의 가르침은 이 원리를 보여주고, 그것이 만족스러운 인간의 삶을 사는 데 긴요하다는 것을 밝혀준다.

《늘 펼쳐지는 지금》은 알마스가 여름수련회에서 그의 영적 학교인

리드완 스쿨Ridhwan School[12] 학생들에게 전해준 가르침에 근거하고 있다. 이 가르침은 글로써 더 명확히 전달될 수 있도록 원래의 자료에서 책의 형태로 다듬어졌으나, 학생들이 탐구했던 경험의 요소들은 그대로 유지되었다.

이 요소들은 각 장의 끝부분에 [탐험 세션]이라는 형태로 들어 있다. 이 고찰과 질문들은 당신이 더욱 직접적, 개인적인 방식으로 탐구주제를 흡수할 수 있도록 안내해줄 것이다. 우리는 당신이 최대한 많은 호기심과 기꺼이 열려 있는 마음으로 이 연습에 몰입하기를 권한다.

오래된 수피 우화 하나로 말을 맺으려 한다. 이 이야기는 우리의 근본적인 오해를 밝게 드러내준다. 알마스가 이 책에서 서술하고 있는 내면 여행은 그 오해에서 시작되는 것이다.

어떤 사람이 땅에서 뭔가를 찾고 있는 물라 나스루딘Mulla Nasrudin을 보고 물었다.

"물라, 뭘 잃어버렸소?"

"내 열쇠를 잃어버렸다오."

그래서 둘은 허리를 굽혀 열쇠를 찾기 시작했다.

얼마 지나지 않아 길을 지나던 또 다른 사람이 이렇게 물었다.

"대체 열쇠를 어디서 잃어버렸는데 그러오?"

"집 안에서 그랬소."

"그런데 왜 여기서 찾고 있는 것이오?"

---

12 리드완은 아랍어로 충만·만족이라는 '상태'와 만족시키는 '행위'를 동시에 전달하는 말이다.

"집 안보다 여기가 더 밝아서 그러지요."

이드리스 샤Idries Shah 《위대한 물라 나스루딘 이야기》 중에서

《늘 펼쳐지는 지금》은 우리가 자신 안에서 잃어버린 것을 찾을 수 있도록 우리 내면의 집에 빛을 밝혀준다.

영문판 편집자
바이런 브라운Byron Brown

각 장의 가르침이 나타내는
에센스의 특질

    리드완 스쿨의 교육과정이나 알마스의 다른 책들을 통해 다이아몬드 어프로치에 친숙한 사람들은 이 책의 가르침을 다이아몬드 어프로치라는 영적인 길의 더 큰 맥락 안에서 바라보는 것에 흥미를 느낄 것이다.

    《늘 펼쳐지는 지금》은 경험적인 가르침으로서, 다이아몬드 운반체 vehicle라고도 불리는 다이아몬드 차원들 중에서 하나의 지혜에 뿌리를 두고 있다. 그 차원들에 대한 내용은 《The Inner Journey Home》 234페이지에 잘 나와 있다. 이 책이 근거하는 특별한 다이아몬드 차원은 에센스의 '포인트Point 다이아몬드' 차원이다. 이 차원은 포인트라고도 알려진 에센스 아이덴티티의 자각에 근거한 지혜를 가져다준다. (에센스 아이덴티티의 현현과 자각에 관한 상세한 내용은 《The Point of Existence》를 참고할 것.)

    각각의 다이아몬드 차원은 **참본성**의 특질인 에센스의 특징aspect들을 모두 포함하고 있다. 하나하나의 측면이 포인트 다이아몬드 차원이 주는 근본적인 이해에다 자신의 특별한 지혜를 보태고 있다는 의미다. 우리가 간섭이나 조작 없이 정확히 자신이 있는 자리에 존재하도록 스스로 허용할수록 영혼의 참본성이 자신을 더 많이 드러낸다는 앎을 통해서, 이 차원은 영혼의 발달을 지원해준다. 그래서 에센스의 각 측면은 있는 그 자리의 진리에 대한, 그리고 이 진리가 우리의 깊은 참모습을 드러내는 방식에 대한 특별한 지혜를 제공해준다. 《Spacecruiser Inquiry: True Guidance for the Inner Journey》의 제10장에 포인트 다이아몬드 차원에 대해 좀 더 상세히 기술되어 있다.

다음에 나오는 것은 이 책의 18개의 장과 각 장의 가르침을 전해주는 특별한 측면aspect들의 목록이다. 대부분의 특징들은 개념적인 이름과 경험적인 이름 둘 다를 가지고 있으며 그 둘은 서로 바꾸어 사용될 수 있다. 제6장은 두 가지의 특징을 포함한다. 제11, 16, 17장은 에센스의 측면이라기보다는 무경계 차원들에서 온 가르침이다.

이 정보를 안다고 해서 이 책의 가르침이 더 효과적인 것은 아니지만, **참존재**의 지성을 더 잘 이해하고, 다이아몬드 어프로치의 맥락 안에서 그것이 어떻게 경험되는지를 아는 데 도움이 될 수 있을 것이다.

에센스의 특징aspect

챕터	특징	
1	개인적인 사랑Personal Love	분홍Pink
2	객관성Objectivity	투명Clear
3	의지Will	은색Silver
4	공간Space	
5	열려 있음Vulnerability	물Water
6	자비Compassion 힘Strength	초록Green 빨강Red
7	진리Truth	황금색Gold
8	수용Acceptance	청록Aquamarine
9	파워Power	검정Black
10	앎Knowing	파랑Blue
11	가장 높은 존재Supreme	
12	비이원적 현존Nondual Presence	리그파Rigpa(본성)
13	지성Intelligence	광휘Brilliancy
14	변화Change	수은Mercury
15	에센스 아이덴티티Essential Identity	포인트Point
16	비개념적 자각Nonconceptual	
17	절대궁극Absolute	
18	가치Value	호박색Amber

찾아보기

A. H. ALMAAS